Photo: Alexis Andrews

DELIUS KLASING

Marianne Nissen/Svante Domizlaff

SUPERYACHTEN

LUXUS UNTER SEGELN

Delius Klasing Verlag

The whole difference between construction and creation
is exactly this: a thing constructed can only be loved after it is constructed; but a
thing created is loved before it exists.

Gilbert Keith Chesterton, „Pickwick Papers"

Für M. P.

Die Deutsche Bibliothek - CIP-Einheitsaufnahme

Superyachten : Luxus unter Segeln / Hrsg : Marianne Nissen; Svante Domizlaff.
[Weitere Beitr. von Torsten Conradi...]. - 1. Aufl. - Bielefeld : Delius Klasing, 2000
ISBN 3-7688-1235-9

1. Auflage
ISBN 3-7688-1235-9

Schutzumschlaggestaltung/Layout: Marita Möller, Halstenbek
Texte der Yachtporträts Seiten 110-169: Svante Domizlaff, Hamburg
Übersetzung der Texte von L. Ferragamo und M. Paolazzi
aus dem Italienischen: Christine Mössel, Hamburg
Lithografie: Scan Litho, Bielefeld
Druck und Bindearbeiten: aprinta Druck GmbH, Wemding
Printed in Germany 2000

Delius Klasing Verlag, Siekerwall 21, D-33602 Bielefeld
Tel.: 0521 / 559-0, Fax: 0521 / 559-113
e-mail: info@delius-klasing.de
http://www.delius-klasing.de

INHALT

SO LANGE DER MENSCH TRÄUME HAT

Superyachten sind zweifellos der größte Luxus, den sich der Mensch für Geld kaufen kann. Superyachten sind zugleich ein Abbild ihrer Zeit, in wirtschaftlicher wie in technischer Hinsicht. Nur in einer wirtschaftlich prosperierenden Periode, wie wir sie zur Jahrtausendwende erleben, können Vermögen entstehen, mit denen sich dieser Luxus finanzieren lässt. Zwar hat es in den letzten 150 Jahren des Yachtsports immer einige Auserwählte gegeben, die willens und in der Lage waren, sich sehr große Privatsegelyachten zu leisten. Aber erst die Hand in Hand mit der Raumfahrtgeschichte sich entwickelnde Hochtechnologie, die Entdeckung von Kohlefaser als Werkstoff und Computern als Hilfsmittel, hat dazu geführt, dass der Größe von Segelyachten technisch keine Grenzen mehr gesetzt sind. Es liegt in der Natur des Menschen, in der Erfüllung seiner Träume Grenzen zu suchen und zu überschreiten. Davon zeugt dieses Buch. Die auf den folgenden Seiten gezeigten Segelyachten beweisen, zu welchen herausragenden Leistungen menschliche Träume anspornen und über welche Fähigkeiten der Spezialschiffbau in der Lage ist. Dies wird umso mehr deutlich, als die meisten dieser Superyachten nicht aus Gründen der Nützlichkeit, sondern um ihrer selbst willen gebaut wurden, zur exklusiven Ehre ihrer Auftraggeber. Daher stehen Superyachten in einer Reihe jener vielleicht überflüssigen, aber gewaltigen menschlichen Kulturleistungen, wie sie im Bau der ägyptischen Pyramiden ihre großartigste Ausprägung fand. Das Ende der Entwicklung im Bau von Superyachten ist noch lange nicht erreicht. Fast jeden Tag werden neue Aufträge vergeben. Das wird sich nicht ändern, so lange der Mensch Träume hat – und über die Mittel verfügt, diese Träume in die Realität umzusetzen.

Marianne Nissen/
Svante Domizlaff

Länge läuft – nach diesem Motto ließ sich der Franzose Alain Colas 1976 eine Einhand-Regattayacht bauen. Mit 74 Metern Länge ist die zum Luxussegler umgebaute PHOCEA die größte Superyacht der Welt.

Alloy Yachts baute ATLANTA 1996 nach einem Riss von Ed Dubois. Die Slup ist 36 Meter lang und erinnert mit ihrem eleganten Rumpf und den flachen Aufbauten stark an eine Rennyacht.

ALEJANDRA ist ein klassischer Bruce King-Riss, eine Ketsch von 41 Metern Länge, die 1993 in Spanien in Aluminium gebaut wurde. Im Hintergrund die 30 Meter lange Wally YAM.

GBR
6776T

HETAIROS gehört zu den wenigen Superyachten die vollständig in Holz gebaut wurden. Abeking & Rasmussen setzten diesen Bruce King-Riss von 42 Metern Länge im klassischen Stil um.

Zu den größten je im Kohlefaser-Komposit-Verfahren gebauten Yachten gehört die 32-Meter-Slup WALLY B, die 1998 bei Pendennis in Zusammenarbeit mit Wally Yachts entstand. Riss: Luca Brenta.

Als klassische Tourenyacht in Stahl gebaut, segelt die Slup vom Typ Jongert 2900M CELANDINE mit stark gerefftem Großsegel vor der Kathedrale von Palma de Mallorca.

Platz wie auf einem Kreuzfahrtschiff bietet der 1994 gebaute Stagsegelschoner THE OTHER WOMAN. Mit 45 Metern Länge ist das amerikanische Schiff halb Motoryacht, halb Segelyacht.

5

DESIGNS VON DAMALS ALS VORBILD

Seit der Mensch zum Vergnügen segelt, baut er sich Yachten vornehmlich nach ästhetischen Gesichtspunkten. Doch war der Übergang vom Handelssegler zur Superyacht fließend. So standen am Anfang Rahsegler, dann folgten die Schoner, wie die hier vor Cowes aufkreuzende WESTWARD, schließlich jene großen Ketschen und Slups, die sich am Vorbild von erfolgreichen Rennyachten orientierten. Jeder Sprung der Technik, oft auf den Regattabahnen entwickelt, zog neue, leistungsfähigere Designs nach sich. Die Superyachten von damals wurden zu den Vorbildern von heute; selbst WESTWARD entsteht neu.

Halb Windjammer, halb Dampfboot und ganz Superyacht. Die 1892 bei Ramage & Ferguson gebaute VALHALLA war gut besegelt und kräftig motorisiert. 100 Mann Besatzung begleiteten den Eigner, den Earl of Crawford, auf Expeditionsreisen wie auch auf der Transatlantikregatta.

AM ANFANG STEHT IMMER EIN TRAUM

Svante Domizlaff

Von dem Schriftsteller Antoine de Saint-Exupéry, der als Flieger ein Verwandter der Segler war, stammen die Worte: „Willst du ein Schiff bauen, so rufe nicht Menschen zusammen, um Pläne zu machen, Arbeit zu verteilen, Werkzeug zu holen und Holz zu schlagen, sondern lehre sie die Sehnsucht nach dem endlosen Meer. Dann bauen sie das Schiff von alleine."

Der Bau eines jeden Schiffes beginnt mit einem Traum. Um wie viel mehr gilt das für den Bau einer Superyacht? Superyachten sind lebendig gewordene Träume. Kühn, großartig, unverwechselbar, von keiner Rennformel vergewaltigt, spiegeln sie vollkommen Temperament und Geschmack ihrer Eigner wider. Die Liebe zur See aber ist die Voraussetzung, wenn das Werk gelingen soll.

Superyachten bieten dem Menschen die Möglichkeit, tiefstes Naturerleben mit höchster technischer Errungenschaft zu verbinden und so der in der Praxis unberechenbaren See zumindest theoretisch mit größtmöglicher Sicherheit und einem Maximum an Komfort zu begegnen.

Zwar kann der Mensch die physikalischen Gesetze nicht bezwingen, aber das Geheimnis einer erfolgreichen Segelyacht besteht darin, die Grenzen der Physik zu erreichen. Beim Bau von Superyachten kommt der Mensch diesen Grenzen am nächsten, denn, ähnlich wie in der Raumfahrt, spielen bei der Konstruktion und Ausrüstung von Yachten über 30 Meter Länge finanzielle Einschränkungen selten eine Rolle. Das Größte, Stärkste, Leichteste ist gerade gut genug. So war es in den letzten 100 Jahren des Baus von Superyachten immer. Nicht die Physik setzte die Grenzen, sondern der Stand der Technik.

Uffa Fox (1898–1972), Konstrukteur und Yachtjournalist der dreißiger Jahre, beschrieb 1939 in seinem Buch „The Crest of the Wave" seinen Traum von einer Superyacht. Er zeichnete einen AURORA genannten Dreimaster von 161 Meter LWL mit Wishbonerigg und errechnete für dieses Traumschiff eine theoretische Geschwindigkeit von 22 Knoten am Wind. Mit Löffelbug und Kanuheck, ihren gewaltigen Masten sowie zwei separaten Kielschwertern unter dem flachen Rumpf ähnelte die AURORA durchaus einer modernen Superyacht.

Uffa Fox hatte bereits alle Voraussetzungen für den Bau einer modernen Superyacht erkannt: ein leicht zu bedienendes Rigg, für dessen Handhabung er „nur" 80 Mann Crew einkalkulierte, einen reduzierbaren Tiefgang und einen „geschweißten" Rumpf. Doch Uffa Fox wusste, dass seine AURORA ein Traum bleiben würde. Als Konstrukteur kannte er natürlich die technischen Schwierigkeiten einer Zeit, die zwar für die Herstellung von Masten bereits Aluminium kannte, Yachten aber vorwiegend aus genietetem Stahl, aus Holz, Stahldraht, Manila-Tauwerk, Eisenketten und Segeln aus Baumwolle baute. Für den Bau des Rumpfes und für das stehende und laufende Gut musste er sich daher ein ebenso leichtes wie widerstandsfähiges Material erträumen. Er nannte es „himmlisches Gold". Ein Stoff, aus dem sich hauchdünne Platten zu einem leichten Rumpf verschweißen ließen, aber ebenso durable Mastsektionen und extrem bruchfeste Wanten, Stagen und Schoten. Uffa Fox erkannte: „Der Bau großer Kutter litt schon immer unter einem wirklichen Problem: der Schwäche ihrer Riggs."

Ein knappes halbes Jahrhundert später war dieses Problem aus der Welt geschafft. Es gab nun dieses von ihm ersehnte „himmlische Gold", ein Derivat des Öls, des schwarzen Goldes der Erde, aus dem sich sogar Rümpfe herstellen, aber vor allem Masten bauen, Segel backen, kleben und nähen sowie Schoten flechten lassen. Wir nennen dieses Material „Kohlefaser". Seit wir den Umgang mit *carbon fiber* gelernt haben, sind dem Yachtbau, was die Größe betrifft, kaum noch Grenzen gesetzt. Technisch gesehen, ist es heute ohne weiteres möglich, eine Yacht wie Uffa Fox' AURORA zu bauen und, mithilfe modernster, von Computern gesteuerter Systeme, sogar von einem einzigen Menschen per Joystick segeln zu lassen.

Die Geschichte der Superyachten im heutigen Sinne, also von Segelyachten über 30 Meter Länge, führt rund 170 Jahre zurück, in eine Zeit, als der Begriff „Segelsport" noch gleichbedeutend war mit dem Begriff „britischer Segelsport".

Lord Yarborough, der erste Kommodore der Royal Yacht Squadron (RYS), ließ sich 1824 auf der Werft List in Wootton Bridge bei Cowes ein Vollschiff von 361 Tonnen bauen, die FALCON. Mit ihrem schwarzen Rumpf, darum ein weißes, von Stückpforten unterbrochenes Band, und ihrer Besatzung von 54 Mann handverlesener Seeleute ähnelte sie einem 20-Kanonen-Kriegsschiff. Tatsächlich segelte Yarborough nicht nur regelmäßig nach Spanien und Portugal, sondern begleitete die Royal Navy auf mancher Auslandsreise und nahm schließlich am 20. Oktober 1827 mit seiner FALCON an der Seeschlacht von Navarino teil. Erst nachdem der Lord 1835 im Sturm an Bord seiner Yacht schwer gestürzt und dauerhaft verletzt war, verkaufte er FALCON. Der schnelle Segler begann bald darauf eine zweite Karriere als Opiumklipper in China.

Weniger kriegerisch, aber dafür in der technischen Entwicklung von Superyachten ein gewaltiges Stück voran ging es mit der Yacht

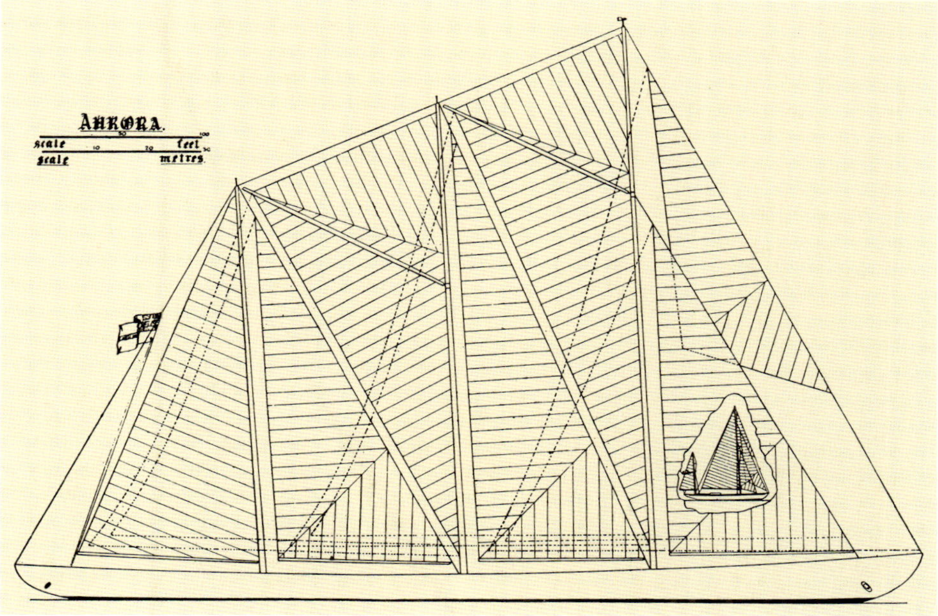

CZARINA im Jahre 1911. Albert Brasseys 53 Meter langer Toppsegelschoner besaß einen teleskopartig ausfahrbaren Schornstein und einen aufheißbaren Propeller. Uffa Fox zeichnete 1939 einen 161 Meter langen Schoner mit Wishbonerigg. Die AURORA nahm vorweg, was zu bauen erst heute möglich ist.

1905 siegte der Gaffelschoner ATLANTIC mit der Rekordzeit von zwölf Tagen im Transatlantic Race, obwohl er nicht als Regattaschiff konzipiert war. Der William Gardner-Riss wurde zum Vorbild für den mit 65 Metern Länge noch größeren, 1927 gebauten Stagsegelschoner CREOLE.

SUNBEAM von Lord Brassey. Der 53 Meter lange Toppsegelschoner von 532 Tonnen wurde 1874 nach einem Riss von St. Clair Byrne in Seacombe an der englischen Südküste gebaut. SUNBEAM war die erste Superyacht mit einem Dampf-Hilfsantrieb. Diese technische Neuentwicklung sorgte besonders in den USA für den Bau einer ganzen Reihe von Superyachten, die Masten und Segel nur noch als Staffage trugen, die Vorläufer unserer heutigen Motoryachten.

Lord Brassey – der als erster britischer Yachtsegler ein offizielles Kapitänspatent erwarb – unternahm mit der SUNBEAM 1876/77 eine Reise um die Welt und legte dabei 87 000 Seemeilen zurück. Auch in den folgenden Jahren steuerte der Schoner die interessantesten und abgelegensten Reiseziele der Welt an, stets mit dem Eigner an Bord. 1905 nahm Lord Brassey an der berühmten Regatta über den Atlantik teil und schlug sich gegen einige der modernsten Yachten ihrer Zeit mit 14 Tagen, 6 Stunden und 23 Minuten sehr achtbar. Auch das ein Merkmal mancher modernen Superyacht: Komfort und Geschwindigkeit perfekt miteinander vereint.

Albert Brassey, Lord Brasseys Bruder, besaß mit der CZARINA nahezu ein Schwesterschiff der SUNBEAM. Allerdings war CZARINA mit einem teleskopartig ausfahrbaren Schornstein und einer aufheißbaren Schraube ausgerüstet, einem entfernten Vorläufer des heutigen Faltpropellers, um beim Segeln den Propellerwiderstand im Wasser zu reduzieren. CZARINA besuchte oft die Ostsee und das Mittelmeer, ohne jedoch je den Atlantik zu überqueren. Im Ersten Weltkrieg wurde sie, zum Fruchtsegler umgebaut, mit einer Ladung Orangen Opfer eines deutschen Torpedos.

Widmen wir uns noch kurz einer dritten Superyacht mit Hilfsmotor, deren Verwendung und Einsatzgebiet schon sehr denen moderner Superyachten gleicht. VALHALLA war ihr Name. 1892 bei Ramage & Ferguson gebaut, 1490 Tonnen, knapp 100 Mann Besatzung. Unter ihrem späteren Eigner, dem Earl of Crawford, unternahm sie lange Expeditionsreisen und gehörte ebenso zu den Teilnehmerinnen der Transatlantikregatta 1905, die sie als drittes Schiff im Ziel beendete. Kurz vor Ausbruch des

SEA CLOUD ist die größte Superyacht aller Zeiten. Sie wurde als HUSSAR 1931 in Kiel gebaut, 109 Meter lang, 3000 Quadratmeter Segelfläche, 6000 PS. Als ultimativer Luxus galt nicht nur die Eignersuite der Viermastbark, sondern die 70 Kubikmeter umfassenden Kühlräume. Die SEA CLOUD wird heute als Kreuzfahrtschiff eingesetzt.

Ersten Weltkrieges wurde sie nach Fécamp in Frankreich verkauft und zu einem Kühlschiff umgebaut. Sie strandete schließlich an der Küste Portugals. Ihre schiere Größe und die am Design von Windjammern orientierten Risse ließen bei diesen frühen Superyachten eine Verwendung als Handelsschiff durchaus zu. Darin jedenfalls unterscheiden sie sich ganz deutlich von den Segelyachten unserer Zeit.

Dass Großsegler den umgekehrten Weg gingen, vom Handelsschiff zur Yacht, dafür ist FANTOME II ein Beispiel. 1896 von Dubigeon in Nantes für eine französische Reederei gebaut, 56 Meter lang, 611 Tonnen, war sie unter dem Namen BELEM einige Jahre in der Nitratfahrt nach Südamerika beschäftigt. Der Duke of Westminster erwarb die Bark und ließ sie zur Yacht mit Motorantrieb umbauen. Sie verfügte bereits über eine Erfindung, die moderne Yachtdesigner gern für sich in Anspruch nehmen: FANTOME II versteckte ihren Auspuff in halber Höhe des Besanmastes, um die Gäste an Bord nicht den Abgasen auszusetzen. Der Duke segelte die motorisierte Bark rund um die Welt und sogar bis ins Eis des Nordpols.

Die Geschichte des Yachtsports von der Mitte des 19. Jahrhunderts bis zum Ausbruch des Ersten Weltkrieges ist vornehmlich eine Geschichte des Regattasports. Von der 1851 in England siegreichen AMERICA, den berühmten Herausforderinnen und Verteidigerinnen ihres Cups, bis zu den gewaltigen METEOR-Schonern des deutschen Kaisers verdient jedes Schiff das Prädikat Superyacht. Aber es waren keine Superyachten in unserem Sinne, denn ihre Eigner suchten Erfolg auf den Regattabahnen, und sie wohnten auch nicht an Bord. Dafür stand eine Flotte von komfortablen Dampfyachten zur Verfügung.

Allerdings steht die Freude an der Geschwindigkeit bei manchem Superyacht-Eigner auch heute an ganz prominenter Stelle. Es gibt moderne Yachten, denken wir an WALLYGATOR/NARIIDA und MARI-CHA III, bei deren Konstruktion der Spaß an Speed und das Brechen von Rekorden Pate gestanden haben. Vor Porto Cervo, Mallorca und Nantucket etwa werden regelmäßig Superyacht-Regatten ausgetragen. Auch Transatlantik-Races üben nach wie

Deck des Schoners LA FAVORITA in den fünfziger Jahren: eine Technik wie zur Jahrhundertwende, mit Manilatauwerk, Stahltrossen und einem einzigen simplen Spill. Eine Yacht-Zulieferindustrie gab es nicht. Man nahm, was die Schifffahrt hergab.

vor eine unwiderstehliche Anziehungskraft aus. Das sind ebenso sehr sportliche wie gesellschaftliche Ereignisse.

Die Transatlantikregatta von 1905 um den Kaiserpokal war nicht nur eines der meistbeachteten Rennen seiner Zeit, man darf es getrost auch als erste Superyacht-Regatta der Geschichte bezeichnen. Elf der berühmtesten Segler ihrer Zeit gingen an den Start, alles ausgewiesene Fahrtenyachten, die meisten davon Rahsegler. Ihnen traute man wegen der erwarteten, für Rahsegler günstigen achterlichen Winde einen Sieg am ehesten zu.

Doch es kam anders. Es siegte schließlich der amerikanische stählerne Dreimastschoner mit Dampf-Hilfsmaschine ATLANTIC, 57 Meter lang, 303 Tonnen Displacement, 1720 Quadratmeter Segelfläche, gebaut 1903 nach einem Riss von William Gardner. Die epische Reise unter dem berühmten Skipper Charlie Barr endete mit einem Rekord, der fast ein ganzes Jahrhundert Bestand hatte: 12 Tage, 4 Stunden, 1 Minute. Heute ist es wiederum eine Superyacht, die den Rekord hält: Die Ketsch MARI-CHA III war 1998 vier Tage schneller.

Auf Platz zwei schob sich mit der deutschen HAMBURG ebenfalls ein Schoner, die ehemalige RAINBOW, 1898 in Glasgow nach einem Riss von G. L. Watson in Komposit gebaut, 47 Meter lang. Obwohl nicht als Regatta-, sondern als Fahrtenyacht konzipiert, trug sie eine Segelfläche von 1170 Quadratmetern und galt lange als der schnellste Schoner ihrer Zeit in Europa. Sie ging 22 Stunden nach der ATLANTIC durchs Ziel.

Der Ausbruch des Ersten Weltkrieges beendete die große Segelzeit, und die Superyachten der Krieg führenden Nationen wurden ins neutrale Ausland verkauft, eingemottet oder den Marinen ihrer Länder als Wachschiffe übergeben. Den weitaus größten Teil der Superyachten, die in den folgenden 50 Jahren gebaut wurden, kann man als Blaupausen derjenigen Typen bezeichnen, die in der Blütezeit nach der Jahrhundertwende entstanden waren.

Das Ende des Ersten Weltkrieges sah viele Verlierer und einen einzigen Gewinner: die neue Weltmacht USA. Die ungeheure Wirtschaftskraft dieser Nation spiegelte sich auch im Bau großer Yachten wider, in denen die Eisenbahn-, Öl-, Stahl- und Finanzbarone der Neuen Welt ihren Wohlstand ausdrückten. Optisch hielt man sich an die Superyacht-Vorbilder der Vorkriegszeit, technisch gesehen gab es Neuerungen, die wesentlich eine zuverlässigere Motorisierung betrafen. In den zwanziger und dreißiger Jahren profitierte besonders der deutsche Schiffbau von dieser Entwicklung. Die zerrütteten deutschen Staatsfinanzen waren dringend auf Devisen angewiesen, wertvolle US-Dollar hoch willkommen. So entstand beispielsweise in Kiel eine Reihe von Superyachten, von denen die 1931 auf der Kruppschen Germania Werft gebaute HUSSAR die berühmteste ist.

Als SEA CLOUD segelt diese Viermastbark von 2532 BRZ, 109 Metern Länge und einer Segelfläche von 3000 Quadratmetern noch heute mit einer Crew von 60 Mann als Kreuzfahrer mit Gästen. Die SEA CLOUD, mit Rahsegeln, Klippersteven und einem dicken Schornstein für die Abgase ihrer diesel-elektrischen Antriebsanlage von 3200 PS, entspricht ganz der Vorkriegsgeneration von Superyachten. Bei ihrer Ablieferung war die HUSSAR die größte Segelyacht der Welt und zugleich die am stärksten motorisierte. Sie ist es bis heute geblieben.

Die Motorisierung diente nicht nur dem Antrieb der Yacht, sondern auch ihren Systemen, im Wesentlichen einer Kühlanlage, die sechs Räume mit zusammen 70 Kubikmetern Inhalt konstant auf Temperaturen zwischen plus vier und minus neun Grad hielt. Eine Superyacht ohne Kühlanlage ist heute kaum noch vorstellbar, damals allerdings betrat die Auftraggeberin der Yacht, Marjorie Merryweather Post, Neuland. Der Anspruch, den sie stellte, kam nicht von ungefähr. Mrs. Post war die Erbin des größten amerikanischen Lebensmittelkonzerns General Foods Corp. Ihr Vater C. W. Post gilt als Erfinder der Fertigkost und des pulverisierten Kaffees. Noch heute hinterlässt die überaus luxuriöse, teilweise im Original erhaltene Inneneinrichtung der SEA CLOUD mit ihren vergoldeten Wasserhähnen einen imposanten

Eindruck von der unermesslichen Pracht, die wirklicher Reichtum entfalten kann.

Die führende Yachtwerft war weiterhin Camper & Nicholsons in Gosport. Zwar machten Dampf- und Motoryachten sowie Regattafahrzeuge den wesentlichen Teil ihrer Aufträge aus, aber mit dem Bau des Dreimastschoners CREOLE von 697 Tonnen lief 1927 eine Nachfahrin des Schoners ATLANTIC vom Stapel. Mit einer Länge von 65 Metern und 2040 Quadratmetern Segelfläche ist die CREOLE noch ein Stück größer als die ATLANTIC. Sie ist bis heute die größte Schoneryacht der Welt und segelt, vollständig restauriert und wunderbar gepflegt, vornehmlich im Mittelmeer.

Die von politischen und wirtschaftlichen Turbulenzen geprägten zwanziger und dreißiger Jahre ließen in Europa zwar ein Aufleben des Regattasports zu, aber der Bau von echten Superyachten stagnierte. Parallel zum optischen Wandel, den die Hochseeyachten aufgrund neuer Regatta-Handicapformeln nahmen, änderte sich der Geschmack in Bezug auf die Rumpflinien und die Riggs großer Yachten. Die Zeit des bedienungsaufwändigen Rahsegels war vorbei, die Schonertakelung verschwand mehr und mehr, Klippersteven, Bugspriet und weite Überhänge waren passé. Man suchte nach Möglichkeiten einer einfachen Bedienung der Segel und glaubte zunächst, sie in der Wishbonetakelung gefunden zu haben. In Ansätzen hat sich diese aerodynamisch weniger günstige, aber gut zu handhabende Takelung bis heute gehalten, betrachtet man etwa die gewaltigen Perini Navi mit ihrem Fisherman-Dreieckssegel.

Das Verdienst, dem modernen Bermudarigg zum Durchbruch verholfen zu haben, ist jedoch dem damals erst 24 Jahre alten Konstrukteur Olin Stephens zuzuschreiben. Mit der 17 Meter langen Yawl STORMY WEATHER brachte er 1935 einen als unschlagbar geltenden Oceanracer an den Start. Ein Bermudarigg mit toppgetakelter Genua und ein relativ leichter Rumpf mit moderaten Überhängen waren die Zeichen einer neuen Zeit. Mit STORMY WEATHER und der kurz zuvor ebenfalls von Olin Stephens entwickelten, etwas kleineren DORADE fand der Hochseeyachtsport einen neuen gemeinsamen Nenner. Allerdings blieb bis zum Ausbruch des Zweiten Weltkrieges kaum noch Zeit, diese neue Entwicklung auch für den Bau von Superyachten umzusetzen.

Dass man aber durchaus in der Lage war, Yachten nach diesem Design und in dieser Größenordnung zu bauen, stellte etwa die Yachtwerft Abeking & Rasmussen (A&R) an der Weser unter Beweis. Nur wenige Monate vor Kriegsbeginn übernahm die Deutsche Kriegsmarine eine von Jimmy Rasmussen im neuen Stil konstruierte Yawl von 27,5 Metern Länge als Ausbildungsschiff für den Offiziersnachwuchs. Die ebenso elegante wie durable, aus geschweißtem Stahl gebaute SKAGERRAK segelt heute, perfekt restauriert, unter italienischer Flagge im Mittelmeer.

In den Kriegsjahren von 1939 bis 1945 hatte die Welt andere Probleme als den Bau von Superyachten. Die Flotte der bis dahin existierenden Renn- wie Superyachten nahm einen ähnlichen Weg wie im Ersten Weltkrieg. Sie wurden, soweit geeignet, den nationalen Mari-

Zu den ersten Superyacht-Neubauten nach dem Krieg gehörte die 1963 von Abeking & Rasmussen abgelieferte TIZIANA von 35 Metern Länge, hier den Hafen von Monte Carlo verlassend. Konstrukteur Olin Stephens hatte den schlichten, yachtmäßigen Stil kreiert. Nicht an Bord der TIZIANA, aber typisch für die sechziger Jahre: ein Salon mit falschem Kamin und gepolsterten Scheußlichkeiten.

Eine der frühen Superyachten ist die 1987 gebaute QUEEN NEFERTITI von 41 Metern Länge. Sparkman & Stephens zeichneten den Riss, für den Innenausbau fühlte sich – wie es zu dieser Zeit noch üblich war – die Werft verantwortlich. Das in Spanien gebaute Schiff wurde 1998 grundüberholt und ist seither für den amerikanischen Eigner weltweit im Einsatz.

nen zugeteilt, gerieten – wie etwa die mächtige SEA CLOUD – in die Hand obskurer karibischer Potentaten oder wurden ins neutrale Ausland verkauft. Die meisten aber moderten bald im Hafenschlick vor sich hin, ihrer wertvollen, für die Kriegsproduktion dringend benötigten Bleikiele beraubt und nicht mehr segelbereit.

Der Grad der Zerstörung nach dem Zweiten Weltkrieg und der bald einsetzende Kalte Krieg versetzten den Yachtbau nahezu in Agonie. Erst Mitte der fünfziger Jahre gab es einen Aufschwung, der, ähnlich wie 30 Jahre zuvor, wegen des starken Dollars zunächst den deutschen Werften zugute kam – insbesondere A&R.

Da der Segelsport in England über eine größere Zahl eigener Werften verfügte und auch Frankreich und Italien mehr oder weniger mit eigenen Werften versorgt waren, kamen die Aufträge zunächst hauptsächlich aus den USA – und bald auch wieder aus Deutschland selbst. Hier war weniger ein Leben in Luxus Vater des Gedankens, sondern die Angst vor einer möglichen Okkupation durch die Sowjetunion, angefacht durch den Ausbruch des Koreakrieges 1950. Echte Superyachten waren nicht darunter – eine Schiffslänge von um die 20 Meter galt bereits als exorbitant. Die 1952 bei Matthiesen & Paulsen gebaute 24-Meter-Ketsch TRIGLAV hinterließ selbst in den Luxushäfen des Mittelmeeres einen imposanten Eindruck.

Zu einer gewissen Berühmtheit gelangte Anfang der fünfziger Jahre der 47 Meter lange Dreimast-Gaffelschoner XARIFA, als Dampfyacht bei White & Co. 1928 in Cowes für den Nähmaschinen-Fabrikanten Singer gebaut, während des Krieges für den Kohlentransport verunstaltet und kurz nach dem Krieg zum Segler mit 548 Quadratmetern Segelfläche umgebaut. Der Unterwasserforscher Hans Hass unternahm mit diesem Schiff mehrere Filmexpeditionen, bevor er es 1960 an einen italienischen Eigner verkauft. In La Spezia wurde die XARIFA zu einer echten Luxusyacht umgebaut, wobei Teile der Inneneinrichtung des Luxusliners BREMEN (ex LIBERTE) Verwendung fanden. Auch wenn praktische Gründe dafür vorlagen, handelt es sich doch um einen frühen Fall von Beschäftigung mit Innendesign. Mit einem 250-PS-Deutz-Dieselmotor steuerte die XARIFA ihren neuen Heimathafen Monte Carlo an.

1953 entstand auf der Burmester-Werft in Bremen für den Werftchef Ernst Burmester persönlich der Zweimast-Schoner ASCHANTI, mit einer Länge von 31 Metern eine echte Superyacht, ganz im Stil der ATLANTIC und der CREOLE, allerdings etwas kleiner als diese. Nach ihrer vollständigen Restaurierung in den neunziger Jahren ist die ASCHANTI weltweit im Einsatz. Doch ASCHANTI war eine Ausnahme. Meist behalf man sich in den ersten Nachkriegsjahren mit dem Aus- und Umbau ehemaliger Rennyachten zu Fahrtenyachten. Man kann nicht sagen, dass die zum Teil grotesken Versuche, durch zusätzliche Aufbauten mehr bewohnbaren Innenraum zu schaffen, solchen Yachten optisch zum Vorteil gereichten.

So hatte sich denn in den ersten Nachkriegsjahren im Yachtbau nichts Wesentliches verändert. Das ist auch kein Wunder, denn mit Ausnahme weiter verbesserter Motoren, aerodynamisch günstigerer Bermudariggs und der von Sparkman & Stephens eingeführten moderneren Risse, gab es kaum technische Fortschritte. Holz und Stahl waren weiterhin die bevorzugten Bootsbaumaterialien, das stehende Gut bestand in der Regel aus verzinktem Stahldraht, die Segel wurden nach wie vor in Baumwolle genäht, Schoten und Fallen aus geschlagener oder geflochtener Naturfaser hergestellt. Die Windjammer-Zeiten lassen grüßen! Ausrüstung und Systeme lieferten die in der Handelsschifffahrt beschäftigten Hersteller. Eine eigene Yacht-Zulieferindustrie existierte nicht, und mit Winschsystemen zur Bedienung von Segeln begann man gerade Erfahrungen zu sammeln.

Für eine Weile noch war A&R weltweit die führende Yachtwerft für den Bau von Superyachten. Anfang der sechziger Jahre entstand an der Weser eine Reihe von Motorseglern für amerikanische Rechnung, nach Rissen von Phil Rhodes. Dies waren die ersten Versuche, das Platzangebot einer Motoryacht mit der Romantik und der unbegrenzten Reichweite einer Segelyacht zu verbinden, wie es etwa Perini Navi in Italien heute gelingt. Zumindest die 1961 von A&R abgelieferte FEI-SEEN war mit ihrer Länge von knapp über 30 Metern eine echte Superyacht. Auf einem relativ hochbordigen, unter Wasser sehr flachen Yachtrumpf mit Löffelbug und Kanuheck stand ein simples Ketschrigg. Zwei Kielschwerter sorgten für einen variablen Tiefgang. Um gegenüber herkömmlichen Segelyachten zusätzlichen Wohnraum zu gewinnen, erhielt FEI-SEEN relativ hohe Aufbauten, mit drei unterschiedlichen, ineinander verschränkten Deckshäusern und großen Fenstern. Man kann wirklich nicht sagen, dass diese Yacht optisch ein gelungener Entwurf war. Aber ähnliche Kritik mussten sich auch die frühen Perini Navi gefallen lassen, die sich dennoch als außerordentlicher Verkaufserfolg erwiesen. FEI-SEEN ist nach wie vor ein beliebtes Charterschiff in der Karibik.

1963 bauten die Bremer für italienische Rechnung die TIZIANA, eine von Olin Stephens' Designbüro Sparkman & Stephens gezeichnete 35-Meter-Yawl mit 463 Quadratmetern Segelfläche, eine echte Superyacht, die lange die Häfen der Côte d'Azur schmückte. Im nostalgischen Stil, von Elredge McInnis gezeichnet, entstand bei A&R der 30-Meter-Schoner WESTWARD für einen amerikanischen Kunden. Dann gelang der Werft ein technischer Durchbruch, der den Bau schneller und großer Yachten weltweit beeinflussen sollte.

Der deutsche Stahlbaron Alfried Krupp von Bohlen und Halbach beauftragte A&R 1963 mit dem Bau seiner sechsten GERMANIA, einer 21,7 Meter langen Ketsch, konstruiert von Sparkman & Stephens. Die GERMANIA VI erhielt als erste Yacht der Welt einen geschweißten Aluminiumrumpf, wofür A&R nach etlichen Rückschlägen ein neues Schweißverfahren entwickelt hatte – ein Meilenstein im Schiffbau, denn nun war es möglich, auch große Yachten vergleichsweise leicht zu bauen. Bis heute gibt es für den Bau leistungsfähiger Yachten über 30 Meter Länge als Baustoff keine Alternative. Die GERMANIA VI ist seit nahezu 40 Jahren im Einsatz und der schwimmende Beweis dafür, dass Aluminium zu Recht als ein pflegeleichtes, korrosionsresistentes und ermüdungsfreies Material gilt.

Im Zuge dieser neuen Entwicklung begann der Aufstieg heute so bedeutender Werften wie Royal Huisman in Holland, die sich Anfang der siebziger Jahre mit dem Bau von konsequent aus Aluminium gebauten Admiral's Cup-Rennyachten wie PINTA und SAUDADE einen Namen machte, während anderswo noch mit kaltverleimtem Sperrholz oder verbesserten GFK-Rümpfen experimentiert wurde.

Krupp gebührt noch ein weiteres wesentliches Verdienst. Um auch in Übersee ständig mit seinem Stahlimperium an der Ruhr in Verbindung zu bleiben, wurde die GERMANIA VI

Mit 61 Metern Länge gehört der Dreimast-Stagsegelschoner AQUARIUS zu den größten Superyachten im klassischen Stil. Die Yacht wurde in trostlosem Zustand von Abeking & Rasmussen übernommen und vollständig restauriert.

mit einer leistungsfähigen Funk- und Telefonanlage ausgestattet. Für Eigner von Superyachten sind weltweit funktionierende, satellitengestützte Kommunikationsanlagen die Voraussetzung für längere Abwesenheit von ihrem Büro.

Der Bau von echten Megayachten unter Segeln blieb noch eine Reihe von Jahren die Ausnahme. Die renommierte Werft Sangermani in Lavagno begann 1968 mit dem Bau des von Laurent Giles konstruierten 30 Meter langen Motorseglers AIRIN, einer hölzernen Ketsch mit zwei Caterpillar-Motoren von je 280 PS. 1978 folgte der 30-Meter-Stagsegelschoner JULIE MOTHER, ebenfalls in Holz gebaut, nach einem Riss von C. Sciarelli, aber das waren, von der Größe her gesehen, Grenzfälle.

Zu Beginn der siebziger Jahre sorgten die weltweite wirtschaftliche Stabilität und die zunehmende Freizeit größerer Teile der Bevölkerung für eine wahre Wassersportwelle. Damit einhergehend, entwickelte sich erstmals eine richtige Wassersportindustrie und, dank der Verbesserung des Kunststoffes, die Möglichkeit der Serienproduktion von Yachten. Die Yachten der Swan-Reihe der finnischen Werft Nautor waren die Spitzenprodukte des Marktes, und eine Swan 43 war nach dem damaligen Verständnis bereits eine große Yacht. Als 1972 die erste von Sparkman & Stephens gezeichnete Swan 65 vom Stapel lief, galt sie schlichtweg als Superyacht ihrer Zeit. Swan-Yachten waren komfortabel ausgebaut und segelten schnell, da sie gut in die damals populäre IOR-Formel passten. Als der Mexikaner Ramon Carlin 1974 mit seiner Swan 65 SAYULA II gegen französische und britische Rennyachten das Whitbread-Rennen um die Welt gewann, verzeichnete die Werft einen wahren Auftragsboom. Der Swan 65-Typ wurde bis in das Jahr 1989 gebaut, ein einzigartiger Erfolg im Segment von Luxusyachten. Swan 65 sah man als Daysailer in den Häfen des Mittelmeers liegen, als Regattayachten bei internationalen Veranstaltungen und als Fahrtenyachten auf Kurs um die Welt.

Als erste Superyachten der „neuen Zeitrechnung" gelten die beiden Ron Holland-Konstruktionen GLEAM, eine Ketsch, und die Slup WHIRLWIND XII von jeweils 34 Metern Länge. Ihr Riss orientierte sich an den IOR-Maxi-Yachten.

In den späten siebziger und frühen achtziger Jahren lag die Obergrenze für Segelyachten bei 80 Fuß (24 Meter), denn größere Schiffe ließ die den gesamten Segelsport dominierende IOR-Formel nicht zu. Es bildete sich die so genannte IOR-Maxi-Klasse von Hochseeyachten, wirklich eine Klasse für sich, die untereinander an einem weltweit ausgesegelten Regattazirkus teilnahmen und reihenweise die Rekorde klassischer Veranstaltungen wie Fastnet Race, Sydney – Hobart Race oder Kapstadt – Rio de Janeiro brachen. Verantwortlich für das Design dieser nun fast ausschließlich in Aluminium gebauten Rennyachten war eine neue Generation von Architekten wie Doug Peterson, German Frers und Ron Holland. Ron Holland, dessen Maxikonstruktion KIALOA III außerordentlich erfolgreich segelte, sollte der Erste sein, dem das Design einer Segelyacht von mehr als 30 Metern Länge übertragen wurde, der ersten Superyacht im modernen Sinne. Bei der Entwicklung dieser und den in schneller Reihenfolge nachrückenden Neubauten standen nicht mehr die klassischen Vorbilder Pate, sondern die Risse der rasanten IOR-Maxis.

Die Geschichte der Superyachten, wie sie in diesem Buch vorgestellt werden, begann 1985 mit dem Bau der WHIRLWIND XII von Noel Lister, einem passionierten Regattasegler, der sich nach dem Verkauf seines Unternehmens auf eine Weltumseglung freute. Er beauftragte Ron Holland mit dem Design einer Hochleistungs-Fahrtenyacht von ursprünglich 95 Fuß Länge. Holland überzeugte ihn jedoch, die magische Grenze von 100 Fuß knapp zu überschreiten, um eine großzügigere Inneneinrichtung zu ermöglichen. Dem Eigner lag daran, dass die erwarteten sehr guten Segeleigenschaften der Yacht von einer kleinen Crew – allenfalls vier Mann – bewältigt werden könnten. Ron Holland entschied sich daher für ein Kutterrigg mit einer Mast-Rollreffanlage und dem Einsatz neuer, gerade von Lewmar entwickelter leistungsfähiger Winschen. Eine Maxiyacht wie die KIALOA III segelte damals mit einer Regattacrew von 24 Mann.

Ein flaches Deckshaus und ein großes geschütztes Cockpit waren Zugeständnisse des Designers an den Status einer Fahrtenyacht. Als Baumaterial wurde Aluminium gewählt, der Auftrag an die Werft Royal Huisman in Holland vergeben. Ein Innenarchitekt – Peter Sijm – übernahm, auch das war neu im Yachtbau, die Verantwortung für das Design des Interieurs. Fast zur gleichen Zeit war bei Nautor in Finnland ein anderes Ron Holland-Schiff im Bau, die

Zurück zu den Wurzeln: Mit den Linien des frühen 20. Jahrhunderts und der Technik des 21. Jahrhunderts wird der Schoner ATHENA im Jahre 2004 segeln. 2774 Quadratmeter Segelfläche und 22 Mann Besatzung sollen die bei Royal Huisman entstehende Yacht auf 20 Knoten bringen.

34 Meter lange GARUDA mit einem Rumpf in GFK. Der deutsche Eigner, er hatte auf einer Swan 76 bereits eine Weltumseglung hinter sich, plante ursprünglich den Bau einer 28-Meter-Yacht. In der Planungsphase aber wuchs und wuchs die Yacht und endete schließlich, wie WHIRLWIND XII, bei 34 Metern. Als Innenarchitekt wurde Jon Bannenberg gewonnen, der Vater des modernen Yacht-Innendesigns. Im folgenden Jahr lief bei der Werft South Pacific Hollands drittes 102-Fuß-Schiff vom Stapel: GLEAM, in Aluminium gebaut und als Ketsch getakelt. Kurz darauf folgte ACHARNE bei Royal Huisman, ein 37-Meter-Backdeck-Kutter mit Heckrampe für einen Tender. Für das Styling zeichnete wiederum Jon Bannenberg verantwortlich. Mit diesen Bauten sind wir in der Zeit der modernen Superyachten angekommen, über die in den folgenden Kapiteln zu lesen ist.

Die Bandbreite der zu Anfang unseres Jahrhunderts segelnden oder in der Planungs- beziehungsweise Bauphase befindlichen Superyachten ist enorm breit, so breit wie der Geschmack des Seglers, so weit wie sein Erfindungsreichtum und sein Vorstellungsvermögen reichen und die Physik es zulässt. Im Rückblick auf die Geschichte wird aber deutlich erkennbar, dass die Segler immer wieder auf die vier oder fünf Grundtypen im Superyachtbau zurückgreifen. Dies wird besonders deutlich am Beispiel des bei Royal Huisman im Bau befindlichen 89-Meter-Schoners ATHENE, einer Gemeinschaftsproduktion der Designer Peter Beeldsnijder und Gerard Dijkstra, in dem sich die optischen Elemente des Superyachtbaus aus dem Anfang des 20. Jahrhunderts mit der Technik zu Beginn des 21. Jahrhunderts verbinden. Bei einem Displacement von rund 360 Tonnen wird die ATHENA an ihren drei Aluminiummasten und ihren Gaffeln und Bäumen aus Kohlefaser 2474 Quadratmeter Segelfläche tragen und mehr als 20 Knoten laufen – so schnell wie die von Uffa Fox einst erträumte AURORA. Statt mit 80 Mann Personal aber wird ATHENA nur eine Crew von 22 Mann benötigen, wenn sie im Jahre 2004 auf Probefahrt geht.

Man muss nicht jede dieser Yachten schön finden und ihre wahren Werte gleich verstehen, aber den Respekt vor der handwerklichen, technischen und schöpferischen Leistung der Menschen, die diese Schiffe geschaffen haben, sollten wir uns leisten. Dazu gehört auch der Respekt vor den Eignern, die den Mut haben, ihre Träume in die Realität umzusetzen, und bereit sind, dafür ein Vermögen auszugeben.

NT 221

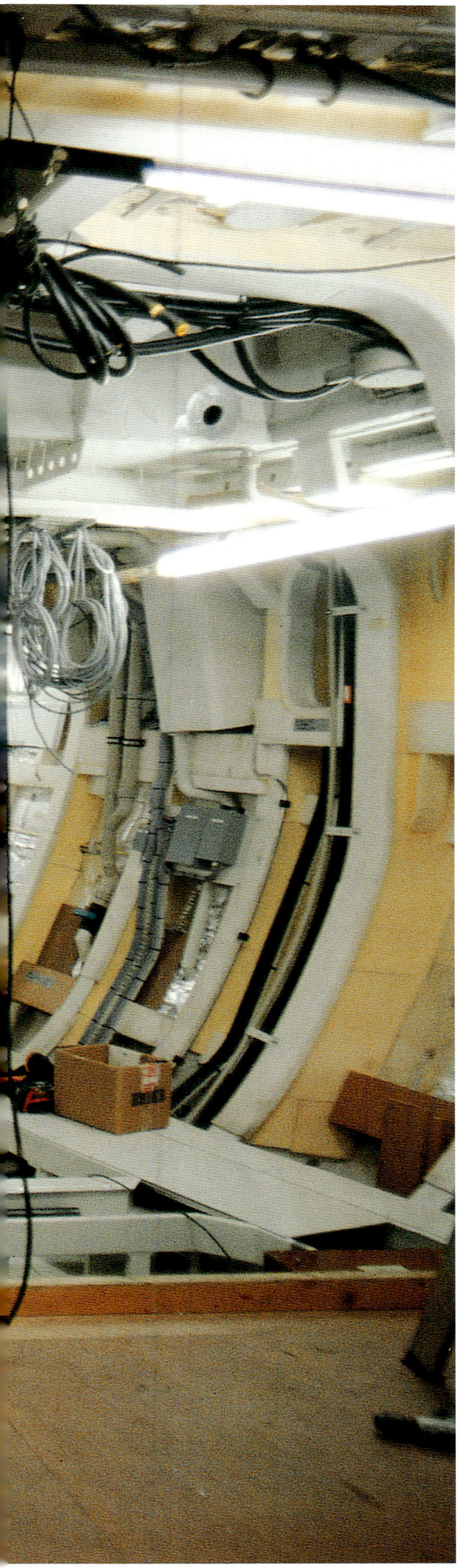

WIE EINE SUPERYACHT ENTSTEHT

Am Anfang steht der Traum von einer Yacht. Dieser Traum nimmt nach und nach Gestalt an. Erst sind es nur Linien auf dem Papier, dann dreidimensionale Bilder auf dem Bildschirm des Computers, und schließlich wachsen aus Stahl, Karbon, Aluminium oder Holz Rumpf und Deck, eine komfortable Inneneinrichtung und wolkenkratzerhohe Masten. Am Ende ist aus einem Traum und tausend Einzelteilen eine Superyacht entstanden; ein Wesen, das zu leben beginnt an dem Tag, da seine Segel sich erstmals mit Wind füllen.

Es gibt kaum etwas Eleganteres auf dem Wasser als German Frers' 42,40 Meter langes Design REBECCA. Ihr modernes Rigg und ihr gerader Bug stehen im Kontrast zum niedrigen Freibord und zu dem weit überhängenden Heck. Frers zeichnete eine Ketsch der Gegenwart mit Zitaten von Herreshoff.

DIE HARMONIE VON ÄSTHETIK UND FUNKTION

German Frers

Mit einem motorgetriebenen Fahrzeug zur See zu fahren, und sei es von hundert Motoren beflügelt, ist niemals mit dem Glücksgefühl zu vergleichen, das mir die Segelei schenkt, und es gibt genügend Beispiele dafür, dass eine schnelle Segelyacht ein Motorboot abhängen kann. Vor vielen Jahren bin ich einmal in vier Tagen von Lissabon nach Plymouth gesegelt, ein anderes Mal in vier Tagen von Lissabon nach Cowes. Wir haben damals alle Motoryachten überholt, denen wir unterwegs begegneten.

Eine Segelyacht und eine Motoryacht sind zwei völlig verschiedene Dinge. Zu einem Segelschiff kann man ein persönliches Verhältnis entwickeln, wie zu einem Pferd oder einem Hund. Ich kann mir schlecht vorstellen, dass dies auch auf ein qualmendes, nach Öl stinkendes Motorboot zutrifft.

Segelyachten haben etwas sehr Weibliches an sich. Einige Frauen, und ich sage dies mit allem Respekt, vertragen es, ein bisschen härter angefasst zu werden, während andere sofort lauthals protestieren. Mit Yachten ist das so ähnlich. Je härter man eine Yacht herannimmt, je mehr man sie auf Kurs zwingt, desto eher ist sie bereit, die beste Leistung zu geben. Gehe so mit einer anderen Yacht um, und sie

wird umfallen und sich nicht mehr von der Stelle rühren.

Was den Bau von Yachten betrifft, so berühren sich die Extreme an einem bestimmten Punkt. Bewegt sich das Pendel des Geschmacks oder der Mode extrem in eine Richtung, muss man nicht lange warten, bis es genauso weit nach der anderen Seite ausschlägt. Segelyachten früherer Zeiten, in einer Größenordnung von 100, 200 und 300 Tonnen Verdrängung, sind aus der Mode gekommen. Ebenso gewaltige Motoryachten haben heute ihr Erbe angetreten. Doch zur gleichen Zeit hat die Mode vergleichsweise kleinere Segelyachten entdeckt, die nun ihrerseits nach und nach beginnen, den ganz großen Motoryachten in der Gunst der Eigner den Rang abzulaufen.

Ich bin der festen Überzeugung, dass das zunehmende Interesse an solchen geflügelten Schönheiten der See ein gutes Omen für die Yachtwelt ist. Natürlich, diese Segelyachten sind in Relation zu ihrer Größe sehr teuer, aber sie kosten doch nur den Bruchteil einer großen

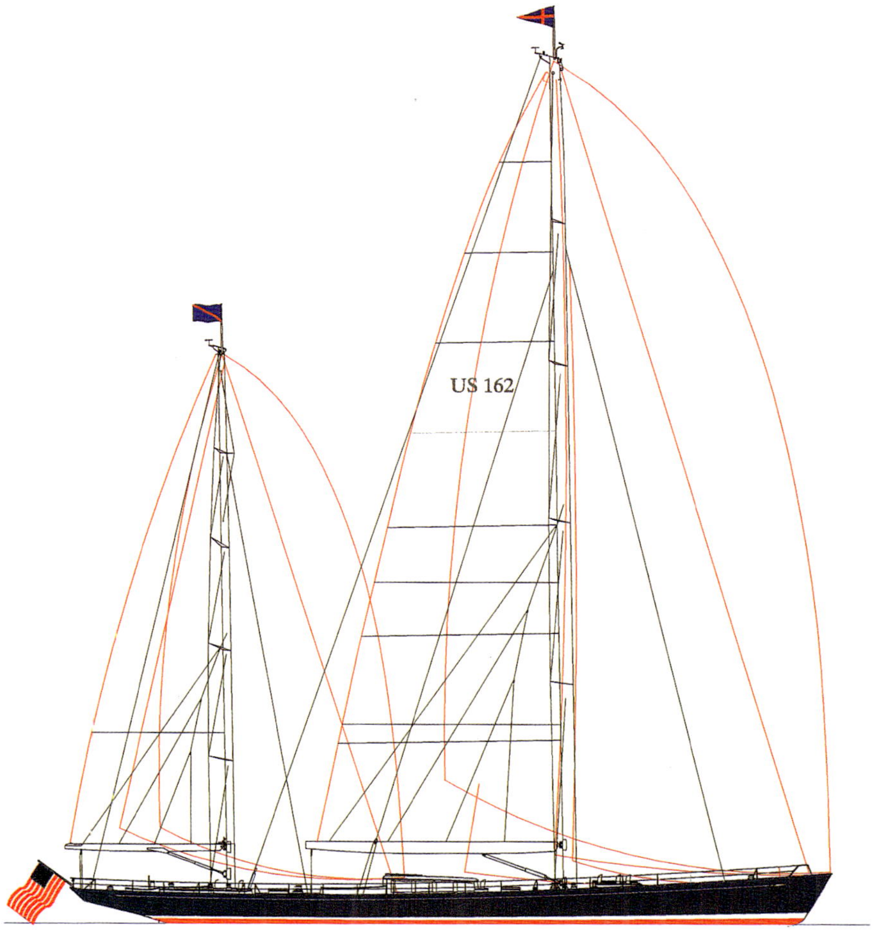

EXTRA - BEAT
NEWPORT, R.I.

Motoryacht. Sie eröffnen zudem Hunderten von Seglern, die sich diesen Sport selbst gar nicht leisten könnten, eine Möglichkeit, auf höchstem Niveau etwa an Regatten oder langen Reisen teilzunehmen.

Diese Entwicklung begann nicht in den neunziger Jahren des gerade vergangenen Jahrhunderts, sondern wurde bereits 1893 von Sir Edward Sullivan im Vorwort zu der Publikation „Badminton Library of Sports" beschrieben. Wenn wir nur den Begriff „Dampfer" gegen den der Motoryacht austauschen, haben wir ein Szenario, das auf die Situation damals wie heute zutrifft. Jetzt, am Beginn des neuen Jahrtausends, scheint das Pendel des Geschmacks und der Mode, die Sullivan so gut zu beschreiben weiß, wieder zurückzuschwingen.

Sullivans harte Kritik an der Motoryacht teile ich nicht ganz. Über die Jahre sind in unserem Designbüro die unterschiedlichsten Motorfahrzeuge entstanden, von schnellen Daycruisern bis zu schweren Trawlern und Küstenmotorschiffen, und während ich diese Zeilen schreibe, läuft gerade das erste Exemplar einer von uns entwickelten Serie von Motoryachten des Typs Storebro Grand Series 62 vom Stapel, und eine weitere 60-Fuß-Motoryacht ist bereits auf dem Reißbrett fertig gestellt.

Trotzdem ist die Verführung nie größer gewesen, eine große Segelyacht zu bauen. Moderne Hochseeyachten liegen besser in der See und können mehr Seegang vertragen. Da gibt es nichts zu diskutieren. Darüber hinaus wird eine Segelyacht in der Öffentlichkeit eher als sportliches Objekt akzeptiert, als das bei einem Powerboat der Fall ist, das mit seinen Aufbauten hoch über die Wasserlinie hinausragt. Ein Segelschiff wirkt weniger angeberisch, seine Sportlichkeit ist für den Laien eher nachzuvollziehen, ja, sie mag sogar bewundert werden. Das Rigg, die Spieren, die magische Kraft der Segel und die Ruhe, mit der sich eine Segelyacht bewegt, sie strahlen eine natürliche Anmut und Eleganz aus, vorausgesetzt natürlich, sie wurden ordentlich konstruiert.

In den letzten zehn Jahren haben wir uns mit dem Design einer ganzen Reihe unterschiedlichster Superyachten beschäftigt, alle im Bereich einer Länge über alles von 30 bis 75

Ein Meilenstein im Superyachting wurde EXTRA BEAT. Die 36 Meter lange Slup mit Wasserballast, gebaut 1988 bei Abeking & Rasmussen, war als reiner Daysailer konzipiert. Noch nie zuvor war ein solch extravagantes Konzept von einem Auftraggeber verwirklicht worden (linke Seite). German Frers setzte mit Wally-Begründer Luca Bassani mehrere Einzelbauten um: von oben YAM, TIKETITAN und MAGIC CARPET.

Metern. Wir haben dabei die modernste Technik herangezogen und uns für den Einsatz neuer Materialien beim Bau der Rümpfe, des Spantenrahmens, der Spieren, des Riggs und der Systeme eingesetzt, einer Technik, die wir heute benötigen, um die zunehmende Anzahl immer größerer Superyachten sicher zu bewegen.

Da ich die meiste Zeit meines Lebens gesegelt bin, hauptsächlich auf Regattayachten, habe ich eine ziemlich genaue Vorstellung davon, wie eine ordentliche Superyacht aussehen sollte. Zum Erfolg gehören einige wichtige grundsätzliche Voraussetzungen: Leistung, Anmut und Schönheit, Komfort und Einfachheit bei der Bedienung. Das klingt alles einleuchtend und logisch, aber um dieses Ziel zu erreichen, bedarf es ziemlicher Anstrengungen und großen Erfindungsreichtums vonseiten des Designers, der Werft, aber auch des Eigners.

Die Geschwindigkeit hängt sehr von der Form des Rumpfes ab und dem Verhältnis der Kräfte, also der Segelfläche gegenüber der Verdrängung und der benetzten Oberfläche, in manchen Fällen dem Tiefgang und stets der Stabilität und dem Windwiderstand. Besonders das Gewicht steht der Leistung entgegen, und es gibt mehrere Wege, dieses Problem zu lösen. Die erste Lösung liegt in der Verwendung von modernem festem Material beim Bau des Rumpfes, des Decks, der Aufbauten und des Riggs. Bis zu einer gewissen Größe, sagen wir zwischen 33 und 36 Metern Lüa, haben Komposit-Konstruktionen in Bezug auf Gewicht und Festigkeit Vorteile. Wenn die Yacht noch größer wird, sind die neu entwickelten hochfesten Aluminiumlegierungen sehr konkurrenzfähig.

Eine andere Möglichkeit, dem Problem Gewicht versus Stabilität beizukommen, ist die Verwendung von Wasserballast. So lässt sich ein Boot leicht und schmal und mit geringem Kielgewicht konstruieren, das bei zunehmendem Wind zusätzliche Stabilität und mehr Länge in der Wasserlinie erreicht, und zwar dadurch, dass speziell eingebaute Seitentanks in Luv mit Seewasser gefüllt und beim Wenden auf einen anderen Bug umgepumpt werden. Dieses System haben wir erstmals bei der EXTRA BEAT verwendet, einer 36-Meter-Slup aus Aluminium.

Eine innovativere Lösung hatten wir für die 40 Meter lange Nachfolgerin von EXTRA BEAT geplant, die allerdings nie gebaut wurde. Später verwendeten wir diese Einrichtung für das 28,5-Meter-Design TIKETITAN: Ich meine den Schwingkiel. In diesem Fall schwingt der Kiel je nach Windstärke und Windrichtung auf die entsprechende Seite der Yacht und sorgt für ein zusätzliches aufrichtendes Moment. Die Ergebnisse sind erstaunlich, denn auf diese Weise lässt sich eine Yacht bauen, die zugleich leicht und trotzdem stabil ist, weil sich der Ballast sich einfach auf die gewünschte Seite verlagern lässt. Das funktioniert mithilfe einer relativ einfachen Hydraulik. Im Falle eines technischen Versagens keilt sich der Kiel automatisch in Mittelstellung fest. Derzeit sind mehrere größere Versionen von TIKETITAN in der Planung. Und seit dieser Kiel einen Crashtest mit zwölf Knoten Fahrt überstand, beginnen die Leute,

Auch mit BOLERO bewies German Frers sein einzigartiges Talent für Eleganz und Schnelligkeit. Die 32 Meter lange Slup segelt lange Hochseestrecken mit nur einem Außen-Steuerstand.

Das spektakulärste und innovativste Design von German Frers wurde die 28 Meter lange STEALTH. Eine Kohlefaseryacht von 28 Tonnen Gewicht, von denen allein 15 Tonnen auf den Ballast am Kiel entfallen. Die für Rekordversuche gebaute Slup ohne Inneneinrichtung hat Beschläge und Relingstützen aus Titan.

Vertrauen in diese neue Technik zu bekommen.

Nach meinem persönlichen Gefühl ist es wichtig, dass Rümpfe verhältnismäßig lang sind und leicht, was die Einbauten und die technische Ausrüstung betrifft. Ein leichter, schlanker Rumpf benötigt weniger Kraft zum Erreichen einer bestimmten Geschwindigkeit, und das wiederum bedeutet geringere Segelfläche und Belastung, kleinere Maschinen und Tankkapazitäten, auch bewegt sich so ein leichtes Schiff besser in der See.

Das Konzept von höchster Leistung bei geringer Verdrängung, wie wir es bei STEALTH und schnellen Fahrtenyachten wie GENIE OF THE LAMP zuerst gezeigt haben, hat zu einem großen Interesse für diesen Yachttyp geführt, und zwar in der Größenordnung von 21 bis 60 Metern und darüber hinaus. Aus diesen ersten Projekten haben wir eine Menge gelernt, wobei ich aus nahe liegenden Gründen nicht über die neuen technischen Lösungen reden kann. Wir haben jetzt einiges in der Hand, mit dem wir an weitere wissenschaftliche Untersuchungen im Schlepptank herangehen können, um Wege zu finden, die unglaublich großen Kräfte zu reduzieren, die beim Segeln von Superyachten entstehen und die für den Rumpf einer mit großer Geschwindigkeit gegen die See aufkreuzenden Yacht die Hauptbelastung bilden. Wir haben ein Modell-Testprogramm für den Schlepptank entwickelt sowie eine Finite-Element-Analyse (FEA), mit deren Hilfe wir Rümpfe entwickeln können, welche die auftretenden Energien besser absorbieren und zu einem weicheren Einsetzen in die See und damit zu einer angenehmeren Bewegung beim Aufkreuzen verhelfen. Ich rede hier von Geschwindigkeiten bis zu 20 Knoten. Diese Arbeit hat unserem Designteam zu einem besseren Verständnis mancher dynamischen Belastung verholfen, und ich sehe, dass dieser Bootstyp noch ein enormes Potenzial für die Zukunft bietet.

Auch die Form von Kielen und Ruderblättern lässt sich mithilfe von Tests noch erheblich optimieren. Besonders unser America's Cup-Projekt hat uns eine Menge neuer Erkenntnisse eingebracht. Darüber hinaus beschäftigen wir uns mit ganz eigenen Forschungsprogrammen im Bereich konventioneller Formen auf dem Gebiet der Fahrtensegelei, etwa mit der Anwendung von Bulbsteven und Kielschwertern, die die Leistungen einer Yacht an der Kreuz verbessern können.

So, wie sich das Design der Yachten verändert, so entwickeln sich auch die Schnitte und Materialien der Segel. Die Fähigkeit der Segel, ihre Form länger und unter unterschiedlichen Windbedingungen beizubehalten, hat für die Konstrukteure mehr Freiraum geschaffen, nicht nur was die Stabilität betrifft, sondern vielmehr, weil sie die Herstellung einfacher, aber sehr effektiver Riggs ermöglicht. Eine Obergrenze für die Mastlänge wird heute nur noch durch die Höhe der Brücken im Panamakanal, in San Francisco und im Hafen von New York bestimmt, denn die Haltbarkeit selbst größter Segelflächen und ihre Bedienung ist auch bei großen Yachten nicht mehr unlösbar. Wir wurden schon gefragt, ob es möglich wäre, ausfahrbare Masten herzustellen, mit denen sich das Problem der Durchfahrtshöhe von maximal 62 Metern umgehen ließe.

Dank der Hilfe von elektrisch oder hydraulisch angetriebenen kaptiven Winden, Hydraulikzylindern, Segelrollsystemen für die Vorsegel und Großbaumwickelsystemen ist heutzutage sogar eine kleine Crew in der Lage, mit diesen gewaltigen Segelflächen umzugehen, vorausgesetzt es besteht genügend Zeit für die Manöver, und man behält das Wetter im Auge.

Ein Deck muss heute nicht mehr mit Ausrüstung voll gepfropft werden. Schoten und Fallen laufen verdeckt vom Auge des Gastes und der Crew, sodass große Teakholzflächen entstehen, auf denen es sich ungestört genießen lässt. Von uns wurde erstmals ein Anker im Selbst-Stau-System entwickelt, der sich in den Rumpf einfügt, und wir legen Wert darauf, dass auf unseren Konstruktionen Beiboote an speziellen Plätzen verstaut sind, sodass sie vor dem Auge versteckt und vom Seeschlag verschont bleiben. Das ist nicht nur eine elegante, sondern auch eine sichere Lösung. Schlecht befestigte oder lose Teile und jede Art von Ausrüstung, die der See ausgesetzt sind, sollten unbedingt vermieden werden.

Glücklicherweise gibt es nach meinem Verständnis auf einer Yacht keinen Widerspruch zwischen ästhetischen und funktionellen Aspekten. Freie Decks, ein flaches Profil, gute Übersicht und harmonische Linien haben einen positiven Einfluss auf die Konstruktion einer Yacht. Was unter Deck geschieht, ist eine andere Sache.

Eine gute Lüftung, eine hervorragende Dämpfung von Lärm und Vibration, genügend Stauraum, eine bequeme Unterbringung für die Crew, das wird jeder zugeben, sind die wichtigsten Voraussetzungen. Der persönliche Geschmack eines Eigners lässt sich an Dekoration und Ausstattung erkennen und wird sich kaum auf das Seeverhalten der Yacht auswirken. Man sollte allerdings nicht vergessen, dass wir uns an Bord einer Segelyacht befinden und dass die Einrichtung unter Deck mit der an Deck harmonieren sollte. Schließlich darf man auch nicht vergessen, dass der Boden und die Sitzgelegenheiten sich nicht immer in der Horizontale befinden und dass wir es nicht mit dem Bau eines festen Häuschens zu tun haben, sondern uns an Bord einer großen, sich im Seegang bewegenden Superyacht befinden.

Die 25,50 Meter lange METOLIUS zeigt German Frers' harmonische Linienführung, wie er sie auch bei der 47,42 Meter langen Superyacht HYPERION realisieren konnte. Trotz ihres zweistöckigen Deckshauses vermittelt das Design der 285 Tonnen schweren Megayacht Schnelligkeit.

Hyperion
GEORGE TOWN

Ron Hollands Riss CYCLOS III von 1990 wurde eine Megayacht der besonderen Art: Die 42 Meter lange Aluyacht fährt trotz ihrer Größe mit konventioneller Steuerung und ohne hydraulische Furler.

JEDER NEUBAU EINE HERAUSFORDERUNG

Ron Holland

Meine erste Yacht habe ich 1972 nach der Vermessungsformel International Offshore Rule (IOR) konstruiert. Es war der Versuch, ein Designkonzept vorzustellen, das aus meiner kurzen Erfahrung als Segler auf den verschiedensten Booten entstanden ist, ergänzt vom aufmerksamen Studium jener Magazine und Bücher, in denen ich etwas über die Geschichte und die Trends im Yachtdesign finden konnte.

Damals arbeitete ich in der Werkstatt von Charlie Morgan, der Morgan Yacht Corp. in Florida. Nachdem ich zwei volle Jahre als Segelprofi an Bord der IMPROBABLE des in San Francisco lebenden Eigners Dave Allen Regatten gesegelt hatte, ergriff ich die erstbeste Gelegenheit, selbst an einem Design zu arbeiten. An Bord der IMPROBABLE hatte ich 1970 die Weltmeisterschaft der Vierteltonner in La Rochelle/Frankreich beobachtet. Vorher hatten wir an einer Regatta von Plymouth nach La Rochelle teilgenommen und Ted Turners umgebauten America's Cup-Zwölfer AMERICAN EAGLE auf den zweiten Platz verwiesen. So bekam ich die Gelegenheit, die damals in Frankreich beginnende aufregende Entwicklung im Yachtdesign aus erster Hand zu verfolgen. Diese Erfahrung regte mich an, Ideen für den Bau einer eigenen Regattayacht zu entwickeln, was mir dank der beruflichen Absicherung bei Morgan möglich war.

EGYTHENE wurde für die ersten amerikanischen Vierteltonner Pokalregatten in der Tampa Bay gebaut, und der dort errungene Sieg eröffnete mir die Teilnahme am Vierteltonner-Pokal in England. Ich gewann schließlich die Weltmeisterschaft gegen die besten europäischen Yachten und nutzte diese Gelegenheit,

um 1974 mein eigenes Yachtdesign-Büro in Irland zu gründen.

Nachdem ich zehn Jahre lang Regattasilber auf allerhöchstem Niveau gesammelt hatte, erhielt ich einen wichtigen neuen Auftrag. 1979 bat mich Jim Kilroy, der erfolgreichste Segler in der IOR-Maxi-Klasse, die neue KIALOA IV zu zeichnen, die erste Maxi-Regattayacht in Komposit-Bauweise. Kurz darauf bestellte Bob Bell den Maxi CONDOR, und mit dem Erfolg und dem Vertrauen, das ich mit diesen richtungsweisenden Konstruktionen gewonnen hatte, bekam Ron Holland Design ein festes Standbein in der Welt der Superyachten.

WHIRLWIND XII, 103 Fuß lang, 1986 von der Royal Huisman Werft abgeliefert, war die Erste ihres Typs, denn sie verband Einflüsse aus dem Design von Regattayachten mit einer komfortablen Inneneinrichtung, die der holländische Architekt Peter Sijm gezeichnet hatte. Dieser Neubau war ein Wendepunkt auf dem Weg zu einer neuen Generation von Yachten, die bald darauf folgen sollte.

So ergaben sich neue Möglichkeiten beim Bau der vielfach ausgezeichneten Yachten JULIET, CYCLOS III und der 48,80 Meter großen THALIA, der von der Vitters-Werft hergestellten, beim Stapellauf größten Yacht ihrer Zeit. Die Yachten wurden größer, komplexer und noch schöner, und der Kundenstamm wuchs. Heute, 25 Jahre später, habe ich Anteil am Bau einiger der größten je in Aluminium gebauten Yachten der Welt und damit eine einzigartige Kenntnis der Entwicklung.

Im Bau bei Perini Navi ist Ron Hollands bislang größte Herausforderung, eine 64 Meter lange Ketsch aus Alu. Mit den gewaltigen Ausmaßen dieser Megayacht betritt das Konstruktionsbüro in jeder Beziehung Neuland.

JULIET wurde 1993 die erste Megayacht, weil ihre technische Ausrüstung alles übertraf, was bis dahin in eine Yacht eingebaut worden war. Als erste Konstruktion übersprang Ron Hollands WHIRLWIND XII allerdings die magischen 100 Fuß, das war 1986 (rechts). Sein typisches Performance-Design mit Deckshaus verließ Holland bei der 48,50 Meter langen THALIA (rechte Seite) zugunsten klassischer Linien mit langen Überhängen. Auch dieser Zweimaster wurde ein Meilenstein in der Geschichte des Super-Yachting.

Um zu beurteilen, wo wir heute stehen und was die Zukunft uns bringen wird, ist es wichtig, die historischen Einflüsse auf das Yachtdesign in Betracht zu ziehen. Meine gesamte Designarbeit befindet sich im Zustand einer ständigen Weiterentwicklung, und es fällt mir schwer, ein Beispiel für ein Schiff zu geben, in dem sich nicht in der einen oder anderen Weise Erfahrungen aus einer vorhergehenden Yacht widerspiegeln. Nimmt man den Einfluss hinzu, den neue Werkstoffe im Schiffbau und die sich verändernden Handicap-Regeln im Laufe der Zeit mit sich brachten, so schreiten wir heute nach den gleichen Prinzipien voran, die im Yachtsport seit Beginn des 18. Jahrhunderts gelten, als Handels- und Kriegsschiffe erstmals zum Vergnügen eingesetzt wurden.

Die Werkstoffe und die Bautechnik sind weit vorangeschritten. Eisen- und Stahlkonstruktionen haben das Holz abgelöst, weil sie eine verbesserte Festigkeit und eine vereinfachte Bauweise zulassen. Ein weiterer wichtiger Punkt im Rahmen dieses Wechsels war der Gewinn von zusätzlichem Platz im Schiffsraum. Bei gleicher Verdrängung erlaubt ein Stahlrumpf mehr Lebensraum, als es in traditioneller Holzbauweise möglich wäre, und das Gleichgewicht zwischen Komfort unter Deck und Leistungsfähigkeit einer Yacht ist heute noch ebenso wichtig, wie es das früher, in den goldenen Jahren des Yachtsegelns war. Um ein noch besseres Verhältnis zwischen Gewicht und Stabilität zu erreichen, hat man die unterschiedlichsten Metalle verwendet. Aber die Grenzen, die eine korrosionsfördernde Umgebung im Salzwasser steckt, und der Zwang, die Kosten so niedrig wie möglich zu halten, haben die Möglichkeiten eingeschränkt. Erst in letzter Zeit wurden besonders seewasserbeständige Aluminiumlegierungen entwickelt, die es ermöglichen, leicht zu bauen, ohne dabei Abstriche an die Stärke des Materials oder seine Lebensdauer zu machen. Das ständige Bemühen, die Leistungsfähigkeit zu verbessern, hat dazu geführt, dass leichte Kunststoffe und Komposit-Materialien beim Bau von Regattayachten die Norm geworden sind, und es ist abzusehen, dass diese modernen Faserverbundstoffe die Entwicklung von großen Yachten in naher Zukunft mehr und mehr beeinflussen werden. Die derzeit noch bestehenden Einschränkungen haben wesentlich mit der mangelnden Erfahrung der Werften und hohen Kosten zu tun und weniger mit den Grenzen, die die Technik setzt.

Um die persönlichen Wünsche von Kunden nach Yachten von 60 Metern Länge und mehr erfüllen zu können, müssen neue Herausforderungen bestanden werden. Neben den äußeren ästhetischen Einflüssen, den Zielen, die beim Innenausbau und der Leistungsfähigkeit einer Yacht verfolgt werden und die das Design allesamt beeinflussen, erfordert auch die Größe dieser neuen Generation von Superyachten eine genaue Analyse der Rumpfstruktur und der Spannungen im Rigg in einem Ausmaß, wie ich es bei früheren Designs nicht erlebt habe. Bislang wurden Yachten dieser Größe in Stahl gebaut. Bei der Verwendung von Aluminium und Faserverbundwerkstoffen mit dem Ziel, Gewicht zu sparen und die Instandhaltung zu erleichtern, sind alle Beteiligten an die äußerste Grenze gestoßen. Lloyds, als eine der zur Wahl stehenden Klassifikationsgesellschaften, hat mit der neuen Special Service Craft Rule eine Norm für den Yachtbau festgelegt. Die Ergebnisse für den Bau von Rümpfen wurden dem Wolfson

Institute der Universität von Southampton zur Verfügung gestellt, um eine Finite-Element-Analyse (FEA) zu erarbeiten. Dabei wurde ein dreidimensionales Computerbild entwickelt und den theoretischen Werten schweren Seegangs und den an Mast und Wanten auftretenden Kräften ausgesetzt. Mithilfe dieses Programms gelang es, Schwachpunkte in der Struktur des Rumpfes und Riggs zu entdecken, Wege zur weiteren Gewichtsreduzierung zu finden und die Spannungen insgesamt besser zu verteilen. Ohne die Hilfe des Computers wäre diese Analyse vielleicht nicht unmöglich, aber extrem langwierig gewesen.

Die durch starken Seegang entstehenden Kräfte müssen den von Lloyds aufgestellten theoretischen Basiswerten entsprechen. Die Kräfte im Rigg kalkulieren sich aus den aerodynamischen und technischen Daten, die im Computer berechnet sind, und extrapolieren sich aus den Erkenntnissen mit kleineren Yachten. AES, eine angesehene, in Neuseeland beheimatete Firma für Rigg-Design, hat meinem Büro „Ron Holland Design" geholfen, die wichtigsten Werte zu belegen, und diese Daten wurden dann in das FEA-Computer-Modell integriert.

Technische Lösungen zur Verbesserung leistungsfähiger Segelbedienungssysteme in Verbindung mit dem heute möglichen Komfort an Bord haben jedoch weiterhin den größten Einfluss auf diese neue Generation großer Segelyachten. Die Entwicklung von Bootsmotoren ist vorangeschritten, angetrieben von den allgemeinen Bedürfnissen des Marktes und beeinflusst durch die speziellen Anforderungen für einen Antrieb auf See. Das Gleiche gilt für Generatoren und Bugstrahlruder. Die rasende Entwicklung beim Bau von sehr großen privaten Motoryachten hat sich diesen Trend ebenso zunutze gemacht und zur Entwicklung effizienterer Antriebssysteme geführt. Natürlich haben auch die Segelyachten ihren Vorteil davon, wobei man sehen muss, dass der Markt für Segelyachten über 60 Meter Länge einer Gruppe ganz besonderer Spezialisten bedarf, die sich intensiv mit der Technik beschäftigen, welche die gewaltigen Kräfte der Segel im Griff hält. Eine Kombination aus elektrohydraulischen und PLC-Systemen, zumeist reine Einzelanfertigungen, ist dafür nötig, und damit gelang eine Revolution in der Entwicklung von Segelbedienungsmöglichkeiten sehr großer Yachten.

Die 33,70 Meter lange SENSATION OF AUCKLAND von 1991 wurde ein reiner Flushdecker. Nicht im Mast, sondern auf einem Bügel über dem Heck platzierte Ron Holland auf der Slup die Satcom-Kugel.

Die Kräfte, die heute auf Schoten und Winschen wirken, haben die 20-Tonnen-Grenze erreicht. Eine 30-Meter-Yacht kann immerhin noch fünf Tonnen Schotzug erreichen, sodass wir heute auch neue Grenzen im Umgang mit Winschen, Leinenmaterial und Segeltuchen definieren müssen. Konstrukteure, Bootsbauer und Ausrüster sind daher gemeinsam gefordert. Dabei geht es nicht nur um die Festlegung struktureller Bedürfnisse, sondern auch darum, Wege zu finden, wie eine relativ kleine Crew sicher mit den gigantischen Yachten dieser Generation umgehen kann.

Um die möglichen Leistungen einer Yacht unter Motorantrieb und ihr Verhalten unter

Die 107 Fuß lange SHANAKEE zeigt noch einmal Ron Hollands dominierende Design-Prinzipien in Reinkultur: Performance bei großer Wohnkultur durch ein niedriges Deckshaus und ein geschütztes Cockpit.

Segeln kennen zu lernen, werden Modelle verwendet. Holzmodelle von etwa 1,5 Metern Länge werden im Tank des Wolfson-Instituts geschleppt, um die Rumpfwiderstände und die Abdrift zu prüfen. Aus diesen simulierten Segelwerten ergeben sich Computerdaten zur Herstellung eines virtuellen Modells, an dem sich die unterschiedlichsten Analysen machen lassen, etwa die Zusammenstellung des optimalen Segelplans zur Erreichung der größten Geschwindigkeit bei einer Schräglage von bis zu 15 Grad. Ebenso lassen sich Optimierungen für den Betrieb unter Motor erarbeiten, sowohl was die Geschwindigkeit als auch den Aktionsradius betrifft.

Schließlich wollen wir einen weiteren Faktor nicht vergessen, der zum Bau einer immer größeren Zahl großer Yachten geführt hat: die Revolution in der Elektronik und bei den Kommunikationssystemen. Heute stehen dem Eigner an Bord die gleichen Systeme zur Verfügung wie in seinem Büro, und Satellitenverbindungen stehen sowohl für die Navigation als auch die Kommunikation zur Verfügung, die es erlauben, in jeder Ecke der Welt seinen Geschäften nachzugehen.

Es ist nicht ungewöhnlich, dass die Einrichtung auf einer Yacht und die damit verbundenen Kosten der Herstellung und des Einbaus sich auf einem deutlich höheren Niveau befinden als selbst das Privathaus des Eigners an Land. Tatsächlich erreicht die Qualität der Holz- und Tischlerarbeiten bei den führenden Werften einen unglaublich hohen Standard. Zwar wird auch beim Ausbau mehr und mehr automatisiert und vorfabriziert, doch ist die Detailarbeit, die einen gewaltigen Einfluss beim Bau der weltbesten Yachten hat, weiterhin sehr arbeitsintensiv, und daran wird sich in absehbarer Zeit auch nichts ändern. Das Beschichten von Holz, das Finish, zusammen mit den verbesserten Dekostoffen, beeinflusst nicht nur die praktischen, sondern auch die ästhetischen Aspekte von Yacht-Inneneinrichtungen.

Die Faszination und die Romantik, die der Mensch mit dem Segelschiff verbindet, wird weiter nicht verloren gehen. Trotz der technischen Schwierigkeiten und der enormen Kosten, die mit dem Konstruktionsauftrag für immer größere Yachten einhergehen, werden diese neuen Projekte das Tor zu einer neuen Ära im Yachtsport aufstoßen. Größe bedeutet Komfort, Privatsphäre und Prestige und erfordert einen kleinen, elitären Marktsektor. Die Yachtindustrie sammelt weiter Erfahrung, um diese Herausforderung anzunehmen.

Vision der 37,80 Meter langen ANTONISA. Auch die jüngste Konstruktion von Bruce King zeigt seinen klassischen Stil mit deutlichem Deckssprung und engem Heck. Er verwendete auch die typischen Skylights.

DIE RENAISSANCE EINES YACHTSTILS

Bruce King

Während meiner gesamten Karriere als Konstrukteur schien es mir stets wichtig, die Arbeit nicht auf einen bestimmten Typ von Yacht festzulegen. Ich habe auch kaum einen Auftrag abgelehnt, mit dem Ergebnis, dass im Laufe der Zeit eine sehr breite Palette von Rissen entstanden ist. Dabei erinnere ich mich noch genau, als vor einigen Jahren ein Besucher an Bord der UNICORN kam – das war mein allererstes, nach einem traditionellen Riss in Holz-Epoxy gebautes Boot – und verwundert fragte: „Kann es wahr sein, dass dieses Schiff von dem gleichen Mann konstruiert wurde, der TERRORIST entwickelt hat?"

TERRORIST war eine der radikalsten Konstruktionen ihrer Zeit, eine nach der International Offshore Rule gebaute Eintonneryacht mit zwei asymmetrischen Schwertern statt einem festen Kiel. Zwei Yachten, die sich voneinander mehr unterscheiden als UNICORN und TERRORIST, sind wirklich kaum vorstellbar. Und alle beide wiederum unterscheiden sich in erheblichem Maße von der Masse der in Serie gebauten GFK-Yachten, die damals den größten Teil meiner Designarbeit ausmachten.

Ich fühle mich bis heute nicht auf einen bestimmten Yachttyp festgelegt, doch sind es mittlerweile die im traditionellen Stil gebauten Yachten, die man mit meinem Namen verbindet. Damit bin ich zu einem Traditionalisten abgestempelt, was mir aber nichts mehr ausmacht. Ganz im Gegenteil, ich bin sogar stolz darauf.

Die Konstruktionen meines Büros sind nicht traditionell in dem Sinne, dass sie sich an traditioneller Bauweise und Ausrüstung orientieren. Was die Linien des Rumpfes, die Werkstoffe, das Rigg und die Beschläge betrifft, so sind es höchst moderne Schiffe, aber eben optisch in einem traditionellen Stil. Ich habe auch noch keinen Kunden getroffen, der sich etwa ein in jeder Hinsicht traditionelles Rigg gewünscht hätte. Jeder vernünftige Mensch versichert sich gern der Verwendung modernster Erkenntnisse und Materialien für den Bau eines Riggs, vornehmlich wegen der leichteren Bedienbarkeit. Die weiterentwickelten Riggs, verbunden mit hydraulischen Winden und Segelrollanlagen, sind – neben dem Aufschwung der Weltwirtschaft ganz allgemein – ein wesentlicher Grund für das Entstehen immer größerer Yachten.

Es gibt keine generelle Grenze, die festlegt, an welcher Stelle sich traditionelles Styling und moderne Technik treffen. Es ist daher wichtig, dass der Kunde bei der Planung seiner Yacht diese Grenze genau festlegt. Da gibt es natürlich Kunden, die träumen von einem Gaffelsegler mit schön glänzenden Holzmasten und Beschlägen aus Bronze und leuchtendem Messing. Doch nach dem ersten Traum setzt sich dann die pragmatische Seite durch und damit die Entscheidung für ein modernes Rigg, eine Rollreffanlage, hydraulische Winden und Beschläge aus Edelstahl. Bei der Wahl der Linien einer Yacht, des Deckslayouts und der Inneneinrichtung bleibt noch genug Raum, um nostalgische Träume zu bedienen.

Wer an eine an historischen Werten orientierte Yacht denkt, verbindet damit zumeist eine Konstruktion in Holz. Der Werkstoff Holz setzt Gefühle frei, ausgelöst durch seine feine Maserung, seinen Duft und seine Sanftheit. Holz ist ein emotionaler Werkstoff, er verbreitet Wärme, nicht nur visuell. Tatsächlich ist Holz ein wunderbares Material, dessen ästhetische Qualitäten unschlagbar sind. Selbst bei Schiffen, die aus Stahl, Aluminium oder Kunststoff

Bruce Kings Meisterwerk aus Mahagoni, die 42,82 Meter lange Ketsch HETAIROS, wurde eine viel bewunderte Symbiose von Klassik und Innovation. Ihre beiden Kohlefaser-Masten tragen 680 Quadratmeter Segelfläche am Wind. Eine Bodensektion aus Metall nimmt in dem Holzrumpf die enormen Kräfte des Riggs auf.

gebaut sind, wird Holz meist als Ergänzung verwendet, wenn nicht an Deck, so doch mit großer Sicherheit unter Deck.

Das Problem traditioneller Holzyachten bestand darin, dass sie sehr viel Pflege benötigen und daher, wenn man sie vernachlässigt, schnell unansehnlich werden. Mit der Erfindung moderner Epoxy-Harze wurde das Problem gelöst.

Die herkömmliche Planken-auf-Spanten-Bauweise ist abhängig von mechanischen Befestigungen, was wiederum einen starken Einfluss auf die Haltbarkeit der Konstruktion hat. Formverleimtes Holz hingegen ist erheblich steifer und haltbarer. Wenn das Holz zuvor mit Epoxy-Harzen behandelt wurde, haben weder Feuchtigkeit noch Salzwasser oder Pilze eine Chance einzudringen, denn Pilze benötigen zum Überleben Sauerstoff. Fast alle unsere modernen Konstruktionen wurden zusätzlich mit Epoxy-Laminat beschichtet, ergänzt durch eine Lage Polyurethan.

Im Laufe der Jahre haben wir gelernt, den Anteil von strukturellen Elementen aus Metall nach und nach zu reduzieren. Mit anderen Worten, wir können heute weitgehend darauf verzichten, zwei völlig unterschiedliche Werkstoffe zu verbinden. Bei zwei unserer letzten Konstruktionen konnten wir sogar auf den üblicherweise in Metall hergestellten Mastfuß verzichten, zugunsten einer Holzkonstruktion, übrigens mit gutem Erfolg. Zum Trimmen des ANTONISA-Riggs war extra ein Mitarbeiter des Mastenherstellers angereist, der sich sehr positiv zu dieser ganz neuen Erfahrung mit Holz äußerte. Das Holz gab unter dem zunehmenden

Mastdruck nicht nach und erwies sich damit als steifer als Metall. Wer sich ein traditionelles Schiff bauen lässt, wählt in den meisten Fällen Holz als Werkstoff für den Rumpf. Selbst bei Yachten, die in Stahl, Kunststoff oder Aluminium hergestellt wurden, spielt Holz eine Rolle. Dazu gehören sehr oft eine dekorative, deutlich profilierte hölzerne Scheuerleiste und eine hölzerne Schanz. Für andere Schmuckelemente wie Verzierungen, Fenstereinfassungen und Namensschilder wählt man Holz, auch wenn es manchmal nicht so einfach ist, Holz mit einem Metall gut zu verbinden. Aufgemalte Farbimitationen würden billig wirken, sie verunstalten ein Schiff. Es sagt also viel über die Qualität eines Schiffes aus, wenn der Umgang mit dem Holz gut gelungen ist.

Da Holz orthotrop ist, also ein Material, das je nach Richtung der Maserung über eine unterschiedliche Festigkeit verfügt, müssen alle diese Charakteristiken in Betracht gezogen werden. Holz ist in Längsrichtung der Maserung etwa zwanzigmal belastbarer als quer zu ihr. Die Feuchtigkeit des Holzes spielt eine wichtige Rolle, weshalb lange abgelagertem Holz der Vorzug gegeben wird. Feuchtigkeitsaspekte machen sich weniger in Richtung der Maserung bemerkbar, aber umso mehr quer zur Maserung oder senkrecht dazu, wobei der größte Effekt bei den Jahresringen auftritt. In der ganzen Geschichte des Schiffbaus haben diese Eigenschaften des Holzes die Methoden der Holzverarbeitung und der Verwendung unterschiedlicher Hölzer bestimmt. Dazu ein Beispiel: Eine Türfüllung oder ein Schott besteht aus einer Füllung innerhalb eines Rahmens. Der

Der Mann aus Maine arbeitet mit stilistischen Details, die das Herz jedes Shiplovers höher schlagen lassen. Dazu gehören seine minuziös ausgeformten Cockpits mit großen Steuerrädern (linke Seite) und elegante herzförmige oder ovale Heckspiegel.

Vision von HETAIROS. Die Yacht fährt mit einem modernen Unterwasserschiff. Ein Schwert vergrößert den Tiefgang von drei auf 8,72 Meter.

Rahmen besteht normalerweise aus schmalen Streifen, schmal, um den Dehungseffekt durch die Feuchtigkeit zu minimieren. Die Ecken des Rahmens sind mit Zapfen verbunden. Die Füllung, die größte Fläche mit Maserung, unterliegt der größten Ausdehnung als Folge unterschiedlicher Feuchtigkeitsaufnahme.

Das kann zur Veränderung dieser Fläche innerhalb des Rahmens führen, entweder durch Schrumpfen oder Quellen; normalerweise entstehen hier aber keine Probleme, zumindest keine sichtbaren.

Dies ist nur ein Beispiel für die unterschiedlichsten Anforderungen, auf die man bei der herkömmlichen Art der Holzbearbeitung stößt. Seit der Einführung moderner Klebstoffe wie Epoxy wird Holz auf Holz laminiert oder, etwa bei der Inneneinrichtung, zur Gewichtsminimierung mit Schaum oder Honeycomb verbunden. Damit sind die Probleme der Ausdehnung erledigt, und es bieten sich dank allerdünnster Holzfurniere ganz neue Möglichkeiten der Gewichtsersparnis an. Diese Möglichkeiten verführen natürlich dazu, mit Holz auch sein Schindluder zu treiben. Holzfurnier kann heute wie eine Tapete eingesetzt werden – und das wird es häufig. Aus Gründen der Gewichtsersparnis arbeiten wir ebenfalls mit sehr leichten Paneelen, aber nur bis zu einem gewissen Grad. Furniere verwenden wir in der Regel nicht. Bei uns ist eine Holzstärke von wenigstens 6 Millimeter üblich. Es liegt in der Natur der Sache, dass Yachten im Laufe ihres Lebens erheblich beansprucht werden. Wenn zum Bau Holz verwendet wurde, wird es, bei guter Verarbeitung, in der Lage sein, allen Anforderungen gerecht zu werden. Schönem Holz hat man Respekt zu erweisen. Den ausgebildeten Fachleuten, die aus diesem Holz wunderbare Dinge herstellen, gebührt ebenfalls Achtung, etwa in der Weise, dass man sie nach Konstruktionszeichnungen arbeiten lässt, die bei den Bootsbauern und Schreinern Begeisterung und eine Leidenschaft für das jeweilige Projekt entfachen. Ein angemessenes Design wird helfen, dass sie mit ihrer Arbeit über den erwarteten Anspruch hinaus etwas Besonderes schaffen. Beides zusammen dient letztlich dem Kunden.

Wenn ich mit dem Design einer Yacht beginne, dann geschieht das in erster Linie mit den Augen der Bootsbauer, Zimmerleute oder Tischler, was natürlich mit zusätzlichen technischen Herausforderungen verbunden ist. Eine wichtige Voraussetzung dafür ist, dass die struk-

WHITEHAWK war Mitte der Siebziger die Ketsch, die Bruce King berühmt machte. Ihr Vorbild war die legendäre TICONDEROGA von Herreshoff.

turellen Elemente einer Yacht eine zweckmäßige Schönheit erfüllen, ohne zu Verblendungen, Abdeckungen oder ähnlichem Zierrat zu greifen. Die Linien eines Rumpfes sollen wirklich die Linien des Rumpfes sein, die Decksspanten wirklich die Aufgabe von Decksspanten erfüllen, das Deck wirklich als Deck nutzbar sein, ohne verlängerte Überzüge oder Abdeckungen, um Kabel, Rohre oder ähnliche Systeme zu verstecken. Da diese Versorgungssysteme aber nicht einfach weggelassen werden können, muss man sich Gedanken darüber machen, wie sie sich unauffällig in den Bau des Bootes integrieren lassen.

Solche Detailarbeit gelingt im Allgemeinen auf kleineren Werften besser, da dort die einzelnen Schiffbauabteilungen weniger autonom, sondern zentral geleitet arbeiten. Trotzdem hat eine größere Werft wie Abeking & Rasmussen in Bremen beim Bau der HETAIROS in dieser Hinsicht ziemlich gute Arbeit geleistet. Wenn die strukturellen Elemente einer Yacht nicht nur ihre eigentliche Aufgabe erfüllen, sondern zugleich ästhetischen Ansprüchen genügen und schließlich mit der Inneneinrichtung eine optische Ergänzung und Übereinstimmung erreichen, dann lässt sich von einem gelungenen Gesamtwerk sprechen. Wo hingegen strukturelle Erfordernisse und Innendesign unabhängig voneinander behandelt werden, wird das kaum gelingen.

Andere haben schon vor mir beschrieben, dass Design Ästhetik bedeutet. Sind die funktionalen Erfordernisse eines Designs einmal festgelegt, wird es darauf ankommen, diese Erfordernisse mit einem ästhetischen Anspruch umzusetzen. Der Erfolg jedes einzelnen Projekts ist nicht allein vom Können und von der Erfahrung des Designers abhängig, sondern er entsteht aus der Summe des Geschmacks von Konstrukteur, Werft und Bauherrn. Ich hatte das große Glück, eine Reihe von Projekten abschließen zu können, in der sich die Erfahrungen der jeweils Beteiligten zu einem Ganzen zusammengefügt haben. Ich hoffe sehr, dass dies auch für die Zukunft gilt.

Auf ANTONISA lieferte Bruce King auch das Interieur-Design. Er blieb seinem klassisch schlichten Stil treu. Der riesige Lichtdom erhellt den Salon, der wie das gesamte Schiff in weiß und lackierter Eiche gestaltet wurde.

EINE SUPERYACHT GIBT ES NICHT IM LADEN

Wolter Huisman

Fließende Arbeitsabläufe in einer Yachtwerft herzustellen ist eine der schwierigsten Aufgaben. Custom-Yachten sind kein Industrieprodukt. Während die Superslup HYPERION schon lackiert ist und demnächst ins Wasser geht, wird die PAMINA erst noch zusammengeschweißt (rechte Seite). Häufig werden für ganze Salons Mockups in Originalgröße aus Sperrholz gebaut, bevor der eigentliche Bau einer Yacht beginnt (unten).

Jack Somer schreibt in seinem Buch „Juliet – The creation of a masterpiece", dass der Bau einer modernen Yacht ein Ergebnis der engen Verbindung von Kunst und Wissenschaft ist, einer Mischung aus Herz und Hand. Er beschreibt weiter, wie eine grobe, auf einen Zettel hingeworfene Skizze zu einer akkuraten Zeichnung auf Millimeterpapier wird, wie eine vage Idee Gestalt annimmt, ein künstlerischer Entwurf zu einem Programm für den Plasmaschneider, eine Fantasie zur Kalkulation für den Mikrochip wird. Dies ist eine Art, es auszudrücken.

Aber was geschieht in den Werfthallen und Konstruktionsbüros der wenigen führenden Hersteller und Designer wirklich? Handelt es sich dabei um ein knallhartes Geschäft? Ist es überhaupt ein Geschäft? Manche meinen – und dazu gehören viele Kunden –, neidisch auf das Leben eines Bootsbauers sein zu müssen, weil er Hobby und Beruf verbinden kann. Dabei wird leicht vergessen, wie schwer es ist, ein Geschäft aufzubauen, das seinen Umsatz mit der Herstellung von Luxusgütern macht – ob nun Hobby oder nicht. Denn wer braucht schon wirklich eine Luxusyacht? Tatsächlich befinden sich der Hersteller und der Konstrukteur einer Luxusyacht sozusagen ganz am Ende der Nahrungskette, weit außerhalb jenes Rahmens, in dem sich der Konsum von eigentlich überflüssigen Dingen im Allgemeinen bewegt.

Stellen Sie sich einmal Folgendes vor: Sie haben ein erfolgreiches Unternehmen aufgebaut und eine Leidenschaft für Yachten entdeckt. Sie verfügen nun über die finanziellen Voraussetzungen, sich einen einzigen Gegenstand konstruieren und bauen zu lassen, dessen Zweck darin besteht, den Anforderungen der See zu entsprechen und dabei einen Komfort und einen Luxus zu bieten, der sich weit jenseits all jener Träume bewegt, die Sie als Jungunternehmer hatten. Sie unterliegen bei der Erreichung Ihres Zieles keinerlei Einschränkung und erwarten, dass jedes bekannte oder unbekannte Stück aus der technischen Zauberkiste des Yachtbaus Verwendung findet. Für das Team, dem Sie den Bau dieser Privatyacht übertragen haben, bedeutet dieses Vertrauen mehr als nur eine Herausforderung. Man wird versuchen, Ihnen diese Yacht wie einen teuren Anzug auf den Leib zu schneidern.

Zur Verwirklichung dieses Traums von einer Yacht werden Materialien benötigt, von denen es nicht ein Einziges im Laden zu kaufen gibt. Metall, Holz und Kunststoff müssen als Rohstoff bestellt und jedes Bauteil in die gewünschte Form gebracht werden. Natürlich, es gibt Ausrüstungsgegenstände wie den Motor, die den benötigten Antriebsleistungen einer Yacht entsprechend fertig bestellt werden. Aber nach einigen Besprechungen stellt sich dann doch heraus, dass es selbst beim Einbau dieser Motoren noch einiger Änderungen bedarf, etwa um zusätzlich ein Bug- oder Heckstrahlruder oder beides anzutreiben. Das Gleiche gilt für die Hydraulikmotoren, die die automatischen Bordsysteme versorgen, die Gangways an der Seite oder am Heck, die Davits und Kräne, die Niedergangsluken, die Garage am Heck, gar nicht zu reden von den Winschen und dem Ankerspill. Sie und ihre Antriebsaggregate müssen wie von Zauberhand aus dem Sichtbereich verschwinden und irgendwie unter Deck integriert werden. Nicht nur das, sie müssen auf Knopfdruck – und im Notfall per Handbetrieb – auch wieder hervorschwingen, sich drehen, sich wieder zusammenfalten und untertauchen.

Die größte Herausforderung beim Bau einer Einzelkonstruktion ist die sinnvolle Ver-

KÜHNEZUG
6300 kg

bindung der Eignerwünsche mit den Bedürfnissen des Konstrukteurs und der Werft. Jeder verfolgt seine eigenen Interessen, und jeder muss in gewisser Weise Kompromisse eingehen, um zu einem Ergebnis zu kommen. Dabei besteht das Ziel darin, den Vorstellungen des Auftraggebers so weit wie möglich zu entsprechen. Es mag sein, dass der Eigner nicht die geringste Ahnung von den Zwängen, denen der Bootsbau unterliegt, hat. Aber nur mit seiner Vision und mit seinem Antrieb gelingt es, eine Yacht zu bauen, die noch ein kleines Stückchen besser ist als die vorherige.

Die für die Linien und das Innendesign zuständigen Konstrukteure sind Künstler. Ihre Kreativität und ihre Freiheit, ein leeres Blatt Papier mit ihren Vorstellungen zu füllen, führen schließlich zu einem Ergebnis, mit dessen Umsetzung eine Werft beauftragt wird.

Wie also findet man für diese ganz unterschiedlichen Disziplinen einen gemeinsamen Nenner? Die Antwort ist einfach: durch harte Arbeit. Mein Familienbetrieb ist heute 118 Jahre alt, ich selbst stehe seit 53 Jahren an der Spitze des Unternehmens. Man könnte mich einen „altgedienten Werftchef" nennen, und tatsächlich übe ich diesen Beruf mit Leib und Seele aus.

Deshalb wollen wir uns einmal näher mit der Frage beschäftigen, wie aus harter Arbeit und ständiger Überlegung eine moderne Superyacht entstehen kann.

Ohne den Einsatz von Computer und Internet läuft heute gar nichts mehr, auch nicht bei den Konstrukteuren auf der Werft. Ein Beispiel finden wir beim Bau der Superyacht HYPERION. Mit ihrer Länge von 47 Metern und einem Eigner, der auf modernste Technologie steht, weist ihr Bau in die Richtung, die die Bootsbauindustrie steuert, ob sie will oder nicht. HYPERIONs Konstrukteur German Frers ist mit Büros in Spanien, Italien und Argentinien vertreten. Der Innendesigner Pieter Beeldsnijder hat sein Büro in Werftnähe. Zumindest ist er in Holland ansässig, der Heimat der Royal Huisman-Werft. Der Kunde lebt in San Francisco, ist aber, ebenso wie German Frers, ständig weltweit unterwegs. Die Zulieferer kamen aus aller Herren Länder. Um die Zeichnungen, die Reports, die Abarbeitung von Fragen und Antworten über die unterschiedlichsten Zeitzonen und die entferntesten Länder der Erde hinweg zu bewältigen, war E-Mail eine unverzichtbare Hilfe, bedeutete für die Werft aber einen Betrieb rund um die Uhr. Da sämtliche Konstruktionsarbeiten elektronisch verarbeitet wurden, war es für keine der beteiligten Parteien ein Problem, sich die Unterlagen jederzeit auf den Schirm zu holen, wo auch immer sie sich gerade aufhielt. Während wir in Holland schliefen, wurde in Argentinien weitergearbeitet.

Seit es leistungsfähige elektronische Kommunikationssysteme gibt, lassen sich persönliche Besprechungen wesentlich reduzieren. Warum? Weil sich Pläne und Informationen schneller erstellen und verteilen lassen und das Ziel der Arbeit darin besteht, eventuelle Fehler schon auf dem Papier zu erkennen und nicht erst während der Produktion. In den ebenso wichtigen persönlichen Gesprächen wurde sichergestellt, dass der Kunde die Vielzahl der

Die Kabelstränge, die heute in eine Superyacht eingebaut werden, erreichen 30 bis 40 Kilometer Länge und sind tonnenschwer (linke Seite oben). Interieur wird zusammengebaut und vor dem Einbau in die Yacht wieder völlig auseinander genommen (linke Seite unten). Im späten Stadium der Fertigstellung müssen zahlreiche Gewerke gleichzeitig an Bord arbeiten, auch auf einer großen Yacht ein kompliziertes Programm (oben). Yachtbau ist Handarbeit, insbesondere die Tischler verfügen in guten Werften über eine hohe Kunstfertigkeit (links).

Der Moment, wenn eine Superyacht ins Wasser gehoben wird, ist spannend und erhabend zugleich. Danach beginnt das Mastsetzen und Aufriggen – die Yacht ist noch lange nicht fertig.

wichtigen Konstruktionsentscheidungen stets erkennt und sieht, in welche Richtung sie gehen. Wenn alle Fehler bereits vor dem eigentlichen Produktionsbeginn ausgemerzt werden und keine nachträglichen Korrekturen mehr nötig sind, wird die eigentliche Bauphase sich verkürzen, und es entstehen keine zusätzlichen Kosten. Solche persönlichen Gespräche halte ich nach wie vor für notwendig, um die Vielzahl kleinster Details abzustimmen. Ich bin bis heute der Meinung, dass ein Datenaustausch allein das persönliche Gespräch nicht ersetzt. Es mag sein, dass der Konstrukteur ein Ruder mit einem ganz bestimmten Schaft entwickelt, für dessen Befestigung die Werft mehr Platz benötigt. Um die errechneten Kräfte abzufangen, die auf dieses Ruder wirken werden, ist etwa eine bestimmte Höhe nötig. Diese Höhe geht aber für die Einrichtung der Yacht verloren, wobei der Innenarchitekt zu Recht darauf hinweist, dass er gerade diesen Raum für die Unterbringung der Koje in der Eignerkammer vorgesehen hat. Zu allem Unglück benötigt die Werft ausgerechnet an dieser Stelle zusätzlichen Raum, um den Rumpf zu versteifen und Platz für Rohrleitungen und Kabel zu schaffen. Dies ist nur eines von tausend Beispielen. Was HYPERION betrifft, so erinnere ich mich an 62 Gesprächstermine mit dem Kunden.

Was die Werft als „Systeme" bezeichnet, nennt der Konstrukteur „Probleme". Es gilt, die konkreten technischen Voraussetzungen zu schaffen, um jene Systeme umzusetzen, die dem Konstrukteur Kopfzerbrechen bereiten. Für uns als Werft ist es wichtig, einen optimalen Komfort an Bord zu garantieren. Ein Bad oder eine Dusche mit entsprechender Wasserversorgung einzubauen bedeutet, heißes Wasser für jeden Gast an Bord und zu jeder Zeit. Genügend Licht etwa heißt, Lichtenergie für alle Lampen zugleich zu schaffen, ohne dass sie flackern oder einen Spannungsabfall nach sich ziehen. Treibstoffvorräte, Trinkwasser, Kühlsysteme und Klimaanlage sollen funktionieren, möglichst ohne Kompromisse einzugehen. Gleichzeitig müssen alle Lärmquellen bestmöglich geräuschisoliert sein.

Warum ohne Kompromisse? Weil sich immer wieder erweist, dass ein einziger Kompromiss zu einem weiteren führt und schließlich den Bau, ja die gesamte Einsatzzeit des Schiffes beeinflusst. Bei einem unserer Projekte hatten wir einen kleinen Generator für den Nachtbetrieb mit dem Plan eingebaut, dass er nur die Klimaanlage in einem bestimmten Bereich der Yacht mit Energie versorgt. Alle übrigen Systeme sollten per Batterie versorgt werden, ohne die Generatoren während der Nacht laufen zu lassen. Doch Theorie und Praxis gehen nicht immer Hand in Hand, und von dem Generator wurde schließlich erwartet, die gesamte Klimaanlage mit Strom zu versorgen. Irgendjemand äußerte dann die Ansicht, es sei doch schön, wenn die Boiler für Badewasser während der Nacht laufen könnten, und warum nicht auch die Seewasserentsalzungsanlage – es dauerte gar nicht lange, und dem kleinen Generator waren alle Aufgaben zugeordnet, die eigentlich der Hauptgenerator übernehmen sollte. Der Nachtgenerator war damit völlig überfordert. Es kam, wie es kommen musste: Der Werft wurde ein Designfehler unterstellt, obwohl wir uns genau an die Vorgaben des Konstrukteurs gehalten hatten. Im Fall HYPERION widerstanden wir der Versuchung, einen zu kleinen Generator für den Nachtbetrieb einzubauen, und nahmen stattdessen zwei identische. Für den Fall, dass mehr Energie abgefordert wird, als normalerweise geplant, springt der zweite Generator automatisch an. Ein weiterer Vorteil bei identischen Systemen: Es genügt ein Satz von Reserveteilen, ein abgestimmtes, preisgünstigeres Schaltsystem und größere Einsatzflexibilität im Gebrauch. Um die mehr als 300 Strahler, 30 Lampen, 50 Dimmer, 356 Meter Lichtstreifen und über 600 Glühbirnen anzuschließen, verwendeten wir 47 Kilometer Kabel mit einem Gewicht von 14 Tonnen. Als ich abends zu Hause das Licht meiner Nachttischlampe sah, wurde mir plötzlich klar, dass HYPERION genügend Energie produziert, um ein holländisches Dorf mit Strom zu versorgen.

Am Ende übernimmt die Werft gegenüber dem Eigner alle Verpflichtungen. Erst wenige Augenblicke, bevor wir die Yacht nach ausführlichen Tests auf See dem Auftraggeber übergeben, sind wir sicher, dass unsere vielen Entscheidungen richtig waren.

Die Probefahrten sind sozusagen „das dicke Ende" einer Bauzeit, die bis zu drei Jahre in Anspruch nehmen kann. Alles muss geprüft werden, an Land, auf See, unter Motor und unter Segeln. Die Tests auf See haben wir insofern erleichtert, als sie nach einem strikt einzuhaltenden Protokoll ablaufen, so strikt, dass ich als Chef der Werft fast jedes Mal die Regeln breche. Damit gleiche ich dem Eigner, der es nicht erwarten kann, bis die Segel zum ersten Mal gesetzt werden. Aus irgendeinem Grunde ist es mir nämlich bis heute nicht gelungen, meinen Mitarbeitern klarzumachen, dass die Segeltests vor dem Motortest stattfinden sollten. Bei den Probefahrten sind übrigens nicht nur unsere eigenen Spezialisten an Bord, sondern auch die Vertreter der entsprechenden Zulieferfirmen. Wir nehmen uns dafür viel Zeit. So eine Testperiode kann bis zu acht Wochen dauern; meine Jungs prüfen besonders gern die Musik- und Videoausrüstung ...

Es gibt kaum etwas, was mich in diesem Geschäft noch überraschen kann. In meiner 53-jährigen Zeit als Schiffbauer sind mir viele Fehler unterlaufen, aus denen ich gelernt habe. Ich erinnere mich an ein Ereignis vor einigen Jahren, als wir zur Probefahrt mit einer 34 Meter großen Motoryacht ausliefen. Die Meilenfahrt verlief hervorragend, alle Systeme arbeiteten problemlos. Vor uns lag eine Drehbrücke, auf die wir mit einer Geschwindigkeit von etwa 12 Knoten zuliefen, als wir plötzlich die Kontrolle über den Maschinentelegrafen verloren. Wir konnten steuern, aber wir konnten nicht aufstoppen. Die Brücke kam immer näher, und uns blieb nichts anderes übrig, als die Yacht in die grasbewachsene Kanalböschung zu steuern. Da entdeckten wir plötzlich ein schmales Stück weichen Sandes am Ufer. Wir legten hart Ruder, und die Yacht rutschte sanft auf den Strand. Alles, was wir zu reparieren hatten, war ein bisschen Unterwasserfarbe und die Kühlwasseransaugstutzen. Dieser und andere Zwischenfälle erinnern mich daran, wie sehr wir mit Überraschungen rechnen müssen, selbst wenn wir davon überzeugt sind, alles Menschenmögliche getan zu haben. Die Arbeit eines Schiffbauers ist eben nie zu Ende.

Superyachten, die bei Royal Huisman gebaut werden, müssen aus dem niederländischen Binnenland auf einer Barge an die See transportiert werden, bevor das Rigg gesetzt werden kann. Hier ist JULIET auf dem Weg.

WERKSTOFFE FÜR SUPERYACHTEN

Torsten Conradi

Beim Bau von Superyachten kommen grundsätzlich die gleichen Werkstoffe zum Einsatz, wie sie auch sonst im Yachtbau verwendet werden. Die enormen Größen dieser Yachten und die extremen Anforderungen, die oftmals im Hinblick auf Geschwindigkeit und Fahrverhalten vom Kunden an sie gestellt werden, schränken die Werkstoffauswahl jedoch ein. Bei Segelyachten müssen Mastdrücke und Wantenzugkräfte von mehreren 100 Tonnen in die Yachtstruktur abgeleitet werden, ohne dass es dabei zu nennenswerten Verformungen kommen darf. Bei den großen Motoryachten sind Maschinenleistungen von etlichen 10 000 kW zu „verkraften", die sowohl festigkeitsmäßig als auch schwingungstechnisch von der Struktur bewältigt werden müssen.

Diese Probleme können aus Gewichtsgründen nicht einfach durch den Einsatz vom mehr Material gelöst werden, weil Schiffe sich im Gegensatz zu Landbauwerken auch noch bewegen müssen und daher zusätzliche Anforderungen an Seeverhalten, Geschwindigkeit und Wirtschaftlichkeit zu erfüllen haben. Hier sind konstruktive Lösungen oder der Einsatz neuer Werkstoffe gefordert.

Die wichtigsten Baumaterialien im Yachtbau sind Stahl, Aluminium, Holz und faserverstärkter Kunststoff. Diese Werkstoffbezeichnungen sind aber nur Oberbegriffe; denn hinter jedem dieser Materialien steckt jeweils eine ganze Reihe von unterschiedlichen Werkstoffausführungen mit verschiedenen Eigenschaften, die entsprechend für unterschiedliche Zwecke eingesetzt werden können.

So gibt es zum Beispiel eine Vielzahl verschiedener Stähle, die sich, je nachdem, wie sie legiert worden sind, entweder hochfest und spröde oder auch äußerst zäh verhalten können. Beim Aluminium gibt es ebenso verschiedene Legierungen, von denen aber nur eine kleine Auswahl für den Yachtbau in Betracht kommt, weil hier nur seewasserfeste und insofern besonders korrosionsbeständige Verbindungen verwendet werden dürfen. Auch Holz hat, je nachdem, ob von hartem und schwerem Teakholz oder vergleichsweise leichtem und weichem Abachi die Rede ist, ganz unterschiedliche Festigkeitseigenschaften. Die faserverstärkten Kunststoffe schließlich sind ein noch weiteres Feld als alle anderen Werkstoffe, weil hier von der Faser über die Gebindeform (also die Webart der Fasern) bis hin zu den Harzen, mit denen das endgültige Kunststofflaminat erstellt wird, geradezu (fast) alles möglich ist.

Beim Bau von Megayachten sind vor allem Stahl, Aluminium und faserverstärkter Kunststoff verbreitet, während der Baustoff Holz hier eher eine Außenseiterrolle spielt.

Bei der Auslegung von Bauteilen hat der Konstrukteur zwei Dinge zu beachten: die Festigkeit und die Steifigkeit.

Die Bedeutung der „Festigkeit" für eine Konstruktion ist jedem plausibel. Wenn ein Bauteil für eine bestimmte Belastung entworfen worden ist, wie zum Beispiel das Pütting auf einer Segelyacht, dann muss dieses Bauteil diese Last unter allen denkbaren Betriebsbedingungen tragen können, ohne dabei beschädigt oder nachhaltig deformiert zu werden.

Wenn große Lasten auf Bauteile einwirken, so werden sich diese Bauteile unter diesen Lasten verformen, weil jedes Bauteil – ganz gleich, aus welchem Material es hergestellt wird – ein gewisses Maß an Elastizität besitzt. Der Begriff „Steifigkeit" bedeutet quasi das Gegenteil von Elastizität, und weil Verformungen in aller Regel unerwünscht sind, ist die Steifigkeit ein wichtiges Kriterium bei der Auslegung von Bauteilen. Schließlich möchte niemand, dass sich Türen beim Segeln nicht mehr öffnen lassen, weil sie aufgrund der Verformung der Yacht festklemmen.

Holz wird für den Bau von Superyachten kaum noch verwendet. Eigene Lager von Hölzern besitzen deshalb wenige Werften. Nur spezielle Aluminium-Legierungen sind für den Yachtbau geeignet, sie müssen seewasserfest sein (rechte Seite).

TOYOTA

High-Tech-Yachten aus faserverstärktem Kunststoff werden zur Aushärtung bei Temperaturen bis zu 90 Grad Celsius in einem Ofen gebacken (oben). Glasfasermatten lassen sich in jede erdenkliche Form legen. Ganze Einrichtungen entstehen aus diesem Material (unten).

Steifigkeit lässt sich auf zwei verschiedene Arten erzielen, zum einen durch den Einsatz des Werkstoffes – denn alle Werkstoffe weisen ein unterschiedliches Steifigkeitsverhalten auf –, zum anderen durch die Konstruktion. Letzteres kann man sich gut anhand einer großen dünnen Metallplatte vorstellen, die für sich genommen sehr elastisch ist, wenn man sie beispielsweise an den Rändern auf Böcke legt und in der Mitte durchhängen lässt. Diese Platte wird sich dann ganz erheblich verformen – sie wird in der Mitte stark durchhängen.

Wenn man auf diese Platte eine Steife aufschweißt – das kann zum Beispiel ein Winkel oder auch nur ein hochkantiger Blechstreifen sein –, dann wird diese Platte ganz erheblich „ausgesteift", und der Durchhang geht drastisch zurück. Das „Garnieren" einer Platte mit einem geeigneten Aussteifungsprofil ist also eine konstruktive Maßnahme zur Erhöhung der Steifigkeit.

Ähnliches kann natürlich auch erreicht werden, indem die Platte dicker gewählt wird. Es lässt sich aber sehr schnell zeigen, dass dann ein Vielfaches an Material eingesetzt werden muss, was natürlich dazu führt, dass das Bauteil auch um ein Vielfaches schwerer wird. Daher werden Schiffe mit einer relativ dünnen Außenhaut und einer Vielzahl Steifen (Spanten und Stringer) gebaut.

Als Maß für die konstruktive Steifigkeit wird das Widerstandsmoment (Dimensionsangabe üblicherweise in cm^3) beziehungsweise das Trägheitsmoment (Dimensionsangabe üblicherweise in cm^4) des Bauteils verwendet. Hierbei handelt es sich um rein geometrische Größen, die nur von den Abmessungen und der Formgebung des Bauteils abhängen, wie auch schon aus der Dimensionsangabe zu entnehmen ist.

Die „Werkstoffsteifigkeit" hingegen ist eine rein werkstoffbezogene Größe, die nur dem Baumaterial zuzuordnen ist. Das Maß für die Werkstoffsteifigkeit ist der Elastizitätsmodul (E-Modul); die Dimension ist Kraft/Fläche, üblicherweise Newton/mm^2.

Die metallischen Werkstoffe (Stahl und Aluminium) weisen ein so genanntes isotropes Werkstoffverhalten auf, das heißt, ihre Festigkeitseigenschaften sind in allen Richtungen gleich. Auch ihr E-Modul ist praktisch eine feste Größe und beträgt etwa 70 000 N/mm^2 für Aluminium und 210 000 N/mm^2 für Stahl.

Man sieht also, dass bei gleicher Dimensionierung eine Stahlstruktur gegenüber Aluminium die 3fache Steifigkeit aufweist. Da das spezifische Gewicht von Aluminium mit ca. 2,8 g/cm^3 aber etwa nur ein Drittel des Stahls (ca. 7,8 g/cm^3) beträgt, liegt das Gewicht der Aluminiumstruktur bei gleichen Bauteilabmessungen auch nur bei einem Drittel der Stahlkonstruktion.

Da man durch konstruktive Maßnahmen die Steifigkeit sehr viel gewichtssparender erhöhen kann, lassen sich in den meisten Fällen Aluminiumstrukturen, mit vergleichbarer Steifigkeit wie Stahlstrukturen, zu einem weitaus geringeren Gewicht konstruieren. Zudem sind mittlerweile neue Aluminiumlegierungen auf dem Markt (als Alu-Stahl bezeichnet), die in ihren Festigkeitswerten zehn bis 15 Prozent über denen der gängigen Aluminiumlegierungen liegen. Damit erschließen sich die Aluminiumwerkstoffe den Bereich auch von Yachtgrößen jenseits der 50 Meter.

Schwieriger verhält es sich mit den Kunststoffen. Im Gegensatz zu Stahl und Aluminium, die fertig vom Walzwerk angeliefert werden, entsteht der Werkstoff Kunststoff erst bei der Verarbeitung, indem das Laminierharz mit dem Verstärkungsmaterial verlaminiert wird. Es gibt eine Vielzahl von Laminierharzen und eine noch größere Vielzahl von Verstärkungsmaterialien. Bei den Laminierharzen unterscheidet man die Polyesterharze und die Epoxidharze, wobei beim Bau von Superyachten ausschließlich Letztere verwendet werden sollten.

Die Verstärkungsmaterialien unterscheiden sich zum einen im Werkstoff und zum anderen in der Gebindeform. Die gängigsten Werkstoffe sind Glasfaser (E-Modul der Glasfaser ca. 70 000–85 000 N/mm²), Aramidfaser (E-Modul der Aramidfaser ca. 120 000 N/mm²) – den meisten besser bekannt sind die Handelsnamen: Kevlar oder Twaron – und die Kohlenstofffaser (E-Modul der Kohlenstofffaser ca. 250 000–500 000 N/mm²), oft Carbonfaser genannt.

Bei den Gebindeformen unterscheidet man drei Arten. Die Matten bestehen aus „geschnetzelten" Gebinden, ca. zehn Zentimeter lange Fasern, die ungeordnet miteinander verbunden sind. Die Gewebe sind miteinander verwobene Faserstränge in unterschiedlichen Webarten. Die Gelege sind unidirektional ausgerichtete Faserstränge, die in unterschiedlichen Ausrichtungen nur übereinander gelegt sind. Ein oftmals verwendeter Typ ist das reine Unidirektional-Gelege (UD-Gelege). Hier gibt es nur eine Lage, in der alle Faserstränge in die gleiche Richtung laufen. Hieraus ergibt sich eine Besonderheit der Kunststoffe, die sie von den metallischen Werkstoffen unterscheidet. Der E-Modul variiert mit der Ausrichtung der verwendeten Fasern. Er ist am größten in der Richtung, in der die meisten Fasern laufen.

Wie man sieht, weisen die Verstärkungsmaterialien sehr hohe E-Module auf, was sie aus Steifigkeitsüberlegungen heraus sehr interessant macht. Zudem sind ihre Festigkeitswerte mit denen der metallischen Stoffe vergleichbar oder diesen überlegen. Leider gehen diese Werte beim Laminieren und in Verbindung mit den sehr niedrigen E-Modulen sowie den sehr geringen Festigkeitswerten des Harzes (E-Modul ca. 3000–4000 N/mm²) sehr stark nach unten, sodass man für durchschnittliche Glasfaserlaminate mit einem E-Modul von 10 000–30 000 N/mm², je nach Art des Verstärkungsmaterials, rechnen kann. Bei Aramidfasern liegt es zwischen 25 000 und 40 000 N/mm² und bei der Carbonfaser zwischen 45 000 und 85 000 N/mm². Letzterer Wert gilt für ein Laminat aus UD-Kohlefasersträngen, wobei dieser Wert nur in der Laufrichtung der Faser erreicht wird.

Die Kunststoffe liegen also in ihren E-Modulen überwiegend unter den Werten von Aluminium, ganz zu schweigen von Stahl. Sie weisen aber ein weit geringeres spezifisches Gewicht auf, das je nach Material zwischen 1,4 g/cm³ und 1,9 g/cm³ variiert. Das erlaubt gegenüber Aluminium doppelte Wandstärken bei gleichem Gewicht, wodurch die Steifigkeit natürlich verbessert wird. Trotzdem sind sie für den Bau von sehr großen Bauteilen, wo die Steifigkeit ja ein entscheidender Faktor ist, nicht von vornherein ideal geeignet, sieht man einmal von reinen Kohlefaser-UD-Laminaten ab.

Interessant für den Einsatz im Megayachtbereich sind die Kunststoffe vor allem, weil sich durch den Einsatz von Sandwichbauweise das Widerstandsmoment, also die konstruktive Steifigkeit, drastisch vergrößern lässt, ohne dass es hierbei zu einer nennenswerten Gewichtszunahme kommt.

Bei der Sandwichbauweise werden dünne, tragende, hochfeste Laminatschichten beidseitig über einen dicken, leichten, aussteifenden Kern laminiert. Die so entstehenden Paneele weisen eine extrem hohe Festigkeit auf, die aus der Festigkeit der beiden Laminatschichten resultiert, sowie eine enorme Steifigkeit, die sich aus der Geometrie ergibt.

Bei der Verklebung des Laminats mit dem Kern muss allerdings äußerste Sorgfalt herrschen, weil die hohe Bauteilfestigkeit und -steifigkeit nur bei perfekter Verbindung der Schichten erreicht werden kann.

In dieser Kombination von hochfesten Verstärkungsmaterialien mit der Sandwichbauweise sind die Kunststoffe im Hinblick auf das Verhältnis Festigkeit zu Gewicht wie auch Steifigkeit zu Gewicht allen anderen Werkstoffen weit überlegen.

Die Weiterentwicklung im Bereich neuer Fasern und in der rechnerischen Analyse von Kunststoffstrukturen wird dazu führen, dass der Kunststoffanteil auch im Megayachtbau in der Zukunft noch weiter zunehmen wird.

Große Kunststoff-Yachten, hier ein 50 Meter langer Schoner, werden über eine Positivform gebaut. In diesem Fall wurden die Matten im Vakuum-Verfahren aufgebracht, was eine besonders glatte Oberfläche erzeugt.

SUPERYACHTEN BRAUCHEN MANAGEMENT

Jens Cornelsen

Der Boom großer Yachten hat Berufe hervorgebracht, für die es keine fest umschriebene Tätigkeit gibt. Projektmanagement von großen Yachten ist eine dieser Tätigkeiten, die es vor 20 Jahren noch nicht gab und ohne die heute das Unternehmen, einen Neubau zu planen, zu bauen und in Fahrt zu bringen, kaum denkbar wäre. Wenn eine große Yacht nach drei oder sogar vier Jahren Bauzeit auf Probefahrt geht, ist kaum noch nachzuvollziehen, wie sie eigentlich zustande kam: Warum segelt sie so gut? Warum fühlt sich der Eigner auf seinem Schiff wohl? Warum sieht die Yacht mit all ihren Details an und unter Deck genau so aus? Ein Steuerstand beispielsweise hat eine ganz bestimmte Form. Niemand nimmt sie tatsächlich wahr, weil sie einfach stimmt. Doch genau dieses Stück Bootsbaukunst war vor dem Bau wahrscheinlich Gegenstand etlicher Diskussionen, mehrere Zeichnungen wurden angefertigt, bis alles stimmte. Vielleicht wurde sogar ein Modell von dem Bauteil angefertigt.

Ein Eigner sucht sich einen Projektmanager vor allem für die praktische Abwicklung eines umfangreichen Neubaus. Im besten Fall ist er von Anfang an dabei, kennt die Überlegungen und Vorstellungen des Auftraggebers – auch dessen Träume. In ausführlichen Gesprächen erfährt er etwas über seine Lebensumstände und Absichten: Will er eine hochseetüchtige Yacht für lange Passagen auf See? Will er mit seiner Familie vielleicht sogar jahrelang auf der Yacht leben? Oder will er möglicherweise einen Daysailer, schnell und unkompliziert, ohne großen Wohnkomfort? Konzepte gibt es so viele, wie es Individualisten gibt, und fast immer werden sie im Laufe der Planungsphase drastisch verändert.

Ein gutes Beispiel ist die Entstehung der JULIET, die 1993 unter meiner Bauaufsicht als eine der frühen Megayachten für einen amerikanischen Eigner bei Royal Huisman in den Niederlanden gebaut wurde. Diesem Eigner schwebte zunächst eine leicht verlängerte Version der 1986 nach einem Riss von Ron Holland gebauten WHIRLWIND XII vor, einer Yacht von etwa 31 Metern Länge. Innerhalb des einen Planungsjahres wuchs JULIET auf dem Papier von 31 auf 43 Meter Länge. Dabei wurden nicht etwa zusätzliche Kabinen untergebracht. Die geplanten Räume wurden lediglich großzügiger konzipiert, und vor allem wurde erheblich mehr Platz für aufwändige Bordsysteme geschaffen.

Ohne intimes Wissen über die Persönlichkeit des Eigners können weder der Yachtkonstrukteur noch der Innendesigner für ein neues Projekt ausgewählt werden. Der Projektmanager schlägt vor, es kommt zu ersten gemeinsamen Treffen und mit Glück zur völligen Übereinstimmung von Charakteren und Auffassungen. Doch die Regel ist das nicht. Der Weg bis zur endgültigen Konzeption einer großen Yacht ist lang, manchmal quälend. Nicht selten wird der Innendesigner kurzfristig ausgewechselt. Sie sind oft sehr eigenwillige Künstler, die ihre Ideen unbedingt durchsetzen wollen. Stellt sich heraus, dass die Vorstellungen des Eigners und des Designers zu unterschiedlich sind, bricht die Kommunikation zusammen.

Die Aufgabe des Projektmanagers ist in diesem Stadium oft nicht nur praktischer, sondern auch psychologischer Natur. Es geht darum, das Projekt voranzutreiben, immer wieder den Faden aufzunehmen, zu moderieren. Ist die Werft bereits gewählt, kommt ein ganz konkretes Moment hinzu: Ist das, was in unzähligen Sitzungen bereits erarbeitet wurde, überhaupt realisierbar? Kann eine konservative Werft ein innovatives Konzept umsetzen? Können die berechneten Segeleigenschaften trotz des Gewichtes, das sich aus der Konstruktion und den verschiedenen Wünschen des Eigners

Projekt „High Performance World Cruiser". Diese 40 Meter lange Slup von Konstrukteur Bill Tripp mit einem Innendesign von Andrew Winch wird unter dem Projektmanagement von Jens Cornelsen 2000 bei Abeking & Rasmussen gebaut. Es ist die erste Yacht des Eigners, umso wichtiger die Erfahrungen des Projektmanagements.

addiert, garantiert werden? Wer hat bei Entscheidungen das letzte Wort? Die Werft, der Konstrukteur, der Projektmanager oder der Eigner? In diesen Fällen ist der Projektmanager mit seinem Fachwissen und einer gehörigen Portion Diplomatie besonders gefragt.

Viele Eigner großer Segelyachten haben zunächst meist sehr genaue Vorstellungen von dem, was sie wollen. Trotzdem werden die Pläne während der oft langwierigen Planungsphase zwischen Vertragsunterzeichnung und Baubeginn immer wieder modifiziert. Auch während des Baus sind Änderungen von Details die Regel. Viele Eigner verfügen über fundiertes Wissen und verfolgen den Bau ihrer Yacht regelmäßig. Völlig unproblematisch ist die Geburt einer großen Yacht also nicht. Und nicht zuletzt deswegen erwarten renommierte Werften den Einsatz eines versierten Projektmanagers, der immer erreichbar, häufig vor Ort und fähig ist, die vielen anfallenden Fragen schnell zu entscheiden. Er muss in der Lage sein, gegebenenfalls zu vermitteln und zu versachlichen. Er ist das notwendige Bindeglied zwischen Eigner und Werft.

Die Baubeschreibung einer 40-Meter-Yacht kann leicht mehr als 100 Seiten umfassen. Änderungen werden in Ergänzungsverträgen festgehalten. Beim Bau einer Yacht von 40 Metern Länge muss man mit bis zu 210 000 Arbeitsstunden rechnen. Das beinhaltet die Stunden der Werft und aller Subunternehmer. Aufgabe des Projektmanagers ist es, während der gesamten Bauzeit den Fortgang des Projektes terminlich zu überwachen, die in den Spezifikationen niedergeschriebene Qualität zu überprüfen und die auflaufenden Kosten zu kontrollieren. Abweichungen von der Spezifikation müssen flexibel gehandhabt werden, schnelle Entscheidungen sind gefragt. Die Uhr läuft unerbittlich, die Ablieferung der Yacht an den Eigner wird vertraglich oft auf den Tag genau festgelegt.

Parallel zum Bau suchen wir die Crew der Yacht aus, sehen uns nach einem Liegeplatz um und richten die umfangreichen logistischen Abläufe ein, die eine große Segelyacht erst in Fahrt bringen. Der Übergang vom Projektmanagement während des Baus zum Management im Betrieb ist also fließend. Ohne ein an Land tätiges Management kommt eine große Yacht kaum noch aus, für reibungslose weltweite Fahrt ist solch ein Büro eine Notwendigkeit. Es steht sowohl dem Eigner als auch der Crew der Yacht rund um die Uhr zur Verfügung. Als die 40-Meter-Ketsch HETAIROS, die unter unserem Management läuft, 1996 im Pazifik ihre Masten verlor, galt der erste Anruf des Eigners über die noch kurze Zeit funktionierende Satcom-Anlage meinem Büro in Glückstadt. Ich habe das Schiff unmittelbar nach dem Unfall in Brisbane besichtigt, wir haben die Versicherung benachrichtigt, die Reparaturen in Neuseeland organisiert und spezifiziert sowie den Neubau der Masten und das Aufstellen des Riggs in die Wege geleitet.

Projekt klassischer Cruiser nach einem Riss von Bruce King mit einer Inneneinrichtung von Dick Young Designs. Die ebenfalls 40 Meter lange Slup ist bei Royal Huisman im Bau und ebenfalls bei Jens Cornelsen im Projektmanagement. Die beiden gleich langen Yachten stehen für den Geschmack des jeweiligen Eigners. Der Projektmanager hilft bei der Realisierung.

Die Routine des Betriebsmanagements besteht aus der Kontrolle der Bordkasse, den Gehaltsabrechnungen für die Crews, der Lieferung von Ersatzteilen, Recherchen über Versorgungsmöglichkeiten und der Erledigung von Formalitäten rund um den Globus. Ein Management-Büro kennt die Qualitäten und Möglichkeiten der Werften weltweit, um Überholungsarbeiten, etwa einen neuen Unterwasseranstrich, in Auftrag geben zu können: Kann die Yacht überhaupt an dem vorgesehenen Ort aus dem Wasser genommen werden? Entspricht die Arbeit vor Ort dem gewünschten Standard? Unser Management-Büro erledigt häufig auch kleine, auf den ersten Blick unwichtig erscheinende Aufgaben, um der Crew „da draußen" das Leben zu erleichtern. Ein regelmäßiger Job ist beispielsweise die Auffrischung der Bordapotheke, die, mit englischer Bezeichnung versehen, in Spezialbehältern per Luftfracht verschickt wird. Da die meisten der Yachten, die von uns im Betrieb betreut werden, fast ständig irgendwo auf der Welt unterwegs sind, ist unser Büro auch laufend mit logistischen Aufgaben beschäftigt.

Auch das Betriebsmanagement von Land aus ist aus dem stetigen Prozess der Entwicklung von Megayachten entstanden und erfüllt die immer neuen Anforderungen, die sich aus der Größe der Yachten und ihrem weltweiten Reiseprogramm ergeben. Das Profil für diese Tätigkeit ist vielfältig: Benötigt werden Fachwissen, Organisationstalent, Diskretion und – natürlich die Liebe zur See.

MEHR RAUM FÜR NEUE IDEEN

Der Innenausbau einer Yacht war lange Zeit ausschließlich eine Frage der Praktikabilität, und die Einrichtung lag daher oft in der Verantwortung der Werften. Erst in der Zeit der Superyachten wurde der Platz unter Deck als Lebensraum entdeckt, dessen Gestaltung man in die Hände von Innenarchitekten legte. Licht, Raum und Design bilden eine Einheit, bei der oft nur noch wenig an das Interieur eines Seglers erinnert, wie das Beispiel der PHILANDERER zeigt. Gleich, ob am klassischen Vorbild orientiert oder an modernem Wohnkomfort: Die Arbeit des Innendesigners ist nicht mehr wegzudenken.

Raum ist auf einem Schiff ein kostbares, weil begrenztes Gut, auch auf einer Megayacht wie der 40,87 Meter langen SURAMA. Das großzügige Raumgefühl wird durch offen gestaltete Ebenen und starken Lichteinfall erreicht.

VON DER INNEREN GRÖSSE EINER YACHT

Andrew Winch

Zum ersten Mal im vergangenen Jahrhundert wurden Yachten ausschließlich zu dem Zweck gebaut, die Erde nicht aus kommerziellen, sondern aus rein privatem Interesse zu umsegeln. Die Größe dieser Yachten passte sich stets den Höhen und Tiefen der internationalen Finanzmärkte an und stieg mit jedem technologischen Fortschritt auf dem Gebiet des Segelsports sprunghaft an. Um 1900 waren die Besitzer und Gäste solcher Yachten gezwungen, die unverzichtbaren Bestandteile der Bequemlichkeiten ihres Lebens mit an Bord zu nehmen, weil sie, im Gegensatz zu den heutigen Eignern, keine Möglichkeit hatten, mit dem Flugzeug schnell mal eben zwischendurch nach Hause zu jetten. Schließlich existierte auch noch keine moderne Kommunikationstechnik, die es erlaubt, wichtige Geschäfte von Bord aus weiterzuführen.

Eine der größten Privatyachten, die je für das Freizeitvergnügen gebaut wurde, ist die 110 Meter lange SEA CLOUD, ein Windjammer mit vier Masten, der heute noch segelt. In der Einrichtung der Kammern und Salons spiegelt sich unser maritimes Erbe in wunderbarer Weise wider, aber vom reinen Platzangebot her ist die SEA CLOUD eher mit einer modernen Motoryacht zu vergleichen. Eine der besonde-

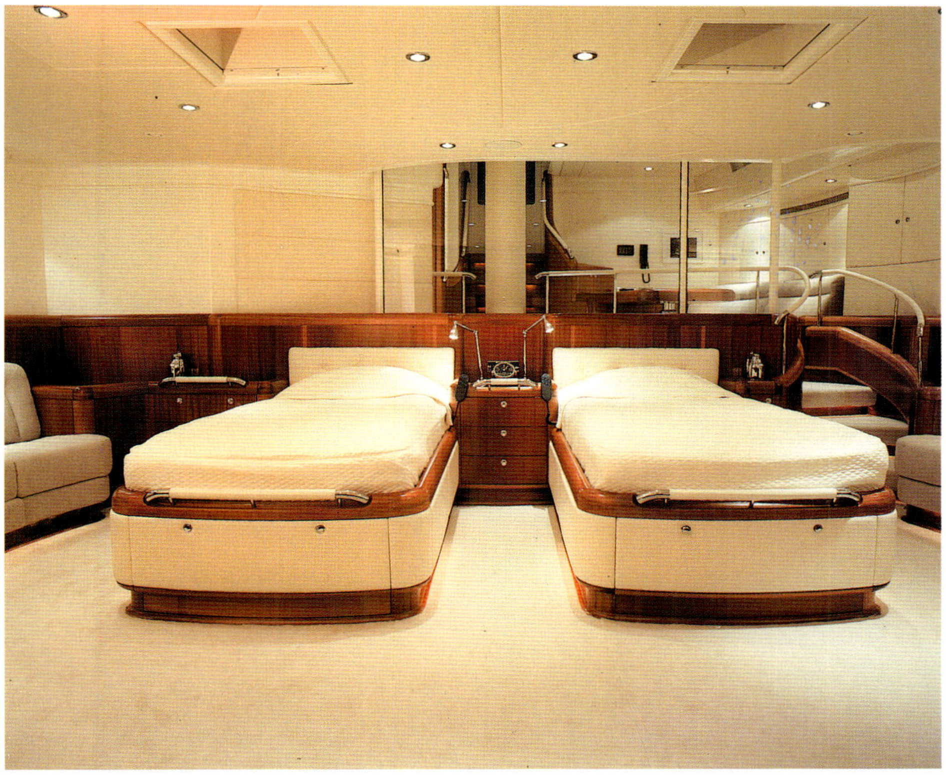

Ein reduziertes Interieur ohne dekorative Effekte ist auf Luxusyachten von heute durchaus nicht die Regel. Salon und Kabinen von SURAMA spiegeln die Vorliebe des Eigners für eine seemännisch funktionelle Einrichtung wider.

ren technischen Neuentwicklungen der SEA CLOUD waren übrigens die von Clarence Birdseye entwickelten Eisschränke. Mit Tiefkühlkost in den Proviantträumen konnte eine Yacht längere Reisen unternehmen und noch entlegenere Ziele ansteuern, ohne die Qualität der Mahlzeiten einzuschränken.

Zurzeit des Stapellaufs der SEA CLOUD besaß Teekönig Sir Thomas Lipton sowohl eine wohnliche Motoryacht als auch eine stark bemannte, sehr spartanisch eingerichtete Segelyacht, die er ausschließlich für die Teilnahme an Tagesregatten nutzte. Heute, 80 Jahre später, befriedigt die Segelyacht VELSHEDA – gerade vollständig restauriert und mit modernster Technik versehen – beide Ansprüche: Sie nimmt nicht nur an Klassiker-Regatten teil, sondern trägt ihren neuen Eigner und seine Familie mit allem Komfort rund um die Welt.

Noch vor 20 Jahren waren die größten Segelyachten kaum 30 Meter lang, wobei eine Größe zwischen 18 und 24 Metern für eine Weltumseglung als gut geeignet angesehen wurde. Das Platzangebot war natürlich vergleichsweise eingeschränkt, und daher war es umso wichtiger, ein kreatives Innendesign zu finden, das die bestmögliche Nutzung des Raumes für Eigner und Crew garantierte.

Seine Vorliebe für aufwändig gestaltete Treppen bewies Andrew Winch auch auf der CYCLOS. Hier führt sie von der Eignerkabine im Heck ins Cockpit. Der Tisch wurde um den Besan gebaut.

So lange wie ich von Booten träume, beschäftigt mich der Gedanke, wie man jeden Kubikzentimeter des Platzes unter Deck optimal ausnutzen kann. Segelyachten sind für den Designer eine enorme Herausforderung, denn die Voraussetzungen für eine gute Konstruktion unterliegen drei Parametern: der Länge, der Leistung der Yacht unter Segeln und der maschinellen Ausstattung. In diese Vorgaben müssen sich die Wünsche des Kunden einfügen lassen.

Während der letzten 50 Jahre folgte die Entwicklung der Inneneinrichtung im weiteren Sinne der Entwicklung der unterschiedlichen Rümpfe für Rennyachten. Sie haben sich im Laufe der Zeit vom großräumigen Verdrängertyp mit Kielschwert zu Yachten mit breitem Heck für gute Vorwind-Eigenschaften bis hin zu den moderneren Typen mit langem schmalem Rumpf und Tanks für den Wasserballast entwickelt.

Das Interieur von CYCLOS III strahlt eine ungewöhnlich deutliche Design-Sprache aus. Andrew Winch gestaltete es zeitlos modern, ganz in Weiß. Eine 8,84 Meter breite Megayacht bietet leicht Platz für einen runden Esstisch mit Design-Klassikern von Knoll-Saarinen.

Jede Form erlaubt dem Designer eine Reihe alternativer Einrichtungsmöglichkeiten, die sich nach den Wünschen des Eigners richten. Der Kielschwert-Verdrängertyp bietet ein großes Platzangebot, in dem sich die unterschiedlichsten Ideen verwirklichen lassen. Eine solche Yacht kann wegen ihres geringen Tiefgangs flache Häfen und Buchten aufsuchen, in denen es sich ruhiger und sicherer liegen lässt. Ein solcher Yachttyp hat aber aufgrund seiner Konstruktion Schwächen bei leichtem Wind, reagiert nicht so sensibel auf das Ruder und wird dem Eigner weniger seglerischen Spaß vermitteln. Eine Leichtbaukonstruktion mit langen Rumpflinien hingegen sorgt für jede Menge Segelspaß und hohe Etmale, allerdings ist das Raumangebot in dem schmalen Rumpf natürlich deutlich geringer. Ein breites Achterschiff verbessert die Segeleigenschaften raumschots und vor dem Wind und bietet die Möglichkeit, achtern eine große Eignerkammer anzuordnen oder eine Menge Stauraum für ein Beiboot und die verschiedensten Ausrüstungsteile zu nutzen.

In den vergangenen zehn Jahren bis zum Beginn des neuen Jahrtausends erlebten wir eine Renaissance in Design und Bau großer Yachten. Es entstanden die unterschiedlichsten Typen, und mit ihnen begann eine ganz neue Epoche in der Geschichte des Segelsports. Mithilfe modernsten Designs sind wir heute in der Lage, mehr Komfort, mehr Raum und mehr Möglichkeiten der Ausstattung zu bieten. Es gibt eine große Auswahl an neuen Materialien, an Holz, Stoffen und Bodenbelägen. Auf der Suche nach Innovation und Individualität geht der eine, dank modernster Technologie, ganz neue Wege, der andere sucht an alte maritime Traditionen anzuknüpfen. Jeder Eigner erwartet heute einen größtmöglichen Komfort unter Deck: Manche wollen ihn auf eine größere Anzahl von Kabinen verteilt haben, um Familie und Freunde unterzubringen, andere ziehen eine kleine Anzahl an Kammern vor, zugunsten großzügiger Aufenthaltsräume wie Messe und Salon und um in kleinerem Kreis an einem geräumigen Ort Ruhe zu finden.

Um dem Eigner vor Baubeginn einen Begriff vom Interieur seiner Yacht zu geben, produzieren Inneneinrichter perspektivische Visualisierungen.

Eine Segelyacht ist mit einer Motoryacht nicht zu vergleichen. Die Einrichtung einer Segelyacht wird nur im Hinblick darauf erfolgreich sein, wie gut die Schiffsbewegungen und die Schräglage unter Segeln in das Konzept mit einbezogen werden. Ich bemühe mich, den Raum so zu gestalten, dass er den Eindruck der Weitläufigkeit vermittelt, ohne dadurch an Gemütlichkeit zu verlieren. Die Bewegungen einer segelnden Yacht zwingen zur Einhaltung gewisser Sicherheitsregeln, besonders im Hinblick auf Handläufe, auf Flure und Niedergänge.

Raum ist der wertvollste Besitz an Bord einer Yacht. Dort Platz zu finden, wo dies anderen nicht gelungen ist, ist die Erfolgsgeschichte des modernen Innendesigners. Soll eine Segelyacht den Eindruck von „innerer" Größe vermitteln, dann ist Licht ein wesentlicher Faktor. Schon ein Sonnenstrahl, der durch ein im Deck eingelassenes Glasprisma fällt, kann ein kleines

Auch auf HETAIROS lädt eine großzügige Treppe zum Besuch der Yacht ein. Die Kombination von weißem Lack und Mahagoni korrespondiert mit dem Stil des modernen Klassikers von Konstrukteur Bruce King.

Bad lebendig machen. Fenster an der richtigen Stelle des Rumpfes bieten nicht nur einen schönen Ausblick, umgekehrt fallen die glitzernden, von der See reflektierten Sonnenstrahlen ins Innere des Schiffes zurück. Liegt ein Bullauge am Ende eines schattigen Tunnels zwischen Inneneinrichtung und Rumpf, ist dieser wunderbare Eindruck ruiniert. Ein Schiebeluk oder ein Fenster an der richtigen Stelle sorgt ebenfalls für Ausblick und Licht. Dabei kann es sich um ein sehr dekoratives Skylight handeln, etwa um eine Nachbildung des ursprünglich von Nat Herreshoff entworfenen Achtecks, wie wir es über der Eignerkammer der HETAIROS finden. Auf CYCLOS III hat man mit dem Scheibenband über dem Deckssalon einen modernen Atriumeffekt geschaffen, der Raum und Licht schafft.

Wenn sich eine Sitzposition schaffen lässt, von der aus man nicht nur den Raum, sondern auch die See überblicken kann, wird das einen ähnlich positiven Effekt hinterlassen wie ein Niedergang, der nicht der üblichen Leiter entspricht, sondern den Charakter einer breiten Treppe hat, die sich beschreiten lässt. Wir fühlen uns wohler, wenn wir uns von den traditionellen, oft klaustrophobisch wirkenden Einrichtungselementen einer Segelyacht entfernen und zu einem offeneren, freundlicheren Ambiente finden.

Erfolgreiches Design schafft die Illusion einer Größe, die so tatsächlich nicht vorhanden ist, wenn es gelingt, einen Fußboden weiter und länger erscheinen zu lassen, als seine Maße es hergeben, etwa indem die Türen und Schränke so angeordnet sind, dass ein Eindruck räumlicher Tiefe entsteht.

Die Herausforderung besteht darin, etwas ganz Innovatives zu finden, mit einer völlig neuen Idee zu überraschen oder Räume zu entdecken, die bislang übersehen wurden. Der Rumpf einer Yacht besteht nicht aus geraden Linien, und der Boden ist meist schmaler als die Decke. In der Eignerkammer von SURAMA

Interieur-Variationen von Andrew Winch, die zeigen, dass jede Arbeit den Vorlieben des Eigners entspricht. Oben in einer Windship 105, unten in SENSATION OF AUCKLAND.

hatten wir das Problem mit einem sehr schmalen Heck, das den Fußbodenraum stark einschränkt. Mithilfe eines Bodendesigns, das mit verschiedenen Ebenen arbeitet, gelang es uns, etwas von der Eleganz einer Wendeltreppe einzufügen. Eine gläserne Wand und Blenden sorgen für eine sehr private Atmosphäre, ohne dabei das Gefühl der Enge aufkommen zu lassen. Die paarweise Backbord und Steuerbord angeordneten Bullaugen in der Eignerkammer und zwei sich gegenüberstehende Sofas vermitteln ein maximales Raumgefühl und ermöglichen einen weiten Blick übers Meer.

Kein Eigner segelt gerne langsam. Doch je schneller ein Schiff, desto geringer das Raumangebot unter Deck. Wird eine Yacht gewichtsparend gebaut, macht sich das wegen des niedrigen Decks meist in mangelnder Stehhöhe bemerkbar. Ein geringer Kopfraum aber verstärkt das Gefühl klaustrophobischer Enge. Die Gestaltung des Raumes wirkt sich auf das Wohlgefühl aus, er kann beengend wirken oder großzügig, beunruhigend oder entspannend, abweisend oder einladend, er kann Sicherheit ausstrahlen ebenso wie Wärme und Kälte. Das Ansehen des Innenarchitekten steht und fällt mit seiner Kunst, den Raum zu nutzen. Indem ich die historischen Vorbilder immer wieder infrage stelle, habe ich mir die Fähigkeit erworben, dort Platz zu schaffen, wo kein Platz zu sein schien.

Technische Einrichtungen wie etwa die Seewasserentsalzungsanlage haben das Leben und den Komfort an Bord einer großen Yacht revolutioniert. Klug eingerichtete und elegante Badezimmer mit Jacuzzis und marmorgetäfelten Duschen verbreiten heute den Luxus eines Fünf-Sterne-Hotels. Marmor, so gewichtig er erscheinen mag, übt einen großen optischen Reiz aus und kann mithilfe moderner Technologie wie Honeycombe und funierartiger Aufbereitung sehr wohl leicht verarbeitet werden. An Bord der CHARDONNAY verwendete man dieses Verfahren im Eignerbad. Einen weiteren Akzent setzt die Idee der elektrisch verschiebbaren Glaswand. Sie stellt eine optische Verbindung zwischen Schlafraum und Bad her.

An Bord einer Segelyacht sind Designdetails wichtiger als in jedem anderen Bereich der Innenarchitektur. Wenn Design und Detail mit ihrer Umgebung und ihrer Funktion abgestimmt werden, wirkt ein Raum beruhigend und entspannend. Wenn der Blick aber durch überflüssige Elemente abgelenkt wird, geht die Ruhe verloren. Eine Segelyacht ist eine höchst komplexe Struktur, und der Gewinn von fünf Zentimetern, egal ob in Höhe, Länge oder Breite, kann von entscheidender Bedeutung sein.

Üblicherweise findet man an Bord einer Segelyacht nur ein einziges Wohndeck. In den

Die Aufgaben des Inneneinrichters verlagern sich in jüngster Zeit immer häufiger auch nach außen. Bei diesem neuen Ted Hood-Riss zeichnet Andrew Winch das Exterieur mit seiner umfangreichen Decksausstattung. Links ein Interieur-Detail von SHAMAN.

modernen Rümpfen ist es allerdings möglich, die Decks zu versetzen, und jede Stufe sollte entweder ein aufregendes optisches Detail bilden oder aber kaum wahrzunehmen sein. Schon mit drei Stufen lässt sich ein freitreppenartiger Aufgang schaffen, der Emotionen auslöst. Mit seiner Hilfe lassen sich große Räume verbinden. Ganz ähnlich lässt sich mit einem Stützpfeiler umgehen: Er kann ein Störfaktor sein oder eine wunderbare Ergänzung des Raumes. Er lässt sich in der Wand verstecken oder als ein wichtiges optisches Element in den Vordergrund stellen. Gelingt es, den Pfeiler in ein Treppendesign zu integrieren, dann wurden die technischen Anforderungen einer Segelyacht mit dem Komfort eines schwimmenden Zuhauses verbunden. Der traditionelle Niedergang in Form einer Leiter, die in die bedrückend enge Welt unter Deck führt, sollte aus dem Angebot der Konstrukteure getrost gestrichen werden.

An der Schwelle des neuen Jahrtausends ist es gelungen, an Bord von Segelyachten eine Lebensqualität zu bieten, die man bislang nur auf Motoryachten für möglich hielt. Selbst Serienschiffe müssen dank der Möglichkeiten, die modernes Innendesign bietet, einander nicht mehr vollständig gleichen, zumal sich die Vorstellungen und Träume von zwei Eignern niemals gleichen. Mit jedem neuen Projekt wird ein eigenes Kapitel des Yachtdesigns aufgeschlagen – und mit jedem Stapellauf wird es abgeschlossen, während die See die neuen Ideen hinaus in die Welt trägt.

EIN BESONDERER STIL FÜR SUPERYACHTEN

John Munford

Es ist wirklich schwer zu sagen, ob für Superyachten ein besonderer Stil erarbeitet werden muss oder ob Superyachten ihren Stil selbst prägen. Der Stil kann so unterschiedlich sein, wie der Geschmack von Designer und Eigner es zulassen.

Das Segeln einer Superyacht ist ein Zeitvertreib von sehr reichen Leuten. Im Überfluss, den diese Yachten und ihre Einrichtungen präsentieren, spiegelt sich der Reichtum und der Stil, den diese Eigner zu Hause pflegen.

Man kann den Wert des Geldes nicht ermessen, solange man es nicht ausgibt. Das geht, indem man etwa Handwerker mit der Herstellung von etwas Schönem und Nützlichem beauftragt, vielleicht mit dem Bau solch eindrucksvoller Yachten, für deren richtiges Flair die Werften im Verbund mit Konstrukteur und Designer Hand in Hand arbeiten. Eine Yacht ist die ultimative Wohnmaschine, sie atmet Anmut, Geschmack und Leidenschaft, worin der Eigner viel von sich selbst ausdrückt.

Die traditionellen Elemente des Yacht-Innenausbaus haben sich nach Ansicht von John Munford bewährt. Sie entsprechen einem aus der Praxis gewonnenen natürlichen Komfort. Nach diesem Stilempfinden entstand auch das Interieur der 40,30 Meter langen ANAKENA.

Das Interieur scheint bei Munford die herkömmliche Bauweise einer Holzyacht wiedererkennen zu lassen. Dabei gehört diese Inneneinrichtung auf die 1994 aus Aluminium gebaute SARIYAH.

Von den zwanziger bis in die sechziger Jahre entstanden die Yachten in dem gleichen traditionellen Stil, den die Werften immer schon pflegten. Gelegentlich zog ein Eigner Rat und Hilfe eines Innenarchitekten hinzu, um für eine etwas persönlichere Ausstattungsnote zu sorgen. Aber immer entsprach die Ausstattung dem jeweiligen Yachttyp, ihrem Einsatzzweck oder dem gesellschaftlichen Anspruch. Als Teenager habe ich die 71 Meter lange Motoryacht SHAMARA bei Camper & Nicholsons liegen sehen und war überwältigt von dem großzügigen herrlichen Salon, der an einen Ballsaal erinnerte, mit einem offenen Kamin im Adam's Style auf der Frontseite. Ich habe nie ganz begriffen, wie es möglich war, dass auf einer unscheinbaren, grauen Werft am Solent so viel Pracht entstehen konnte.

1970 durfte ich dann selbst an der Seite von John White bei Camper & Nicholsons arbeiten. SHAMARA lag immer noch dort. Heute befindet sich mein Büro nur einen Stein-

Die Einrichtung besteht aus Einzelstücken, die jedes für sich einen Sinn haben und im Detail durchdacht sind. Aus allem entsteht das angenehme Ganze, in dem sich auf See leben lässt.

wurf von meinem ehemaligen Arbeitsplatz in Southampton entfernt.

Erst zu Beginn der siebziger Jahre begann man, sich für einen eigenen Stil bei der Konstruktion und der Einrichtung von Yachten zu interessieren. Damals nahm der italienische Stil Einfluss auf den Innenausbau, und damit hatte die Moderne endlich auch den Segelsport erreicht. Die aufwändigen Kassettenornamente und Paneele, die überreich verwendeten Messingteile und Goldverzierungen wurden von einem äußerst strengen, sehr reduzierten Stil verdrängt. Die Beschäftigung von Innenarchitekten setzte sich nach und nach durch. Eine Zeit lang folgten sie alle der von Jon Bannenberg vorgegebenen Richtung, dem modernistischen James-Bond-Stil. Ich kann mich an den Bau von drei Yachten Anfang der siebziger Jahre bei C & N erinnern, die Motoryachten HEDONIST für Michael Pearson, die PHILANTE VI für Tom Sopwith und TIAWANA. Drei sehr unterschiedliche Yachten für drei sehr unterschiedliche Eigner. Mir imponierte das von Chuck Goodwin für die PHILANTE entwickelte, zweieinhalb Meter breite und lange drehbare Bett in der Eignerkammer, von dem man direkt in die Dusche steigen konnte. Das von Eddie Meyers geprägte Innendesign der PHILANTE, mit den schlichten Stoffen und den durchbrochenen Türelementen, sowie der Hubschrauberlandeplatz waren ebenfalls ungewöhnlich. TIAWANA, von Jon Bannenberg gestylt, kam mit einem Deckshaus daher, wie man es auf einer Yacht noch nie gesehen hatte. Es war eine Zeit der großen Entwicklungssprünge hin zu einem modernen Design. Damals lernte ich mein Handwerk. Die Betonung lege ich auf „Handwerk", denn sie bestätigt meine Bewunderung für das Können und die Fähigkeiten der Tischler und Bootsbauer. Diese ersten Erfahrungen, verbunden mit meinem nicht zu Ende geführten Studium des Möbeldesigns, kamen mir Anfang der achtziger Jahre zugute, als ich mich entschloss, selbstständig zu werden.

JESSICA, ein Dreimast-Toppsegelschoner, nahm im Design eine Ausnahmestellung ein. Aber weder war das eine gewöhnliche Yacht, noch konnte man ihren Eigner als gewöhnlich bezeichnen. Carlos Perdoma ist ein Mann voller Energie und Tatkraft, so eine Art Indiana Jones seiner Tage. Seine Leidenschaft

Das Interieur spiegelt den Lebensstil und Geschmack seiner Eigner wider – nicht anders als in einem Landhaus. Aufwändige Paneele sind ein Stilmittel, das John Munford immer wieder einsetzt, auch auf der SARIYAH.

für die Sache, sein Charisma wirkten wie ein Treibriemen auf meinen Arbeitseifer. Als Designer können wir zwar einen Trend angeben, was bei JESSICA ja auch gelungen ist, aber ohne die Unterstützung und die Bestätigung durch einen solchen Eigner sähe das Bild ganz anders aus. Ich habe sehr glückliche Erinnerungen an JESSICA, obwohl ich damals vor einer schweren Aufgabe stand. Einige Designvorschläge aus der Entfernung zu machen – damit war es nicht getan. Ich musste jeden, auch den kleinsten Holzgegenstand, jedes Detail an Deck wie unter Deck, selbst zeichnen. Was die Inneneinrichtung betrifft, entschied ich mich für ein Interieur im Stil der zwanziger Jahre.

Es gibt im Leben Dinge, deren Anblick sich für immer unserem Gedächtnis einprägt und die unser Auge mit einer bestimmten Erinnerung verbindet. Die traditionellen Elemente des Yacht-Innenausbaus haben sich lange bewährt und entsprechen einem aus der Praxis gewonnenen natürlichen Komfort. Aber beides

willkürlich erscheinenden Chaos von Einrichtungsdetails und Mustern. Ich habe kürzlich ein Hotel besucht, ein Schloss aus dem 12. Jahrhundert, umgeben von einem Burgwall. Ein Haus, in einem grandiosen Stil gebaut, mit tollem Ausblick und einer dichten Atmosphäre, die Wohnräume voll gestopft mit allen möglichen Gegenständen, die das Leben erleichtern sollen, bis hin zum Zeitungspapier, das unter Sitzkissen gestopft wurde. Ich glaube, wir alle haben in irgendeiner Ecke unserer Seele eine kleine Schwäche für ein gewisses Durcheinander.

Die Ideen, die am Anfang einer Planung für das Innendesign stehen, können den unterschiedlichsten Richtungen entspringen: Der Anblick einer schlichten Form kann uns ebenso anregen wie der Besuch eines Museums. Holz ist ein wunderbares Material, um diese Ideen umzusetzen, es strahlt eine natürliche Wärme aus und lässt sich in der Hand des Fachmannes gut bearbeiten. Jeder wird eine Holzart finden, die seinem Geschmack entspricht. Mahagoni ist vermutlich mein Lieblingsmaterial, wegen seiner feinen Maserung und weil es gebeizt den warmen Ton einer Clubtäfelung ausstrahlt. Mahagoni-Täfelungen im Edwardian-Stil haben sich auf den Yachten SAVANNAH und VELSHEDA sowie auf vielen Motoryachten bewährt. Kirsche war nach der Verwendung an Bord der ENDEAVOUR sehr gefragt, es hat einen ähnlich warmen Ton wie Mahagoni, hinterlässt aber durch seine gröbere Maserung einen weniger formalen, leichteren Eindruck.

Wie man aus diesen Gründen schließen kann, habe ich eine Schwäche für traditionelle Handwerksarbeit. Die richtige Seite der Maserung hat einen speziellen Glanz, ohne dabei schillernd zu wirken. Der eingeschränkte Raum an Bord einer Segelyacht sorgt automatisch für ein behagliches Gefühl. Der dunklere Raum unter Deck strahlt etwas Beruhigendes aus, eine Umgebung, in der jeder Gegenstand seinen sinnvollen Platz hat und nicht nur ein dekoratives Element ist. Man sollte den Sinn einer Yacht nie aus den Augen verlieren: Sie ist selbst ein großes Möbelstück, das von außen und innen genutzt wird und bei dem sich beides harmonisch ergänzen sollte. Meine ideale Motoryacht könnte FAIR LADY sein, 1928 von Camper & Nicholsons gebaut. Meine Lieblings-Segelyacht ist JESSICA, heute ADIX. Dann ist da natürlich noch ENDEAVOUR, diese personifizierte Herrlichkeit. Ich erwähne auch MARI-CHA III, eine ganz neue Dimension im Yachtbau und ein Anachronismus, mit ihrem Leichtbau-Rumpf und dem auf Nomex-Waben furnierten Mahagoni im Edwardian-Stil.

Wo praktische Erwägungen eine Rolle spielen, in der Kombüse oder in den Waschräumen, lässt sich der historische Stil nicht immer durchhalten. Ich habe einmal versucht, einem Amerikaner zu erklären, dass die Treppen in englischen Burgen entgegen dem Uhrzeigersinn gewendelt sind, damit der Hausherr sich von oben kommend mit dem Schwert in der rechten Hand optimal verteidigen kann. Mein Kunde war wenig beeindruckt und antwortete: „Schön und gut, John, aber ich bin Linkshänder!"

Beim Umbau der legendären J-Klasse-Yacht ENDEAVOUR hatte Munford die Aufgabe, den Glanz der Rennyacht wieder auferstehen zu lassen. Allerdings ausgehend von einem leeren Rumpf und zugeschnitten auf die heutige Zeit.

DENKMUSTER VON AUSSENSEITERN

Carl Pickering

Es ist kein Geheimnis, dass Lazzarini & Pickering Außenseiter in der Yachtwelt sind. Wir gehören zu jener Gruppe, die sich in erster Linie über Fußböden, Decken, Fenster und Toiletten Gedanken macht. Unser Auftritt in der Segelszene hat einige Leute ziemlich geschockt, zumindest alle Liebhaber von viereckigen Kabinen, kilometerlangen Paneelen und Schubladen. Aber die enthusiastische Aufnahme und die vielen Artikel und Preise, die WALLY B von der Presse, von Yachteignern und Fachleuten erhielt, hat uns dann doch überrascht. Wir waren davon ausgegangen, dass erst mal einige Jahre vergehen müssen, bis die unterschiedlichen, in WALLY B umgesetzten Ideen akzeptiert würden. Aber die Botschaft wurde sofort verstanden.

Wir sehen es durchaus als ein Privileg an, in einem Bereich arbeiten zu dürfen, den wir als höchste Herausforderung im Bereich einer State of the Art-Technologie sehen. Aber eine Yacht, die ins dritte Jahrtausend gehört, benötigt auch ein Innendesign, das sich an der Welt orientieren sollte, in der wir leben, natürlich unter Berücksichtigung der zweckmäßigen, formvollendeten Schönheit des Rumpfes, des Decks, der Ausrüstung und der besonderen Umstände, die das Leben auf See erfordert.

WALLY B ist ohne Frage das Manifest unserer Auffassung von maritimem Innendesign. Wir haben uns viel Mühe gegeben, die Einrichtung einer Yacht grundsätzlich neu zu überdenken und all jene überkommenen Stereotypen zu durchbrechen, die bislang unwidersprochen forderten, das Innendesign einer Yacht sei so und nicht anders zu planen, zu zeichnen und zu bauen. Wenn ich das Ergebnis von WALLY B sehe, dann bin ich davon überzeugt, dass die Zukunft im Yacht-Innendesign so oder zumindest sehr ähnlich aussehen wird. Der Name WALLY B steht für „Yacht-Innendesign – neuester Stand". Dabei können wir die Begriffe „Yacht" und „Innendesign" nicht trennen. Unser Büro arbeitet an sehr unterschiedlichen Aufgaben. Sie reichen vom Bau eines sechsstöckigen Hauses in Prag bis zu einem Fünf-Sterne-Hotel in Amalfi. Das neue düstere Image der weltweit verbreiteten Fendi-Boutiquen gehört ebenso dazu wie die Gestaltung von Appartements, Villen, Gartenanlagen, von Werbemitteln und Möbeln. Die Ergebnisse dieser Tätigkeiten sind ganz unterschiedlich, sie entsprechen den Wünschen der Kunden und den Anforderungen der jeweiligen Gegebenheiten. Wir nennen unsere Projekte „an der Umgebung orientierte Abbilder unserer Kunden".

Den größten Anteil unserer Arbeit nimmt die Restaurierung von alter Bausubstanz ein. Wir versuchen, die historische Hülle weitgehend zu erhalten und unsere Ideen so vorsichtig und unaufdringlich wie möglich einzubringen. Ausgangspunkt ist immer eine Grundidee, nach der wir handeln, eine möglichst einfache, ja banale Idee, in deren Sinne wir die vielen technischen Probleme und Notwendigkeiten lösen. Wir schaffen klare und schlichte Räume, in denen Menschen sich gerne aufhalten.

Wir empfinden es als einen großen Glücksfall, dass uns das Konstruktionsbüro Luca Brenta & Co. um einen Vorschlag für die Inneneinrichtung der WALLY B bat, einer 33 Meter langen Yacht aus Kohlefaser. Der Eigner wollte keinen Innendesigner aus der maritimen Szene verpflichten, sondern einen Architekten, der Denkmuster von außerhalb der Yachtwelt einbringt. Was er bis dahin an Inneneinrichtun-

Die üblichen Aufteilungen einer Yacht sind aufgehoben, ein weiter Blick durch das Innere wird möglich. Die Ellipse des Mastprofils kehrt wieder in der Form des Maschinenraums, der eine Oberfläche aus gebürstetem Aluminium erhielt.

Die Ellipse kehrt noch einmal wieder im Eignerbereich. Eine Glasscheibe trennt Bett und japanische Badewanne, sie wurde mit Kirschholz verkleidet. Das Schwarz der Außenhaut ist als Stilmittel voll in das Interieur integriert.

gen gesehen hatte, entsprach nicht seinen Vorstellungen vom Leben an Bord einer Yacht. Die Aufgabenstellung des Kunden war schließlich unmissverständlich: Schaffung eines loftähnlichen Raumes unter Verwendung moderner Einrichtungsmaterialien. Seine Vorstellung orientierte sich am Design der Edelstahlküchen von Bulthaup. Ihm ging es vornehmlich darum, in einer zwanglosen Atmosphäre zu leben und Spaß am Kochen zu haben. Das ist das genaue Gegenteil von dem, was die allermeisten Yachten heute bieten.

Als wir begannen, uns Gedanken über das Innendesign von WALLY B zu machen, war uns sofort klar, dass wir, wie bei allen unseren Projekten, die außerordentliche Schönheit des „Behälters", also des Rumpfes und des Decks der Yacht, mit einbeziehen mussten.

Traditionelle Yacht-Inneneinrichtungen versuchen stets, Würfelformen in die ungewöhnliche Geometrie eines Rumpfes einzubringen und dabei die Schotten, Spanten und Decksbalken vollkommen zu verstecken. Es machte für uns aber mehr Sinn, das Boot so weit wie möglich von allen unnützen Elementen zu befreien und stattdessen das maritime Interieur nach den gleichen räumlichen, funktionellen und technischen Grundprinzipien zu gestalten wie unsere anderen Architekturprojekte.

Nach der Vorgabe war es uns erlaubt, alle traditionell an Bord bestehenden räumlichen Unterteilungen wie Messe, Essräume, Kombüse, Crewmesse, Navigationsraum und Eignerkammer aufzuheben und einen großen zentralen Raum zu schaffen, für den wir allerdings Möglichkeiten einer veränderbaren Aufteilung schufen. Damit wollten wir erreichen, dass der Raum einen erheblich größeren Eindruck macht.

Der oval geschnittene Maschinenraum mittschiffs, die hohe und bis zum Rumpf reichende Decke, der zentrale Korridor und die Kombination von Koje und Badewanne in der Eignerkabine erwecken das Gefühl einer Großzügigkeit, wie man sie an Bord einer Segelyacht nicht für möglich hält. Diese räumliche Veränderung bringt natürlich auch funktionelle Vorteile mit sich, denn sie ermöglicht eine bessere Luftzirkulation rund um den Maschinenraum und kürzere Wege durch die gesamte Schiffslänge, sodass man sich nicht mehr gegenseitig auf die Füße tritt.

Die neue Interpretation von Messe und Speisesalon ist das Ergebnis einer einfachen Überlegung. Sie entsprang der Überlegung, was es denn für einen Sinn mache, eine Segelyacht für zigmillionen Dollar zu bauen und dann bei schlechtem Wetter lediglich Platz für acht Gäste am Tisch zu haben.

Die verschiebbaren Sofas und Tische verwandeln die Messe, je nach Wunsch, in einen reinen Speisesalon oder einen reinen Aufenthaltsraum oder beides jeweils zur Hälfte, wie auf einer traditionell gebauten Yacht. Die Sofas und Sessel lassen sich auseinander oder zusammenschieben, damit jeder für sich gemütlich Fernsehen oder Video sehen kann. Den Stauraum, den herkömmliche Yachten gewöhnlich unter den Sofas bereithalten, haben wir an die Schotten verlagert, mit tiefen Schubladen unter den beweglichen Tischen und zusätzlichen Schränken unter den Schubladen für Besteck und Geschirr. Beim Hervorziehen der Tische werden große Tabletts aus Kohlefaser frei, die, mit entsprechenden Halterungen und Schlingerleisten versehen, Gläser und Flaschen für einen Aperitif aufnehmen.

Um den Blick auf die Innenseite des Rumpfes frei zu halten, haben wir die Schränke in Edelstahlrahmen gehängt, wobei die Rahmen unter dem Deck und an den Schotten in die Kohlefaserstruktur einlaminiert sind. Das vermittelt den Eindruck einer gewissen Leichtigkeit, was es aufgrund der Bauweise tatsächlich auch ist. Die Schubladen bestehen aus Materialien wie Kirschholz, Perspex (Acrylglas) und Edelstahl. Die Schränke in den Kabinen sind übergroße Lederkoffer, von einem Sattler in Rom handgenäht. Wir sehen darin eine Neuinterpretation der traditionellen Schrankkoffer, die ein Ausdruck von echtem Luxus sind.

Die Entrümpelung des Rumpfes schuf nicht nur eine optische und körperlich wahrnehmbare Erweiterung des Raumes, sie bringt auch erhebliche Vorteile in Bezug auf Pflege und Reparatur. Bei traditionellen Bootseinrichtungen verstecken sich hinter den Wänden und Paneelen endlose Versorgungsrohre, Kabel und Leitungen, die nur schwer zugänglich sind. Sie müssen im Falle einer Fehlfunktion umständlich freigelegt werden, was nicht nur eine teure Arbeit ist, sie führt fast zwangsläufig zu Schäden. Im Falle WALLY B verlaufen alle Kabel und Rohre, etwa die der Klimaanlage, zwischen Deckunterseite und Deckenverkleidung. Die Lagerräume der Bilge liegen unter den Bodenplatten aus Kirschholz, die sich an jeder beliebigen Stelle mithilfe von Gummisaugern von Hand öffnen lassen. Da sind wir nach dem gleichen Prinzip verfahren, wie wir es von den Fußböden in modernen Büroräumen kennen.

Um Energie bei der Klimaanlage zu sparen und im Hinblick auf den eingeschränkten Platz unter dem Kohlefaserdeck entschlossen wir uns, so weit es geht auf Halogenlampen zu verzichten. Wir wählten stattdessen fluoreszierende Röhren hinter Acrylglas-Blenden, die ein sehr angenehmes Licht verbreiten. Die zentrale Achse der Yacht wird von einem eher diffusen, indirekten, aber warmen Lichtton erhellt. Für alle ventilierten Räume verwendeten wir hauptsächlich Leuchtfiber. Drehbare Halogen-Spotlights an den Edelstahlrahmen setzen zusätzliche Lichtakzente.

Um den Rumpf und die Schotten als dekorative Elemente mit einzubeziehen, wurde die gesamte Technik in Rahmenkonstruktionen aufgehängt oder gestellt. Nicht kipp-, sondern tastsensible Schalter steuern die Klimaanlage, das Licht, TV, Video, die Hi-Fi-Musikanlage, die Lichtfilter und die Moskitogitter.

WALLY B ist im Yachtbau so etwas wie eine Tabula rasa. Wir haben vor nichts Halt

Schränke aus wasserfestem Leder ergeben an Bord von WALLY B einen warmen Kontrast zu Edelstahl, Aluminium und Plexiglas. Die Schränke wurden in die offene, unverkleidete Rumpfform integriert. Aufgehängt sind sie in einer Rahmenkonstruktion aus Edelstahl.

Das Interieur von WALLY B erinnert an ein Loft, die offenen Kabelbahnen und Installationen tragen zu diesem Eindruck bei. Völlig variabel ist der Salon. Seine Sofas können für unterschiedliche Zwecke verschoben, die weißen Bezüge gegen Leder ausgewechselt werden.

gemacht und bei der Überlegung, wie man das Leben an Bord komfortabel gestalten kann, alle Tradition ignoriert und bei Null angefangen. Bei unseren späteren Arbeiten für Wally Yachts wichen wir von den für WALLY B entwickelten Grundprinzipien nicht ab, nämlich der unter Deck freigelegten Rumpfstruktur, den verwandelbaren großzügigen Räumen und der Verwendung neuer Materialien. Wir glauben, dass in dieses Prinzip noch eine Menge neuer Ideen einfließen kann, je nachdem, welchen spezifischen Zweck eine Yacht erfüllen soll und wie groß sie ist. Dabei spielen die Einrichtungsvorstellungen des jeweiligen Kunden natürlich eine wesentliche Rolle, wie er an Bord leben möchte und welche Elemente ihm besonders wichtig scheinen.

Die Erfahrung mit WALLY B hat uns Appetit auf mehr gemacht. Auf dem Weg, die Einrichtungen einer Yacht neu zu interpretieren, steht die Optimierung des Cockpits an nächster Stelle. Es ist der Bereich des Schiffes, an dem die Welt unter Deck und die Welt an Deck zusammentreffen, und man sollte einmal darüber nachdenken, wie sich das Layout zugunsten des Segelns und des Lebenskomforts verbessern lässt. Es ist immer wichtig, neue Herausforderungen zu suchen, und wir arbeiten schon seit einiger Zeit nicht nur an optimierten Cockpit-Layouts, sondern an allen funktionellen Bereichen an Deck einer Yacht.

Interdisziplinäres Denken und das Nachdenken über Missverständnisse gehören zu den wichtigsten Maximen unseres Büros; es ist unser Ziel, die unterschiedlichsten Typologien mit kreativen Strategien zu verbinden. Wir leben heute in einer Gesellschaft, in der die Grenzen der verschiedenen Disziplinen verschwimmen und nicht mehr genau zu bestimmen sind. Wo sie verschmelzen, ergeben sich mehr neue Möglichkeiten, als wir uns je haben träumen lassen.

Dass wir als Architekten richtige Landratten sind, hat uns bei der Entwicklung dieses maritimen Innendesigns sehr geholfen. Wir haben uns unbelastet von traditionellen Vorstellungen oder möglichen Grenzen an die Arbeit machen können und dabei eine neue Interpretation des Raumes, der Funktionen und der Technologie unter Deck gefunden. Die Erfahrungen, die wir bei unserer Beschäftigung mit WALLY B machen konnten, sind uns umgekehrt beim Bau von Gebäuden und besonders Häusern sehr hilfreich gewesen. Der ständige Austausch solch unterschiedlicher Disziplinen wird zu weiteren, noch besseren Ergebnissen führen. So arbeiteten wir etwa an der Entwicklung eines neuen Boeing-Geschäftsflugzeuges, eine Arbeit, die ihre Spuren bei der Einrichtung neuer Yacht-Innendesigns, neuer Wohnungen und Möbel hinterlässt.

Es ist unbestritten, dass das Neue eine besondere Anstrengung erfordert. So musste für eine Reihe von Versorgungsleitungen anderswo als ursprünglich geplant Platz gefunden werden, was die Konstrukteure Luca Brenta & Co. mit viel Verständnis und Geduld umsetzten. Die später von innen sichtbare Kohlefaserstruktur des Rumpfes musste mit großer Sorgfalt in der Form verarbeitet werden, was David Powell meisterhaft gelang. Alle gemeinsam haben wir einen Stein in den Teich geworfen. Ich bin gespannt, wie weit die Wellen laufen.

WIE SUPER-YACHTEN UNTER SEGEL KOMMEN

Große Yachten, kleine Crews – die gesamte Technik des Superyachtbaus strebt nach dem einen Ziel, die Bedienung der Schiffe so einfach und so sicher wie möglich zu machen. Wo einst Dutzende rauer Hände Segel und Schoten packen mussten, genügt heute der Druck einer Fingerspitze auf den richtigen Punkt des Monitors. Segel rollen sich automatisch ein und aus, unsichtbare Winschen trimmen die Schoten, und geisterhaft summende Generatoren liefern die Kraft dazu, wie an Bord der WALLY B. Werfen wir einen Blick auf den neuesten Stand der Yachttechnik.

AUF DER SUCHE NACH DEM PERFEKTEN SEGEL

Tom Whidden

Die neuesten Entwicklungen im Bereich der High-Tech-Segel haben einen wesentlichen Einfluss auf die Ausrüstung von Superyachten. Stärkere und zugleich leichtere Segeltuche, ausgeklügelte Computerschnitte und eine deutlich verbesserte Ausrüstung zur Bedienung von Segeln haben dazu geführt, dass Segel heute viel besser zu handhaben sind, sie ihre Form bei unterschiedlichen Windbedingungen behalten und nicht so schnell verschleißen.

Was bedeutet das für eine Superyacht? Weniger Gewicht in der Höhe bedeutet weniger Krängung und weniger Ballast. Was hier eingespart wird, lässt sich in die maschinelle Ausrüstung, in die Systeme und die Inneneinrichtung investieren. Die Yacht schaukelt sich weniger auf, geht leichter durch die See, verbessert den Segelkomfort für die Crew, und die Ermüdungserscheinungen bei dauerhafter Belastung des Riggs werden reduziert.

Leichtere Segel lassen sich besser setzen, bergen oder einrollen. Elektrische oder hydraulische Segelsysteme benötigen weniger Energie, und die Segel können damit von einer kleineren Crew gehandhabt werden.

Leichte und dabei kräftige Segeltuche verfügen über bessere Leichtwindeigenschaften, und bei starkem Wind behalten sie länger ihre Form. Mit anderen Worten, die Segel beuteln nicht aus. Flache Segel bringen mehr Vortrieb, das Schiff schiebt weniger Lage.

Stehen dem Segelmacher solche leistungsfähigen Tuche zur Verfügung, kann er die Schnitte optimieren und in engeren Toleranzen fertigen, was den Segelantrieb und die Segeleigenschaften dramatisch verbessert, mit dem Ergebnis, dass die moderne Superyacht eine echte Segelmaschine wird.

Dieser wichtigste Fortschritt in der Herstellung von Superyacht-Segeln ging einher mit der Entwicklung einer Computer-Software für Schnitte und Druckverteilung im Segel, die ursprünglich für den Hochleistungs-Regattasport entwickelt wurde. Für Superyacht-Projekte verwenden die Techniker und Designer von North Sails die gleiche „Flow" und „Membrain" genannte Software, die zum Beispiel elf von zwölf teilnehmenden Syndikaten am America's Cup 2000 benutzten. Mithilfe dieser beiden Programme lassen sich präzise dreidimensionale Rigg- und Decksmodelle erstellen, an denen sich die unterschiedlichen Segelschnitte und Tuche bei den unterschiedlichsten Windbedingungen und Windeinfallswinkel berechnen lassen. Man ist sogar in der Lage, den optimalen Schotwinkel und die Stellung der Holepunkte zu erkennen und sicherzustellen, dass die Segel nicht mit den Wanten oder Salingen kollidieren. North ist seither in der Lage, Segel von extremer Größe zu entwickeln und höchst genau zu verarbeiten. Die gesamte Segelgarderobe der 47-Meter-Yacht HYPERION etwa, für die eines der gewaltigsten Großsegel überhaupt hergestellt wurde, wurde am Tag des Stapellaufs angeliefert und bedurfte nach dem Setzen nicht einer einzigen Korrektur ...

Im gleichen Maße wie die Boote, die Masten und Segel größer und höher wurden, entwickelte sich die Technik, sie wurde ausgefeilter und zuverlässiger und ein echter Ersatz für die Muskelkraft. In der Vergangenheit gab es nur eine wirklich verlässliche Methode, ein Großsegel automatisch zu bergen: Es musste so geschnitten sein, dass es sich in den Mast einrollen ließ. Die Nachteile liegen auf der Hand. Zwangsläufig gerieten die Großsegel kleiner und aerodynamisch nicht mehr optimal geschnitten, zugleich wuchsen die Masten, und mit ihrer Größe wuchs auch das Gewicht im Gegensatz zu herkömmlichen Masten. Das wiederum wirkte sich nachteilig aus auf den Strömungsablauf des Windes, die Stabilität der Yacht und ihr Verhalten im Seegang.

In den letzten Jahren jedoch konnte die Bedienung großer Yachten durch den Einsatz von gut funktionierenden Baum-Rollreffeinrichtungen geradezu revolutioniert werden. Dieser

Immer leichter, immer fester, immer bunter: Die leichte Bedienung moderner Superyachten ist von formstabilen und rollfähigen Segeltuchen wesentlich abhängig. Schnelle Fahrtenyachten wie die Wallys, hier bei einer Startsituation, sind das Testfeld der Szene (links).

Bau eines DL-Segels. Über einer vom Computer berechneten Form wird das Segel zusammengeklebt. In Klebstoff getränkte Aramidfasern drückt der Roboter in den hauchdünnen Film. Danach wird der zweite Film aufgetragen.

Fortschritt ist den drei größten Herstellern Rondal, Marten Marine und Southern Spars zu verdanken. Heute sieht man kaum noch eine neue Yacht, die ohne Baum-Rollreff ausgerüstet ist. Dieses Patent hat drei wesentliche Vorteile:
1. Die Yacht kann ein durchgelattetes Großsegel in optimaler Größe fahren.
2. Der Mast wird leichter, stabiler und aerodynamisch günstiger geschnitten.
3. Das Großsegel kann darüber hinaus von einer einzigen Person gesetzt und geborgen werden.

Der Fortschritt beim Bau von Baum-Rollreffs ging Hand in Hand mit der Entwicklung stärkerer und dabei haltbarerer Segeltuche. Das ist entscheidend, denn ein vergleichbar großes Segel aus herkömmlichem Dacron-Kunststoffmaterial passt in kein Rollreff-System der Welt, es trägt zu dick auf. Der Schlüsselfaktor bei der Herstellung eines funktionierenden Baum-Rollreffsystems ist also die Verwendung von leich-

In welch gewaltigen Dimensionen heute Segel hergestellt werden, zeigt sich am Beispiel des Großsegels der ADELA. Zur Stabilisierung des Großbaums werden wantenähnliche Drähte über Spreizen geriggt. Die Zugkraft der Segel über die Schoten kann bei Superyachten 20 Tonnen betragen.

tem und zugleich starkem, dabei dehnungsarmem Segeltuch. Ein Segel aus solchem Tuch muss zudem sehr flach geschnitten sein, sonst lässt es sich wegen des dicken Bauches nicht gut wickeln. North Sails verwendet in solchen Fällen Gatorback Spectra und seit neuestem auch ein Spectra-Carbon-Laminat. Beide Tuche sind extrem stark und leicht, sodass wir selbst für große Segel ein geringeres Tuchgewicht verwenden können.

Die besseren und haltbareren Tuche, die für moderne Superyachten verwendet werden, sind ein Ergebnis der Revolution in der Fasertechnologie. Deshalb seien hier die wichtigsten, heute in Tuchen für Superyachten verarbeiteten Fasern vorgestellt und ihre besondere Anwendung beschrieben.

Die Eigenschaften der Tuche definieren sich über die Dehnungsarmut (um das Segelprofil zu halten), die Stärke (im Hinblick auf die Bruchlast), im Verhalten gegenüber der UV-Strahlung (also dem Einfluss von Sonnenlicht) und der Reißfestigkeit (in Bezug auf das Schlagen, Schütteln oder Falten der Segel). Folgende High-Tech-Materialien stehen heute zur Verfügung:

1. **Aramidfasern** (Kevlar, Twaron, Technora): Die als Erste entwickelten Superfasern sind dehnungsarm im Vergleich zu ihrem Gewicht, dazu sehr stark, aber leider anfällig gegen UV-Strahlung und Knittern. Aramidfasern werden hauptsächlich für die Herstellung von Regattasegeln verwendet, wegen ihrer geringen Lebensdauer jedoch kaum bei Superyachten.
2. **Vectran**: Dieses Material wurde 1992 eingeführt. Vectran ist, was Dehnung und Stärke betrifft, am besten mit mittelstarken Aramidfasern zu vergleichen, dabei knick- und reißfester bei zugleich höherer UV-Anfälligkeit. Vectran-Tuch nimmt man hauptsächlich für Fahrtenyachten, es wird bei Superyachten mit unterschiedlichem Erfolg eingesetzt, hat aber wegen der UV-Anfälligkeit und mangelnder Reißfestigkeit beim Auswehen der Segel, was in der Praxis häufig vorkommt, deutliche Schwächen.
3. **Pentex**: Diese neue Faser bietet einen guten Mittelweg, sie ist nicht so anfällig gegen UV-Strahlung, dehnt sich nicht allzu sehr und ist auch recht fest. Sie wird immer mehr als Ersatz für Dacron genommen, besonders in Laminaten. Das Material eignet sich gut für kleinere Regattaboote, umso mehr dann, wenn Aramidfasern durch die Klassenregeln nicht zugelassen sind. Für große Yachten eignet sich Pentex wegen der mangelnden Festigkeit nicht.
4. **PBO**: Dabei handelt sich um eine höchst leistungsfähige Faser mit sehr geringer Dehnung und besten Festigkeitswerten, jedenfalls solange sie neu ist. PBO ist sehr anfällig gegen UV-Licht und bricht sehr schnell. Daher eignet sich PBO nur für den Hochleistungssport, es ist zudem überaus teuer.
5. **Carbon**: Ebenfalls eine Hochleistungsfaser mit geringer Dehnung und großer Stärke. Carbon bricht leichter als Aramidfasern, ist aber widerstandsfähiger als PBO und sehr resistent gegen UV-Strahlen.
6. **UHMPE** (Spectra und Dyneema): Spectra ist fester und dehnungsärmer als Aramidfasern, verliert aber nach längerem Gebrauch seine Form. Durch sehr genaue Verarbeitung versucht man, diesen Effekt zu minimieren. Spectra macht Sonnenlicht kaum etwas aus.

UHMPEs sind die Fasern, die sich für den Einsatz auf den meisten Superyachten am besten eignen, denn keine andere Faser bietet vergleichbare Werte, was Gewicht, Stärke und Lebensdauer betrifft. Die beiden Hochseekatamarane COMMODORE EXPLORER und ENZA NEW ZEALAND waren bei ihren Rekord-Weltumseglungen mit North Gatorback-Spectra-Segeln ausgerüstet.

Für die besten Ergebnisse im Superyacht-Bereich sorgt ein spezialgefertigtes Laminat aus

Wenn die unterschiedlichen Filme und Fasern zusammengeklebt sind, wird das Segel über seiner Form vakuumverpackt und mit einem Heizstrahler bei Unterdruck so erhitzt, dass das vielschichtige Gewebe zu einer leichten, aber festen Masse verbackt. Erst dann wird das fertige Segel aus seiner Form genommen.

Spectra und Carbon, es ist sowohl leicht als auch dehnungsarm. Zu den Yachten, die mit Spectra/Carbon-Laminaten ausgerüstet sind, gehören die 47-Meter-HYPERION und der 32-Meter-Katamaran PLAYSTATION. Spectra/Carbon-Laminate sind außerordentlich leistungsfähig, aber von geringerer Lebensdauer als ein reines Spectra-Segel.

Die Tuche moderner Superyachten sind Laminate, meist als gewebter Taft, zweilagig, mit einem Mylar-Film als Kern. Das sorgt für eine bessere UV-Resistenz und Widerstandsfähigkeit, fasst sich besser an und macht auch optisch einen „traditionelleren" Eindruck. Die patentierten Nähte aus North Gatorback-X-Garnen garantieren zusätzliche Stärke.

Um Pilzbefall zu verhindern, verfügen die meisten Fahrtensegel über ein Pilzgift im Kleber, oder das Gift wird aufgetragen – oder man macht beides. Das allein reicht auf Dauer nicht, deshalb sollten die Segel regelmäßig gewaschen werden.

Moderne Spectra-Segel haben eine überraschend lange Lebensdauer, wobei ein Dauereinsatz von vier Jahren als normal gilt. Natürlich ist die Lebensdauer wesentlich von der Pflege und gelegentlichen Überholung beim Segelmacher abhängig.

So schnell wie sich die Segel für Superyachten entwickelt haben, so schnell wird es weitere Fortschritte geben. Mit der patentierten North 3DL-Segeltechnologie (dreidimensionale Laminate) wird ein Segel in einem Stück über einer Form bearbeitet, wobei die Fasern je nach der Belastung innerhalb des Segels verteilt werden können. Ein solches Segel hat eine noch geringere Dehnung im Vergleich zum Gewicht als ein aus Bahnen zusammengesetztes Segel und hält seine Form unter weitaus unterschiedlicheren Windbedingungen.

Die 3DL-Technologie ist im Regattasport weltweit verbreitet, wobei elf von zwölf America's Cup-Teams ausschließlich 3DL-Segel verwendeten. Die 3DL-Technik wird zudem auf Fahrtenyachten bis etwa 25 Meter Länge benutzt, allerdings mit Segeln, denen Aramid oder eine Mischung aus Carbon und Aramid hinzugefügt wurde.

Irgendwann werden wir mit Sicherheit in der Lage sein, 3DL-Segel mit Spectra oder Spectra/Carbon über einer Form herzustellen, die groß genug ist, um den meisten Superyachten zu genügen. Wenn es so weit sein wird, dann kann man wirklich sagen, dass eine neue Revolution bei der Entwicklung von Superyacht-Segeln begonnen hat.

TAUSENDE QUADRATMETER AN EINEM MAST

Steve Wilson

Seit etwa zehn Jahren bezeichnen wir Segelyachten von mehr als 30 Meter Länge als „Superyachten". Die gewaltigen Riggs solcher Schiffe ragen bis zu 60 Meter in den Himmel und stellen damit eine enorme technische Herausforderung dar. Je größer die Yachten und ihre Masten werden, umso größer das Bemühen, das Gewicht des Riggs zu minimieren, weil es dem aufrichtenden Moment des Bootes entgegenwirkt und damit direkten Einfluss auf seine Leistungsfähigkeit nimmt. Je mehr Lage eine Yacht schiebt, desto stärker macht sich die Abdrift bemerkbar. Aus diesem Grund führt heute um den Einsatz von leichten Kohlefaser-Masten kein Weg mehr herum, und obwohl bei dem einen oder anderen Konstrukteur noch Bedenken oder Gegenargumente in Bezug auf die Zuverlässigkeit bestehen, finden sie in der Welt der Superyachten doch inzwischen allgemeine Verwendung.

Das Rigg einer Megayacht zu berechnen erfordert heute ein ganzes Team von Spezialisten. Der Aluminiummast der Perini Navi misst einen halben Meter im Durchmesser und nimmt beim Reffen das Segel auf (rechte Seite). Die Verankerung einer schweren Satcom-Anlage im Rigg ist heute eine Selbstverständlichkeit (unten).

1999 baute Southern Spars den zur Jahrtausendwende größten Kohlefaser-Mast der Welt. Konstrukteur und Eigner der 47-Meter-Slup GEORGIA hatten der Werft Alloy Yachts in Auckland/Neuseeland einige Grundvoraussetzungen für den Bau dieses Schiffes mitgegeben: Ein Mast aus Kohlefaser und ein hydraulisches Großsegel-Rollsystem gehörten dazu.

Wer jemals den Panamakanal passiert hat, wird nahe der Westeinfahrt eine sehr hohe Brücke bemerkt haben, die Balboa-Brücke. Auf ihrem Weg vom Atlantik in den Pazifik und umgekehrt war diese Brücke für Yachten bislang kein Hindernis. Seitdem aber immer größere, modernere Superyachten entstehen, setzt die Durchfahrtshöhe dieses Bauwerks die oberste Grenze, solange man nicht die Ausweichroute um Kap Hoorn nehmen will, was bestimmt nicht jedermanns Sache ist. Aus diesem Grund macht es keinen Sinn, Yachten mit einer Masthöhe von mehr als 62 Metern zu bauen. Tatsächlich ist schon das eine kaum vorstellbare Dimension.

Wie entwickelt und baut man aber ein Gerät von derartigen Ausmaßen, das mit dem stehenden Gut ein Gesamtgewicht von etwa elf Tonnen auf die Waage bringt und, wie bei GEORGIA, mehr als 1000 Quadratmeter Segelfläche halten soll? Zunächst müssen einige Grundparameter geklärt werden, die die Segeleigenschaften und die Gewichtsverteilung einer Yacht festlegen. Dann müssen Projektmanager und Designer davon überzeugt sein, dass es möglich ist, ein Rigg zu bauen, das Schotzüge von mehr als 17 Tonnen verkraftet. Im Geschäft kann man so leistungsfähige Winschen jedenfalls nicht kaufen!

Für die Entwicklung des Riggs und eines passenden Segelplans wurden in Zusammenarbeit von North Sails Neuseeland und der Universität von Auckland Modelle im Windtunnel getestet und sieben verschiedene Segelkombinationen ausprobiert, um den besten Schnitt zu finden. Sobald diese Voraussetzungen geklärt waren, machten sich die Rigg-Konstrukteure an die Arbeit. Advanced Engineering Services und Southern Spars entwickelten verschiedene Computermodelle, um Angaben über die Kräfteverteilung im Rigg zu bekommen. Mithilfe von Finite-Element-Analysen (FEA) suchte man nach den Spitzenwerten der Belastung, wie sie

etwa auftreten, wenn das Schiff unter Spinnaker aus dem Ruder läuft, und untersuchte, wie es sich unter Sturmbesegelung, mit doppelt gerefftem Großsegel und Stagsegel bei 25 Grad Lage am Wind verhält. Insgesamt wurden acht extreme Belastungsmöglichkeiten simuliert.

Nach Abschluss dieser virtuellen Testreihen hatte der Konstrukteur schon einen ziemlich guten Überblick, welche Kräfte im Rigg entstehen können und wie sich der Mast in der rauen Wirklichkeit verhalten wird. Vorsichtshalber zog man noch Ergebnisse von anderen Yachten hinzu und verglich die Zahlen mit denen von MARI-CHA und sogar des Mega-Katamarans PLAYSTATION.

Das eigentliche Vergnügen des Mastbaus stand allerdings noch bevor. Vom Beginn der theoretischen Untersuchungen bis zur Fertigstellung des Riggs wurden mehr als 250 technische Zeichnungen angefertigt, geprüft und überarbeitet, bis Glenn Simpson, der verantwortliche Manager von Southern Spars, endlich mit allen Einzelteilen zufrieden und überzeugt war, dass der Mast auch über die gesamte Zeit des geplanten Einsatzes funktionieren würde. Weitere FEA-Untersuchungen beschäftigten sich mit den Festigkeiten der unterschiedlichen Beschläge. Dafür wurden externe Berater und Spezialisten hinzugezogen.

Schon ein Jahr vor dem Stapellauf der Yacht begann man mit dem Einlegen der ersten Kohlefasermatten in die Formen des vorderen Mastteils. Rund 3,7 Tonnen von 235 Gpa Modulus Carbon Prepreg-Material wurden von Hand in die insgesamt vier benötigten Formen gebracht. Für Southern Spars war dies der erste Mast, der nicht in einem Stück hergestellt werden konnte, denn mit 61 Metern Länge hätte er um ganze elf Meter aus dem Backofen herausgeragt. Der Mast entstand daher in zwei separaten Sektionen, die später zusammengefügt werden mussten.

Nach sechs Monaten waren die acht Schalen fertig gestellt. Der Mast für die GEORGIA stellt die Masten von IMS-Maxiyachten und America's Cuppern, die ebenfalls in der Halle von Southern Spars entstehen, deutlich in den Schatten.

Während also der Mast seiner Fertigstellung entgegensah, begann man mit dem Bau des 19 Meter langen Großbaums. Allein für diese Spiere wurden 0,9 Tonnen Kohlefaser, Schaum und GFK benötigt. Hydraulikanlagen aus der Serienfabrikation sorgen für ein reibungsloses Reffen und Wickeln des gewaltigen Großsegels.

Das Zusammenfügen des Mastes nahm volle vier Monate in Anspruch. Danach wurden die Sektionen wieder auseinander genommen, um die vielen elektrischen und hydraulischen Kabel und ihre Durchlässe zu installieren. Dazu kamen die Beschläge für Wanten und Stagen, die sich nur sicher befestigen lassen, solange die Mastschalen noch geöffnet sind. Außerdem lassen sich Kohlefaser-Verstärkungen besser von innen nach außen verarbeiten. Und nur so ist garantiert, dass man sich beim Mastbau stets am unteren Gewichtslimit hält.

Schließlich näherte sich die Herstellung des stehenden und laufenden Gutes bei Southern Ocean Rope ihrer Vollendung. Ein guter Teil des laufenden Gutes, also Fallen und Schoten, werden durch Mast und Baum geführt. Als Schotmaterial findet 36 Millimeter starkes Vectran-Tauwerk Verwendung, mit einer Bruchlast jenseits von 35 Tonnen. Dieses Tauwerk wurde auf dem Werftgelände von Alloy Yachts am Prototyp einer selbst hergestellten automatischen Winsch getestet. Der explosionsartige Knall beim Brechen einzelner Kardeele führte jedermann gut vor Augen, welche titanischen Kräfte bei einem Schiff dieser Größe auftreten. Auch was die Spleißarbeiten und Pressungen im stehenden und laufenden Gut betrifft, suchte man nach neuen technischen Wegen.

Bereits im März 1999 waren bei Ocean Yacht Systems in England die 50 speziell ent-

Für die größte Slup der Welt GEORGIA baute der Hamburger Hydraulik-Spezialist Reckmann den bislang größten Vorstag-Furler der Welt. Das Getriebe wurde dreihundert Kilogramm schwer. Es wickelt den 750 Quadratmeter großen Yankee der GEORGIA in neunzig Sekunden um das Vorstag. Die Rollreffanlage muss mit maximal 20 Tonnen Schotzug fertig werden.

Der Großbaum der GEORGIA ist 19 Meter lang. In ihn wird das Großsegel der Slup von 515 Quadratmetern gerefft. Allein für diesen Baum wurde von Southern Spars fast eine Tonne Material verarbeitet.

wickelten Stäbe für das Rodrigg aus Nitronic 50 fertig gestellt, zusammen 3,5 Tonnen schwer. Sie machen neben den Beschlägen, die für die komplizierte Fünf-Saling-Geometrie angefertigt wurden, die Verstagung des Riggs aus. Dazu gesellten sich die insgesamt 16 Profilvorstage aus Kohlefaser, die sich, bei Southern Spars gebaut, auf die drei festen Vorstage der Superyacht verteilen. Die Vorsegel lassen sich mit spezialgefertigten, mannshohen Rollreffanlagen aufwickeln, die die Firma Reckmann in Hamburg herstellte.

Die Salinge sind aus Kohlefaser, wobei die untere Saling fünf Meter über die Mittschiffslinie der Yacht hinausragt. Sie sind von so ungewöhnlicher Dimension, dass sie nicht in die Mastenbauhalle von Southern Spars passten und erst drei Wochen vor dem Stapellauf im Hafen am Mast befestigt werden konnten.

Der Mast trägt zusätzlich zwei Dome für Satelliten-Kommunikationsanlagen, zwei Radarschüsseln, Sender für Mobilfunk und eine Reihe weiterer Navigationssysteme. Schließlich befindet sich im Mast sogar eine Hochdruckleitung für den Einsatz von Wasser zum Reinigen des Mastes und zur Verwendung von Pressluftwerkzeug für eventuelle Reparaturarbeiten im Rigg. Objektmanager und Kapitän der Yacht haben hier wirklich an jeden möglichen Fall gedacht.

Zum Aufstellen des Mastes rückten ein 200-Tonnen- und ein 50-Tonnen-Kran an. Innerhalb nur eines Tages war der Mast aufgestellt, die beiden folgenden Tage dienten dazu, Großbaum und Headfoils anzubringen, bevor die Yacht am vierten Tag zum Trimmen des Riggs erstmals Kurs auf die See nahm. Die Werte der Anzeigegeräte zur Messung des Drucks im Rigg konnten nun mit den zuvor theoretisch ermittelten Werten in der Praxis verglichen werden.

Bereits am fünften Tag konnte die Crew mit dem Ausprobieren der unterschiedlichen Segelkombinationen unter realistischen Bedingungen beginnen. Es dauerte allerdings noch einige Zeit, bis Mast und Rigg bis in die letzten Einzelheiten getrimmt waren. Pünktlich am letzten Tag des alten Jahrtausends übernahm der Eigner seine Yacht.

Für Southern Spars war der Bau des Riggs von GEORGIA eine große Herausforderung, und alle Beteiligten sahen mit Stolz und Freude, wie das gewaltige Schiff während der Regatten um den America's Cup erstmals elegant durch die Wellen des Hauraki-Golf in ein neues Jahrtausend steuerte.

WENN GROSSE YACHTEN IN FAHRT KOMMEN

Jason Holtom

Die schiere Größe und die Kraft einer modernen Superyacht entfernt uns von den Elementen, die das Segeln, im Gegensatz zum Motorbootfahren, so erlebnisreich machen. Eine Motoryacht verfügt bei gleicher Länge über wesentlich mehr Raum an Deck und unter Deck, sie ist schneller und um einiges günstiger im Unterhalt. Daher wundert es nicht, dass viele Eigner von Segelyachten sich mit zunehmendem Alter und Wohlstand auf der Suche nach entsprechendem Status und Bequemlichkeit schließlich zum Kauf einer größeren Motoryacht entschließen.

Im Vergleich zu Motorbooten verlangen Segelyachten mit ihren Segelsystemen, dem geringeren Platz und ihrem Crewanspruch zu viele Kompromisse. Oder einfacher gesagt, Motoryachten bieten mehr Platz für ihr Geld, sie sind leichter und schneller zu bauen und haben einen höheren Wiederverkaufswert. Aber es fehlt ihnen die Eleganz, die Schönheit einer Segelyacht, und es stellt sich auf ihnen nie dieses besondere Erlebnis ein, das man erfährt, wenn der Wind die Yacht in ein lebendiges Wesen verwandelt. Eine moderne Superyacht ist ein sehr komplexer Apparat. Sie ist nicht mehr mit einer klassischen Yacht zu vergleichen, deren Ausrüstung an Deck verstreut im Weg liegt, mit ihren Blöcken, Leinen, Schoten, die von einer vielköpfigen Crew bedient werden müssen.

Ästhetische und praktische Gesichtspunkte haben die modernen Yachten verändert. Es ist nicht mehr erwünscht, dass unter Deck Unterkünfte für eine Armee von bezahlten Händen geschaffen wird, ganz abgesehen von der Heuer und dem Proviant, die sie verlangen. Wir befinden uns heute im Zeitalter der „unsichtbaren Crews", die ihre Dienste höflich anbieten und dann wieder von der Bildfläche verschwinden. Gäste und Eigner bewegen sich an Deck gern sicher und frei, zum Sonnenbaden und Unterhalten, und lassen sich nicht gern von den Segeln und der Mannschaft stören.

Das Cockpit hat sich zu einem gesellschaftlichen Mittelpunkt entwickelt, in dem man diniert und den Ausblick genießt, statt an Schoten und Fallen zu arbeiten. Wo an Deck nicht gerade ein Jacuzzi oder ein ruhiger Platz zum Sonnen angelegt ist, wird es heute zur Unterbringung von Beibooten und nicht zum Stauen von Segeln benötigt.

Die Konstrukteure von Superyachten und die Werften haben erkannt, dass sie mit dem Komfort von Motoryachten im Wettbewerb stehen. Eigner verlangen heute Geschwindigkeit, viel Platz unter Deck, weite Decks, Badeplattformen und viele Beiboote. Dagegen stehen allein schon die Form einer Segelyacht, ihr großer Tiefgang, die für gute Segelleistungen benötigten schmalen Steven und Hecks – sie alle schränken den Platz ein. Der Wunsch, auch flachere Häfen und Buchten anlaufen zu können, erfordert den Einbau von Liftkielen oder Schwertvorrichtungen, die den Lebensraum unter Deck weiter einschränken.

Die Möglichkeit, sehr große Yachten zu bauen, hängt wesentlich davon ab, wie weit es gelingt, Systeme zu entwickeln, mit denen die gewaltigen Kräfte der Segel aufgenommen und kontrolliert werden können. Die Herausforderung für Hersteller und Konstrukteure besteht darin, diese Systeme auch noch zuverlässig und unter möglichst großer Platzersparnis einzusetzen. Es gibt verschiedene Wege, dieser Herausforderung zu begegnen, aber bei Superyachten ist diese Voraussetzung stets mit einem sehr hohen Grad an Automatisierung verbunden und

Selbstholende und selbstfierende Winschen sind zum Schlüssel des Betriebs von Superyachten geworden. Die riesigen Trommeln werden verdeckt eingebaut, rauben Platz und Energie, ersetzen aber etliche Crewmitglieder (unten). Deren Aufgabe ist heute vor allem die ständige Beobachtung des Riggs (rechte Seite).

und automatische Rollreffanlagen sind deshalb eine unabdingbare Voraussetzung. Dabei handelt es sich fast immer um Spezialanfertigungen. Große Werften wie Perini Navi, Royal Huisman, Alloy Yachts und Wally Yachts haben jeweils ihre eigenen kaptiven Winschen und Hydraulikanlagen entwickelt.

Der Grad der Automatisierung ist unterschiedlich, bis hin zu vollständiger Automatisierung. Wie weit die Automatisierung geht, ist eine Frage der Sicherheit, der Kosten, der Servicefreundlichkeit, des Gewichts, des zur Verfügung stehenden Platzes, des Energieverbrauchs und der Geschwindigkeit und Leistung.

Je nach Hersteller finden sich die unterschiedlichsten Problemlösungen. Perini Navi zum Beispiel sind echte Motorsegler und benötigen zum Segeln eine kräftige Mütze Wind. Fabio Perini und sein Team haben sich erhebliche Mühe gegeben, einen Typ von Fahrtenyacht zu entwickeln, der die Vorteile einer Segel- und einer Motoryacht miteinander verbindet, ohne deren Nachteile hinzunehmen. Sie haben ein Rigg gefunden, das einen guten Vortrieb bringt und so leicht zu handhaben ist, dass sich auf eine große Crew verzichten lässt. Das Setzen und Einstellen der Segel ist auf Knopfdruck möglich.

Kapitän Kerry Piesch hat mit der 53 Meter großen Perini Navi INDEPENDENCE seit 1998 mehr als 25 000 Seemeilen zurückgelegt. Die Yacht trägt 1304 Quadratmeter Segelfläche und führt eine Crew von zehn Mann an Bord mit. Kerry sagt: „Klar, an bestimmten Tagen kann ich die Segel allein setzen und die Yacht allein segeln. Realistischerweise benötigt man aber für eine große Yacht eine große Crew, weil es immer eine Menge zu tun gibt – von der Navigation über den Service für die Gäste bis zu Instandhaltungsarbeiten. Dabei ist allerdings nicht so sehr Muskelkraft gefragt als vielmehr zusätzliche Augen, um die Segel und Schoten während der automatischen Manöver zu beobachten, damit alles glatt läuft."

Kerry versucht, bei Überführungsreisen einen Schnitt von 10 bis 14 Knoten zu halten, und lässt deshalb die Maschine zumeist mitlaufen und setzt das Fisherman-Segel, um die Rollbewegungen des Schiffes zu reduzieren. Das Navigationssystem von Perini Navi erlaubt sowohl ein vollautomatisches als auch ein handgesteuertes Bedienen der Winschen und Rollanlagen. Im Falle eines Versagens der zentralen Anlage lassen sich die Winschen auch individuell und separat bedienen. Perini Navi-Yachten verfügen schließlich über einen Monitor, über den die im Rigg verteilten Druck- und Zugmessgeräte die Spannung des Riggs angeben. So wird verhindert, dass Schoten zu dicht kommen, und es wird dafür gesorgt, dass sich die Schoten bei Überlastung in einer Bö automatisch fieren. Wegen der gepfeilten Salinge und der zusätzlichen Backstagen segelt Kerry nie genau vor dem Wind, ein Kurs von 160 Grad zum Wind ist ideal.

Das genaue Gegenteil einer Perini Navi ist die 45 Meter lange Ketsch MARI-CHA III, bei Sensation Yachts gebaut, für das Fahrtensegeln ausgerüstet, aber auch mit dem Potenzial, Rekorde zu brechen. Kapitän Jeff d'Etiveaud hat seit der Indienststellung der Yacht 1998 bereits 135 000 Seemeilen zurückgelegt und dabei einen neuen Transatlantikrekord für Einrumpfyachten aufgestellt. Auf MARI-CHA III verzichtete der Eigner auf kaptive Winschen zur Bändigung der 1000 Quadratmeter Segelfläche. Jeff sagt. „Ich mag kaptive Winschen aus Sicherheitsgründen nicht, außerdem sind sie schlecht zu warten, sie wiegen zu viel und nehmen zu viel Platz weg."

„Beim Fahrtensegeln verfüge ich über eine Crew von acht Mann, und die Winschen werden hydraulisch bedient. Wir können schon bei Windstärke eins segeln und unter den richtigen Bedingungen bis zu 30 Knoten Speed erreichen. Bei unseren Rekordversuchen haben wir 22 bis 28 Mann an Bord, dann werden die Winschen ausschließlich manuell bedient, der Esstisch im Cockpit verschwindet zugunsten der großen Grinder, und der größte Teil der von John Munford gestylten Inneneinrichtung wird ausgebaut. Der Eigner ist ständig bemüht, Grenzen zu durchbrechen. Wartet mal ab, bis ihr unser nächstes Schiff seht!" Jeff legt Wert darauf, dass die Bordsysteme so einfach wie möglich gehal-

Selber Hand anlegen ist durch die neuen Entwicklungen für die Handhabung einer Yacht unter Segeln überflüssig und dank der auftretenden Kräfte auch praktisch unmöglich geworden. Die Crew der NUMBER ONE klariert das laufende Gut.

Auch hydraulische Furler zum Setzen und Einrollen der Vorsegel sind eine Voraussetzung für das Segeln einer großen Yacht unter allen Bedingungen. Ihr Einsatz erfordert Energie, die ständig an Bord zur Verfügung stehen muss.

dem Einsatz von speziell gefertigter Ausrüstung, die den enormen Kräften standhält. Es ist sowohl zeitaufwändig als auch teuer, diese Ausrüstung zu entwickeln. Glücklicherweise gibt es genügend Eigner, die gewillt sind, in die Entwicklung neuer Segel, Winschen, Riggs und Kontrollsysteme zu investieren.

Die schiere Größe erfordert den Bau eines immer komplizierter werdenden Fahrzeugs. Für welchen der möglichen Wege man sich entscheidet, hängt wesentlich von den Wünschen und Erwartungen des Eigners ab. So sind einige Konstruktionen als Hochleistungssegelyachten ausgelegt, andere als gemütliche Fahrtensegler. Es ist kaum zu glauben, wie viele unterschiedliche Optionen der Markt bietet. Eine der neueren, von Ed Dubois konstruierten Slups, die 40 Meter lange, bei Alloy Yachts gebaute KOKOMO, kann als Minimalistin bezeichnet werden, mit einem flachen Profil und unter Deck versteckten Winschen. Das genaue Gegenteil davon ist die 46 Meter lange Ketsch MARICHA III von Philippe Briand, eine reine Hochseerennyacht, mit allen Ecken und Kanten eines

Großsegel wurden in der Jugend der Supersegler in den Mast gerollt. Das Prinzip setzte sich nicht durch, heute verschwindet das Groß im Rollbaum.

echten Racers, mit Winschen, Umlenkblöcken und Schienen, die an Deck verstreut sind.

Segler suchen das Segelgefühl, das jedoch mit jedem Meter, den eine Yacht größer wird, verloren geht. Das ganze Bemühen der Hersteller ist darauf gerichtet, dem Eigner das Gefühl zu geben, an dem sensiblen Ruder einer 12 Meter langen Bénéteau zu sitzen, und nicht am Ruder einer 40 Meter großen Superyacht. Mithilfe modernster Segel-, Mast- und Riggtechnologie gelingt dies weitgehend.

Superyachten haben in der Praxis zwei Maschinen: die Segel und den Motor. Beide bedürfen ständiger Aufmerksamkeit und Pflege, wenn sie gut funktionieren sollen. Die Segel sind der Antrieb, die den Rumpf mithilfe höchst beanspruchter Segel und Schoten Fahrt verleihen. Pro 300 Quadratmeter Segelfläche entsteht ein Zug von etwa 12 Tonnen, wobei eine 50 Meter lange Yacht etwa 1000 Quadratmeter Segelfläche am Wind trägt.

Die 48 Meter lange Slup GEORGIA, bei Alloy Yachts gebaut, hat ein Großsegel von 515 Quadratmetern Größe, das 591 Kilogramm wiegt und über sechs durchgehende Latten verfügt – die längste misst 16 Meter und ist damit so lang wie der Mast einer 12 Meter langen Segelyacht. Die in den letzten Jahren entwickelten Segeltuche aus Spectra und Kohlefaser erlauben den Bau leichterer und dehnungsfreier Segel im Gegensatz zu den alten Dacron-Tuchen. Burns Fallow von North Sails Neuseeland, der die Am-Wind-Segel von GEORGIA herstellte, betont, dass die Tendenz bei der Entwicklung von Segeln heute vornehmlich in Richtung Formstabilität geht, während man früher das Hauptaugenmerk auf das Problem der Dehnung legte. Die Segel, die heute hergestellt werden, so Fallow, halten – je nach Gebrauch – bis zu sechs Jahre. Wenn die Segel in der Zwischenzeit ausgetauscht werden, dann nicht, weil sie ihre Form, sondern weil sie ihre Farbe verloren haben.

Segel werden heute also im Hinblick auf geringes Gewicht und bessere Handhabbarkeit hergestellt, dabei sollen sie möglichst resistent gegen UV-Strahlung sein und mit Mitteln gegen Pilzbefall behandelt werden. North 3DL-Segel zum Beispiel sind nicht nur leichter und dehnungsärmer, sie sind auch dünner und lassen sich daher auf Rollanlagen besser aufwickeln.

Masten und Riggs, an denen diese Segel gefahren werden, sind im Hinblick auf leichtes Aufrollen oder Wickeln konstruiert, denn die gewaltigen Dimensionen von Superyacht-Segeln lassen ein Abschlagen der Tücher nach dem Segeln kaum noch zu. Ohnehin fehlt unter Deck der Stauraum. Die ersten Superyachten waren mit Mast-Rollanlagen ausgerüstet, während man heute zu Baum-Rollanlagen gewechselt ist. Segel, die im Baum gerollt werden, erlauben einen besseren Schnitt des Segels, da sich durchgehende Latten im Baum mit aufwickeln lassen. Viele der modernen Yachten tragen zudem Masten und Bäume aus Kohlefaser statt Aluminium. Kohlefaser-Konstruktionen sind haltbarer, bedürfen wenig Pflege, sie sehen besser aus und sind bis zu 50 Prozent leichter als Aluminium-Spieren.

Zudem sind die Riggs in der Bedienung einfacher geworden. Viele Yachten werden heute mit gepfeilten Salingen ausgerüstet, um die Verwendung von Backstagen überflüssig zu machen. Das einzige Problem dabei: Vor dem Wind lässt sich der Großbaum nicht mehr vollständig ausfieren, doch werden Superyachten auf Kursen direkt vor dem Wind ohnehin meist unter Motor bewegt.

Es ist also der Entwicklung leistungsfähigerer Segelbedienungssysteme zu verdanken, dass es heute möglich ist, Yachten immer größer zu bauen. Schließlich können nur sehr erfahrene Crews Schoten bedienen, die unter einem Zug von 12 bis 15 Tonnen stehen. In der Praxis ist es kaum möglich, diese Kräfte mit 28 Millimeter starkem Spectra-Tauwerk zu kontrollieren, und es ist völlig unmöglich, unter diesen Bedingungen Gäste während eines Manövers über Deck wandern zu lassen, wenn die Segel und Schoten wie wild durch die Gegend schlagen. Unter Deck eingekapselte Trommelwinden, die per Knopfdruck zu kontrollieren sind,

und automatische Rollreffanlagen sind deshalb eine unabdingbare Voraussetzung. Dabei handelt es sich fast immer um Spezialanfertigungen. Große Werften wie Perini Navi, Royal Huisman, Alloy Yachts und Wally Yachts haben jeweils ihre eigenen kaptiven Winschen und Hydraulikanlagen entwickelt.

Der Grad der Automatisierung ist unterschiedlich, bis hin zu vollständiger Automatisierung. Wie weit die Automatisierung geht, ist eine Frage der Sicherheit, der Kosten, der Servicefreundlichkeit, des Gewichts, des zur Verfügung stehenden Platzes, des Energieverbrauchs und der Geschwindigkeit und Leistung.

Je nach Hersteller finden sich die unterschiedlichsten Problemlösungen. Perini Navi zum Beispiel sind echte Motorsegler und benötigen zum Segeln eine kräftige Mütze Wind. Fabio Perini und sein Team haben sich erhebliche Mühe gegeben, einen Typ von Fahrtenyacht zu entwickeln, der die Vorteile einer Segel- und einer Motoryacht miteinander verbindet, ohne deren Nachteile hinzunehmen. Sie haben ein Rigg gefunden, das einen guten Vortrieb bringt und so leicht zu handhaben ist, dass sich auf eine große Crew verzichten lässt. Das Setzen und Einstellen der Segel ist auf Knopfdruck möglich.

Kapitän Kerry Piesch hat mit der 53 Meter großen Perini Navi INDEPENDENCE seit 1998 mehr als 25 000 Seemeilen zurückgelegt. Die Yacht trägt 1304 Quadratmeter Segelfläche und führt eine Crew von zehn Mann an Bord mit. Kerry sagt: „Klar, an bestimmten Tagen kann ich die Segel allein setzen und die Yacht allein segeln. Realistischerweise benötigt man aber für eine große Yacht eine große Crew, weil es immer eine Menge zu tun gibt – von der Navigation über den Service für die Gäste bis zu Instandhaltungsarbeiten. Dabei ist allerdings nicht so sehr Muskelkraft gefragt als vielmehr zusätzliche Augen, um die Segel und Schoten während der automatischen Manöver zu beobachten, damit alles glatt läuft."

Kerry versucht, bei Überführungsreisen einen Schnitt von 10 bis 14 Knoten zu halten, und lässt deshalb die Maschine zumeist mitlaufen und setzt das Fisherman-Segel, um die Rollbewegungen des Schiffes zu reduzieren. Das Navigationssystem von Perini Navi erlaubt sowohl ein vollautomatisches als auch ein handgesteuertes Bedienen der Winschen und Rollanlagen. Im Falle eines Versagens der zentralen Anlage lassen sich die Winschen auch individuell und separat bedienen. Perini Navi-Yachten verfügen schließlich über einen Monitor, über den die im Rigg verteilten Druck- und Zugmessgeräte die Spannung des Riggs angeben. So wird verhindert, dass Schoten zu dicht kommen, und es wird dafür gesorgt, dass sich die Schoten bei Überlastung in einer Bö automatisch fieren. Wegen der gepfeilten Salinge und der zusätzlichen Backstagen segelt Kerry nie genau vor dem Wind, ein Kurs von 160 Grad zum Wind ist ideal.

Das genaue Gegenteil einer Perini Navi ist die 45 Meter lange Ketsch MARI-CHA III, bei Sensation Yachts gebaut, für das Fahrtensegeln ausgerüstet, aber auch mit dem Potenzial, Rekorde zu brechen. Kapitän Jeff d'Etiveaud hat seit der Indienststellung der Yacht 1998 bereits 135 000 Seemeilen zurückgelegt und dabei einen neuen Transatlantikrekord für Einrumpfyachten aufgestellt. Auf MARI-CHA III verzichtete der Eigner auf kaptive Winschen zur Bändigung der 1000 Quadratmeter Segelfläche. Jeff sagt. „Ich mag kaptive Winschen aus Sicherheitsgründen nicht, außerdem sind sie schlecht zu warten, sie wiegen zu viel und nehmen zu viel Platz weg."

„Beim Fahrtensegeln verfüge ich über eine Crew von acht Mann, und die Winschen werden hydraulisch bedient. Wir können schon bei Windstärke eins segeln und unter den richtigen Bedingungen bis zu 30 Knoten Speed erreichen. Bei unseren Rekordversuchen haben wir 22 bis 28 Mann an Bord, dann werden die Winschen ausschließlich manuell bedient, der Esstisch im Cockpit verschwindet zugunsten der großen Grinder, und der größte Teil der von John Munford gestylten Inneneinrichtung wird ausgebaut. Der Eigner ist ständig bemüht, Grenzen zu durchbrechen. Wartet mal ab, bis ihr unser nächstes Schiff seht!" Jeff legt Wert darauf, dass die Bordsysteme so einfach wie möglich gehal-

Selber Hand anlegen ist durch die neuen Entwicklungen für die Handhabung einer Yacht unter Segeln überflüssig und dank der auftretenden Kräfte auch praktisch unmöglich geworden. Die Crew der NUMBER ONE klariert das laufende Gut.

ten sind, bei Verzicht auf ein Großsegel-Rollsystem. So kann auch nicht viel kaputt gehen, und man muss nicht den ganzen Tag das Brummen der Generatoren ertragen.

Auf vielen Yachten versucht man, eine gesunde Mischung aus automatischer und handgesteuerter Technik zu finden. Die von Ron Holland konstruierte 34 Meter lange CHARLATAN von Alloy Yachts verfügt über kaptive Winschen für die Großschot, das Großfall, die Baum-Rollreffanlage sowie die Genua-Rollreffs. Die Schotwinschen werden hydraulisch angetrieben. Kapitän Craig Roe segelt CHARLATAN mit einer vierköpfigen Crew, weil er glaubt, für das unterteilte Ketschrigg nicht mehr Hände zu benötigen. „Wir sind", sagt er, „auf einer Segelyacht, und wenn wir etwas mit der Hand machen, dann wollen wir wissen, was vor sich geht."

Die 42 Meter lange Ketsch HETAIROS hat seit ihrem Stapellauf 1993 rund 102 000 Seemeilen zurückgelegt und gehört ebenfalls zu den Yachten, die automatisierte Baum-Rollreffanlagen mit handbedienten, hydraulischen Winschen verbindet. Kapitän Brent Daw segelt mit einer fünfköpfigen Crew und meint, es sei kein Problem, mit zwei Mann an Deck zu segeln, solange man nicht in Eile ist. „Ich weiß", sagt er, „dass es bei einigen Baum-Rollreffanlagen Probleme mit dem Achterliek des Großsegels gegeben hat. Wir haben jedoch festgestellt, dass es nicht einmal unbedingt nötig ist, den Großbaum genau in der Waagerechten zu halten, wenn wir das Großsegel aufrollen, auch haben wir noch nie Schwierigkeiten beim Reffen erlebt, unter welchen Windbedingungen auch immer. Wir verwenden noch heute die original cremefarbenen Vectran-Segel von Hood."

Superyachten der jüngsten Generation wie die Slup HYPERION sind dank bordeigener Computerprogramme nicht nur völlig automatisiert, sie lernen auch von ihren eigenen Segeldaten.

„Der Eigner hat ein paar ziemlich erfahrene Segelfreunde, die gerne bei der Bedienung der Yacht helfen. Es macht mir keine Sorgen, wenn sie an den Winschen arbeiten. In Verbindung mit dem automatischen Rollreff sind wir stets auf der sicheren Seite. Während des Millennium Cups vor Auckland hatten wenigstens zwei der gerade in Dienst gestellten Yachten einen Ausfall der Generatoren zu beklagen. Das ist eine ziemlich gefährliche Situation, denn ohne Energiequelle lassen sich die Segel nicht bergen, lässt sich nicht wenden, steuern, ankern oder aufstoppen. Seemannschaft und Fragen der Sicherheit sollten bei einem höheren Automatisierungsgrad immer im Auge behalten werden", so Brent.

Zu den erfahrensten Segelyacht-Kapitänen, die eine vollautomatisierte Yacht unter sich haben, gehört Ian Craddock von dem 38 Meter langen, von Chuck Paine gezeichneten Stagsegelschoner MANDALAY, den Palmer Johnson 1992 baute. Beim Stapellauf galt sie als das modernste, bestausgerüstetste Segelschiff ihrer Zeit, mit einem vollautomatisierten Schonerrigg und Mast-Rollreffanlage, von dem erfahrene Seeleuten sagen, es sei die einfachste Art, eine große Segelfläche zu bewältigen. MANDALAY hat allein im Jahre 1999 rund 15 000 Seemeilen zurückgelegt.

Ian: „Ich kann alle Segel allein setzen und sie unter allen Windrichtungen und bei fast allen Windstärken allein reffen. Mithilfe einer Fernsteuerung kann ich alle Befehle sogar vom Beiboot aus ausführen lassen. Die kaptiven Winschen von Seaway sind hervorragend und müssen nur zweimal im Jahr gefettet werden. Der erste Satz von Hood-Segeln hatte etwas Reck, wir konnten das aber mithilfe der Spannung auf den Fallen einstellen. Zur Zeit trägt das Schiff den dritten Satz Vectran-Segel von Doyle. Vor dem Wind setzen wir bis Windstärke 5 einen Gennaker im Strumpf, zum Bergen benötigen wir allerdings vier Mann."

„Es sollte nur kontrolliert gehalst werden, das heißt, der Baum sollte beim Halsen dicht genommen werden, bevor er auf die andere Seite schlägt. Die Alternative wäre ein big bang, bei dem leicht etwas an der Ausrüstung oder am Segel kaputtgehen kann", so Ian.

Mit der neuen Generation von Superyachten sind noch extremere Lösungen möglich geworden, wobei die Eigner nach schnelleren Schiffen als den bislang bekannten Ketschen oder Schonern suchen. Die letzte Generation von Superslups, wie etwa die 47 Meter lange HYPERION und die 48 Meter lange GEOR-

Nur beim Spinnakersetzen und -bergen muss die Crew heute noch in Aktion treten. Vorsegel und Großsegel werden nicht mehr abgeschlagen, unter Deck ist Platz für diese Segel auch nicht mehr vorgesehen.

GIA, verfügen über optimierte Rigg-, Segel- und Handlingsysteme. Bei Slups dieser Größenordnung sind keine Kompromisse mehr möglich. Die Kräfte, die sich hier entfalten, sind für eine manuelle Bedienung einfach zu groß. Der Stauchdruck des Mastes auf dem Fuß liegt bei 200 Tonnen, 18 Tonnen ziehen am Kevlar-Backstag, und die Zugkräfte von Schoten liegen in der Regel über 10 Tonnen.

Kapitän Lucien Schlitz von der HYPERION segelt mit neun Mann Crew und hat seit dem Stapellauf 1998 35 000 Seemeilen zurückgelegt. Er erklärt: „Wir brauchen acht Minuten, um das Großsegel 59 Meter hoch in den Mast zu ziehen. Jedes Mal, wenn du einen Knopf drückst, musst du dir genau überlegen, was du tust und was dabei passieren kann. Ich stelle während der Manöver wenigstens drei Mann zur Beobachtung auf und wenigstens einen auf das Vorschiff, denn die zerstörerischen Kräfte von hydraulischen Winschen sind phänomenal. Vor jeder Wende wird die Genua eingerollt, damit die 25 Millimeter starke Schot beim Überstaggehen durch die Reibungshitze am inneren Vorstag nicht zu schmelzen beginnt." So wird klar, welche Bedeutung der Energieverbrauch bei einer Superyacht hat. HYPERION zum Beispiel verfügt über drei Generatoren, von denen stets einer läuft. HYPERION ist mit einem vollständigen Bildschirm-Überwachungssystem ausgerüstet, das der Eigner Dr. Jim Clark selbst entwickelte. Auch die Kräfte im Rigg, auf den Fallen und Schoten werden angezeigt. „Während des Millennium Cups riss das Auge der Genua aus. Nach der Regatta konnten wir die Daten prüfen und genau herausfinden, wann die Kräfte so zunahmen, dass es dazu kam", berichtet Lucien.

Es ist nicht zuletzt den Herstellern von Yachten wie Perini Navi, Alloy Yachts, Royal Huisman und Wally Yachts zu verdanken, dass die Grenzen im Superyachtbau immer weiter gesteckt werden. Die Entwicklung schreitet voran, so lange es Eigner wie Dr. Jim Clark gibt, die bereit sind, die Herausforderungen der Technik anzunehmen, wie Clark mit dem Bau des 89 Meter langen Schoners ATHENA.

Es ist schwer zu sagen, wohin uns die Entwicklung von Superyachten führen wird. Eines ist aber klar: Die Kräfte, die bei der Bedienung immer größerer Yachten entstehen, bedeuten zugleich, dass der Mensch immer mehr zurücktritt. Er muss sich damit zufrieden geben, nur noch die Maschinen und Computer zu überwachen und zu kontrollieren, die ihm an Bord alle Arbeit abnehmen.

ZEHN PORTRÄTS VON SUPER-YACHTEN

Zeig mir deine Yacht und ich sage dir, wer du bist. Keine Yacht gleicht der anderen, sie sind so individuell wie Fingerabdrücke. Da gibt es die Nachfahren der klassischen Schoner, mit weit geschwungenem Klippersteven und glänzenden Teakaufbauten, da sind die leichten High-Tech-Slups mit scharfem Steven und flachem Deck, und da sind die runden Ketschen mit Aufbauten aus Aluminium, mit Flybridge und kräftigen Motoren, wie GEORGIA – und es gibt solche, die haben von allem etwas.
Zehn Superyachten, die Geschichte schrieben, stellen sich vor.

JULIET

Juliet

Trotz doppelstöckigem Decksaufbau und Mastfurl-System: JULIET kann ihre Herkunft nicht verhehlen. Bei den Rumpflinien standen Ron Hollands erfolgreiche IOR-Maxi-Rennyachten Pate.

MIT IHR BEGANN DAS ZEITALTER DER MODERNEN SUPERYACHTEN

Auf der Suche nach einer Yacht für weltweites Cruising mit der Familie hatte der spätere Eigner von JULIET zunächst an den Nachbau einer gestreckten Version des Typs Swan 65 gedacht, eines knapp 22 Meter langen Serienschiffes. Im Laufe der Planungphase aber wuchsen seine Ansprüche, und als die Werft Huisman in Holland 1988 mit dem Bau der JULIET begann, war daraus ein Schiff von genau 43,52 Meter Länge geworden, gut doppelt so viel wie geplant. Mit JULIET war damit eine echte Superyacht entstanden, nicht die Allererste, aber die erste vollkommene Interpretation dessen, was man heute als Superyacht bezeichnet. An Größe und Qualität dieser Aluminiumkonstruktion, für die vier Jahre Bauzeit veranschlagt wurden, sollten sich alle anderen Superyachten messen lassen.

Der Eigner hatte sich den in Irland lebenden Konstrukteur Ron Holland gesucht, um sein Konzept umzusetzen. Das lag nahe, denn auf Hollands Zeichenbrett war eine Reihe von sehr großen Rennyachten entstanden – etwa die KIALOA –, die zu jener Zeit das Geschehen auf den Regattabahnen beherrschten. JULIET kann ihre Verwandtschaft zu den von der IOR-Formel geprägten Maxiyachten nicht verhehlen. Mit den Linien des Unterwasserschiffes, mit dem Flossenkiel und der angehängten Bleibombe war sie der IOR-Formel sogar noch voraus. So war es kein Wunder, dass die Entstehung dieser Yacht von der internationalen Yachtwelt mit großem Interesse verfolgt wurde.

Zweifellos bedeutete dieser Auftrag auch für die Royal Huisman-Werft eine gewaltige Herausforderung. JULIET ist zwar nur einen Meter länger als die kurz zuvor abgelieferte Ron Holland-Konstruktion CYCLOS, doch wurden in Bezug auf Ausstattung und Technik völlig neue Wege beschritten. Während CYCLOS mit einem Minimum an Einbauten und unter Verzicht auf Rollreffanlagen als recht spartanische Hochleistungsyacht konzipiert war, sollte JULIET zum Segeln im „Knopfdruck-Stil" ausgerüstet werden, mit automatischen Reffanlagen, hydraulischen Winschen

und einer prächtigen Innenausstattung. Der Kunde bestand auf einer Yacht, die, ohne Rücksicht auf Kosten, wegweisend sein sollte. Viele seiner Wünsche erschienen zunächst verwegen, ja unerfüllbar. Aber stets konnte ein Weg zur Umsetzung der Probleme gefunden werden. Der geschweißte Aluminiumrumpf hat 64 Spanten, einige tausend Meter Längsstringer und Dutzende von Außenhautplatten, zusammengesetzt wie ein riesiges dreidimensionales Puzzle. Trotzdem benötigte JULIET etwa drei Tonnen Füllspachtel, die zu einem erheblichen Teil wieder abgeschliffen wurden, um die Außenhaut zu glätten. Mehr als 80 Kilometer Kabel liegen fein säuberlich hinter der feinen Holzvertäfelung verborgen.

Das Ketschrigg hat einen 50 Meter hohen Großmast, den größten Roll-Away-Mast, der bis zu diesem Zeitpunkt gefertigt wurde. Er ist aus gebogenen Aluplatten zusammengesetzt und nach oben verjüngt, um Gewicht zu sparen. Erstmals wurde im Mast eine Wasserleitung aus rostfreiem Stahl verlegt, um ihn waschen zu können. JULIET war zudem die erste Superyacht, deren Besanmast mit einem beweglichen Krähennest versehen ist. Diese Kanzel kann bis zur zweiten Saling 12 Meter aufwärts rutschen. Über ein Steuerpult lässt sich

Pieter Beeldsnijder zeichnete das nicht überladen wirkende Interieur mit Mahagoni und Intarsien aus Ebenholz. In den Salon führt eine breite Treppe. Dort stehen ein historisches Schiffsmodell in der Glasvitrine und ein großer, gedeckter Esstisch im Mittelpunkt.

Hier kocht der Chef persönlich. Für die Kombüse wurde eine zentrale Lage gefunden, wo es sich Kochen und Klönen lässt. Fünf-Sterne-Komfort im Marmorbad und neueste Technik im Reich der Navigation. Solche Großzügigkeit war Ende der achtziger Jahre noch neu.

per Joystick die Yacht aus luftiger Höhe manövrieren. Auf JULIET kam zum ersten Mal ein völlig neues System von selbstaufrollenden Trommelwinschen zum Einsatz, die unter Deck versteckt sind und nach dem Prinzip von Kranwinden arbeiten, eine Entwicklung der Huisman-Werft. Diese „captive reel-winches" genannte Einrichtung ermöglicht die Bedienung der Segel per Knopfdruck, sie spart menschliche Arbeitskräfte. Auch auf dem Gebiet der Frischwassergewinnung spielte JULIET eine Pionierrolle in der Yachtwelt. Die bordeigene Meerwasser-Entsalzunganlage kann 16 Tonnen Trinkwasser am Tag herstellen.

Schließlich zählt JULIET zu den wegweisenden Superyachten im Bereich des Innendesigns. Dem Wunsch des Eigners entsprechend, entwickelte Beeldsnijder „etwas Neues, aber Traditionelles" in edlem Mahagoni, Teak und Madrona-Wurzelholz, mit säulenverzierten Ecken, vielen Bücherregalen, gebrochenen Flächen, einer großartig geschwungenen Treppe zur Messe und einem zentralen Blickfang in Form des in einer Glasvitrine geschützten historischen Segelschiffmodells. Ein weiterer zentraler Platz ist die ungewöhnlich große Kombüse, ein konkreter Designauftrag, denn der Eigner kocht gern und am liebsten im Kreis seiner Gäs-

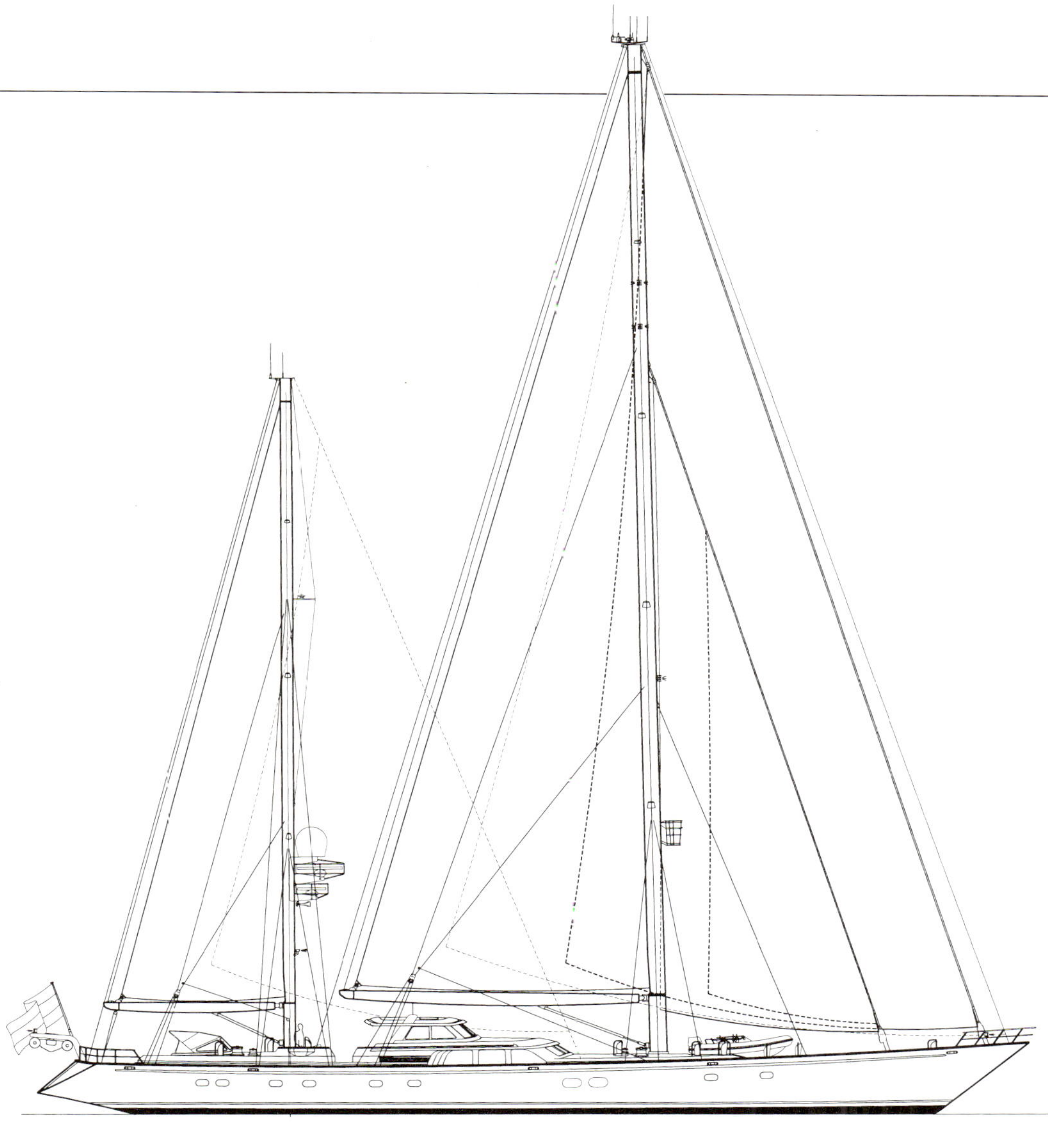

JULIETs mächtiges Ketschrigg ragt 52 Meter in die Höhe. Die weiteren Abmessungen: Lüa 43,52 Meter, LWL 35,21 Meter, Breite 9,00 Meter, Tiefgang 4,57 Meter, Displacement 254 Tonnen, Segelfläche 887 Quadratmeter, Antrieb 840 PS MTU-Mercedes-Benz.

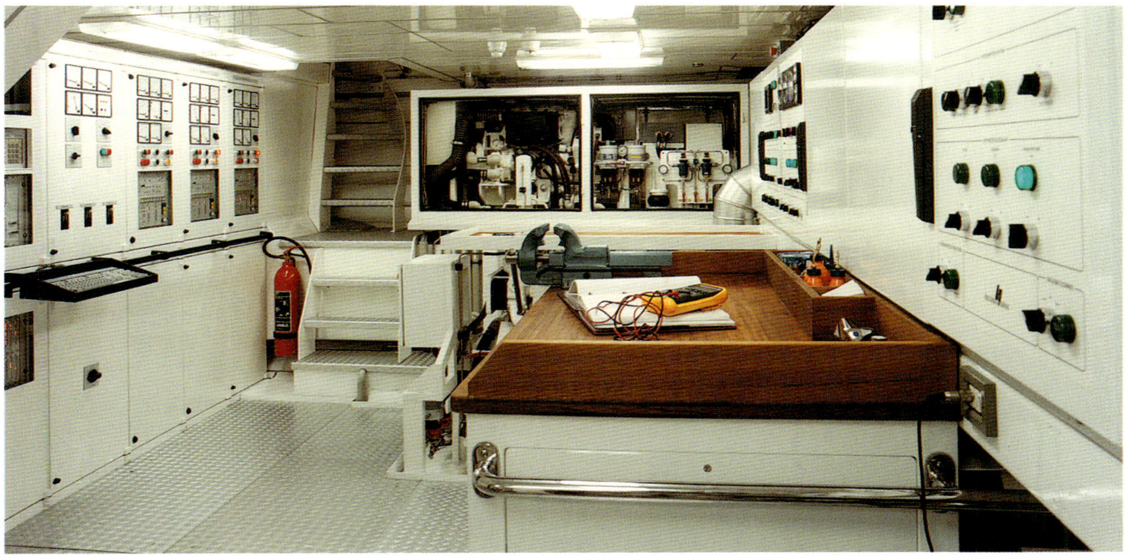

Im Kontrollraum der Yacht herrscht eine Effizienz wie im Atomkraftwerk. Neu für Superyachten war der Einbau eines Management-Computers. Das den Mast emporgleitende Krähennest war auch eine neue Idee.

te, die er selbst bewirtet. Die am Vorbild CYCLOS bereits ausführlich getesteten Rumpflinien und das Verhältnis von ca. 250 Tonnen Wasserverdrängung zu 887 Quadratmetern Segelfläche am Wind sorgen für ein angemessenes Geschwindigkeitspotenzial.

Bereits auf der Probefahrt in der Nordsee erreichte JULIET bei frischen 5 Windstärken mit leicht geschrickten Schoten 16,5 Knoten Speed. Das sind wirkliche Superyacht-Werte. Dabei konnte die Ketsch, dank der ausgeklügelten hydraulisch unterstützten Ruderanlage, mit einer Hand auf Kurs gehalten werden. Ein 12-Zylinder MTU-Mercedes-Diesel von 840 PS reicht für eine Reisegeschwindigkeit unter Maschine von 12 bis 13 Knoten.

In einer Zeit, da selbst Superyachten häufig ihre Eigner wechseln, ist JULIET eine wirkliche Ausnahme. Sie befindet sich noch immer in der Hand ihres ursprünglichen Auftraggebers und wird heute vornehmlich an der West- und Ostküste der USA eingesetzt. JULIET ist zum Vorbild einer ganzen Generation ebenso liebevoll wie perfekt ausgestatteter Superyachten geworden. Die Mitarbeiter, die JULIET einst schufen, gehören heute zu den gefragten Ratgebern in Design und Bau dieser atemberaubenden Klasse größter Segelyachten.

BORKUMRIFF

Mit der Wahl eines klassischen Schonerrisses bewies der Eigner von BORKUMRIFF III einen Sinn für romantische Vorbilder. Trotz ihres langen Lateralplans ist die Yacht ein schneller Segler. 721 Quadratmeter am Wind sorgen für einen Speed von gut 13 Knoten. Dafür muss die Crew allerdings kräftig mit anpacken.

EIN KLASSISCHER SCHONER OHNE JEDEN KOMPROMISS

Mit dem Begriff „Borkumriff" verbindet der Segler durchaus gemischte Gefühle. Die gefährliche Untiefe vor der Insel Borkum galt bei den Windjammern als eine Art Kap Hoorn der Nordsee, vor dem über Jahrzehnte das berühmte Feuerschiff gleichen Namens warnte. In dem Namen BORKUMRIFF schwingt also ein bisschen Segelschiffsromantik mit. Tatsächlich ist die BORKUMRIFF III, zumindest von den Linien, dem Riss und der Deckseinrichtung her, zweifellos ein traditionelles Schiff – ein Schoner.

Der inklusive Bugspriet 43,95 Meter lange Segler wurde 1994 von der Royal Huisman-Werft in Holland just zu einem Zeitpunkt abgeliefert, als der Trend im Superyachtbau ganz in Richtung High-Tech, Speed und maximale Raumausnutzung ging. Wer an Klassikern Gefallen fand, ließ sich eher eine alte Yacht restaurieren, als eine neue bauen. Vor der BORKUMRIFF war von Royal Huisman mit dem Bau der Superyacht JULIET ein richtungweisendes modernes Design abgeliefert worden. Und nun dieser wunderbare Schoner mit Klippersteven und Stampfstag, einem eleganten Yachtheck, einem sehr schön geschwungenen, von keinem Bulleye durchbrochenen Rumpf, einem langen Lateralplan und dazu einem Gaffelsegel, das allen Automatisierungsbemühungen bei der Bedienung der Segel Hohn spricht. Sogar die von Hood gelieferten Kunststoffsegel erinnern mit ihrer Cremefärbung an die Originale aus ägyptischer Baumwolle.

Auch beim Deckslayout bewiesen die holländischen Konstrukteure von Lunstroo Custom Design eine glückliche Hand. Entlang der Mittschiffslinie erstrecken sich das Ankerspill, eine niedrige Hütte mit dem Niedergang ins Vorschiff, die für Yachten typischen aufklappbaren Skylights, an den Rumpfseiten flankiert von je einem Tender, und schließlich das Deckshaus mit anschließendem Cockpit und der torartigen Großbaumstütze. Das hat sich bewährt und sieht gut aus, so hat man Yachten immer schon gebaut. Und wo wir gerade an Deck herumspazieren: Dem Eigner der BOR-

Im Deckshaus lässt es sich auf blauen Ledersofas bequem machen, im Hintergund Kartentisch mit Navigationsgeräten. Durch Fenster und Bulleyes strömt viel Licht auf das warme Teakholz. Die Messe, zu der ein Niedergang führt, ist in amerikanischer Kirsche gehalten.

KUMRIFF III lag nicht an Automatisierung um jeden Preis, denn hier gilt es, fünf Segel teilweise von Hand zu bedienen. Klüver und Außenklüver sind mit Rollreffanlagen ausgestattet, dazu kommt eine an Stagreitern gefahrene, selbstwendende Baumfock. Das Bermuda-Großsegel lässt sich hydraulisch im Mast aufwickeln, doch für die Bedienung von Piek- und Klaufall des Gaffelsegels werden kräftige Hände benötigt. Zu einem Typ wie der BORKUMRIFF III mit ihrer insgesamt 721 Quadratmeter großen Segelfläche passen keine kaptiven horizontalen Winschen, dafür 41 an Deck verteilte automatisch betriebene Winschen, nur drei davon kaptive. An Bord dieser Yacht, deren Großmast immerhin 42,50 Meter über dem Wasserspiegel aufragt, muss mit dem laufenden Gut umgegangen werden können. Verzichtet wurde auf Liegelandschaften zum Sonnenbaden, kerniges Segeln geht vor. An Bord werden Seeleute als Crew benötigt und keine Landratten oder Computerfreaks.

Der Rumpf wurde in der für Royal Huisman typischen Aluminiumqualität gebaut. Mit ihrem langen Kiel und einer Wasserverdrängung von 225 Tonnen ist die BORKUMRIFF III kein Regattaschiff, glänzt aber mit weichen Bewegungen in der See, einer erheblichen See-

Viel Platz in der Achterkammer, die sich über die gesamte Schiffsbreite erstreckt, hier mit Blick ins Arbeitszimmer. Der mittschiffs gelegene Salon mit Esstisch an Backbord und einem L-förmigen Sofa an Steuerbord. Der Gang führt nach vorn.

tüchtigkeit und, bei entsprechendem Wind, gut 13 Knoten Geschwindigkeit unter Segeln. Ein 12-Zylinder 650-PS-MTU Mercedes-Benz-Diesel sorgt für 12 Knoten unter Maschine.

Diese in ihrer Anmutung an historische Vorbilder anknüpfende Schoneryacht hält unter Deck, was sie über Deck verspricht, denn hier hat der Chef-Traditionalist John Munford Hand angelegt. Auch im Falle der BORKUMRIFF III orientierte sich Munford am klassischen Vorbild. Sein Interieur mit Vertäfelungen und Möbeln in amerikanischer Kirsche, weiß lackierten Decken sowie Messinglampen und -beschlägen an den Wänden, jedes Detail signalisiert dem Gast: Du befindest dich an Bord einer Segelyacht. Auf welcher Superyacht findet man heutzutage noch Schlingerleisten an den Tischen? Im Deckshaus, das an Bord einer seemännisch geführten Yacht ein Arbeitsraum ist, verzichtete Munford auf Kirsche und wählte robustes Teakholz für die Ausstattung.

BORKUMRIFF III ist eine Yacht für den passionierten Herrensegler, für einen Eigner, der an Bord Blazer und weiße Mütze trägt und mit Sextant und Macmillan's Nautical Almanac noch etwas anzufangen weiß. In der Raumverteilung unter Deck hielt sich Munford ebenfalls an Traditionelles. Mittschiffs erstreckt sich der

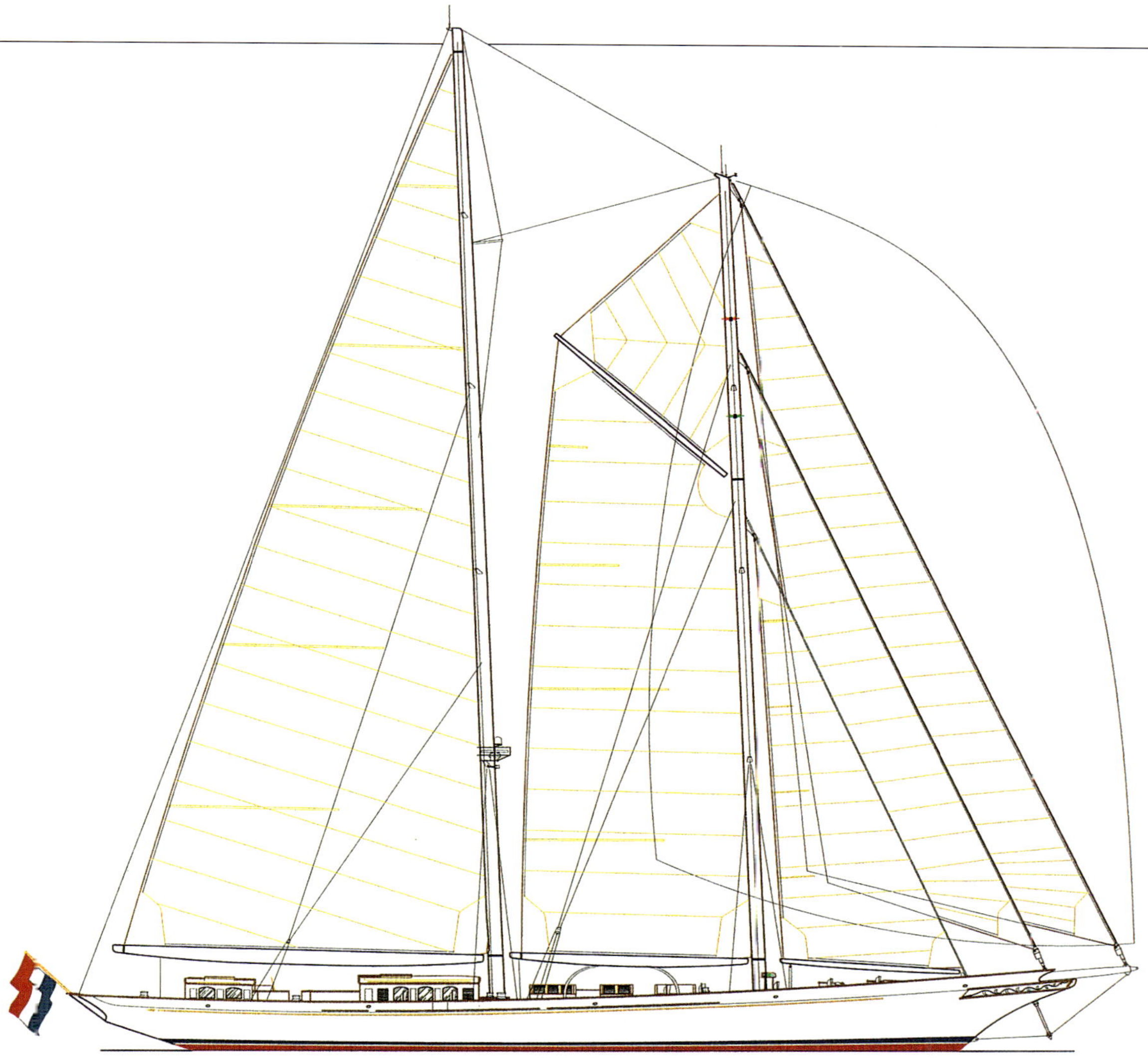

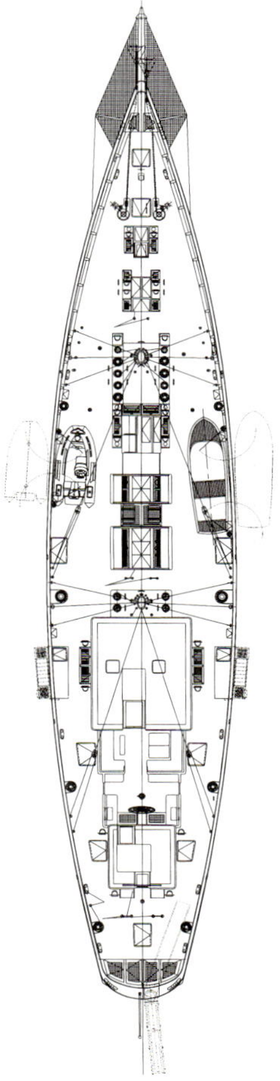

Schoner de Luxe: Poller am Vorschiff und Kompass-Säule mit Ruderrad mit feinsten Edelstahlbeschlägen. Der von Lunstroo Custom Design gezeichnete Rumpf der BORKUMRIFF III hat folgende Abmessungen: Lüa 43,95 Meter, LWL 30 Meter, Breite 8,66 Meter, Tiefgang 4 Meter, Displacement 225 Tonnen, Segelfläche 721 Quadratmeter, Motor 650 PS MTU 12-Zyliner-Diesel. Das Schonersegel wird ausschließlich von Hand bedient.

über die gesamte Breite reichende Salon, Tageslicht fällt über die großen Skylights herein. Von dort führt ein Gang nach vorn, vorbei an den Gästekammern zur Kombüse. Im Vorschiff liegen die Mannschaftsräume, achtern die Eignersuite, sie nimmt die gesamte Schiffsbreite ein. In dieser Kammer wurde auf das bei Superyachten übliche Queensize-Bett verzichtet. Der Eigner wählte stattdessen zwei separate Kojen, die ihrer Namen auch verdienen, weil man nicht beim ersten Überholen der Yacht von der Matratze purzelt, sondern von einem stabilen Rahmen gestützt wird. Ein bisschen optischen Luxus vermittelt die Ausstattung des Bades mit blauem brasilianischem Marmor, eingefasst von Kirsche und weißen Deckenpaneelen.

Der 12-Zylinder-Motor und die Generatoren von 2 x 42 kW sowie 1 x 16 kW liegen da, wo sie bei einem Schiff auch hingehören: deutlich hinter mittschiffs, mithin zwischen Messe und Eignerkammer. Bei der Konstruktion hat man sich daher besondere Mühe bei der Reduzierung von Lärm und Vibrationen gegeben. Mit Ablieferungsdatum für das Jahr 2002 ist eine BORKUMRIFF IV im Bau, 50 Meter lang, Innendesign John Munford, als Toppsegelschoner konzipiert und bei Royal Huisman platziert. Wie es scheint, war der Eigner zufrieden.

SOVEREIGN

Mit einer Länge von 36 Metern erinnert die von Ed Dubois gezeichnete SOVEREIGN an eine übergroße IOR-Admiral's Cup-Yacht. Über den harmonischen Rumpflinien passt sich ein eleganter Aufbau an.

ALLES, WAS EINE MODERNE SUPERYACHT ZU BIETEN HAT

Wie die meisten der heute in der Superyacht-Szene erfolgreichen Konstrukteure hatte sich auch Ed Dubois zunächst einen Namen beim Bau von Regattaschiffen gemacht, die nach der einst populären International Offshore Rule (IOR) gezeichnet waren. SOVEREIGN, die – nach CORINTHIAN und IMAGINE – Dritte einer Serie von schnellen großen Fahrtenyachten, die Mitte der neunziger Jahre bei der gerade eröffneten, auf den Bau von Aluminiumyachten spezialisierten Werft Alloy Yachts International in Auckland/Neuseeland entstanden, trägt eindeutig diese Handschrift: einen flachen, in den Proportionen ausgewogenen Rumpf mit moderaten Überhängen und dem für Dubois typischen, vergleichsweise fülligen Achterschiff. Im Vergleich zu ihren Vorgängerinnen hat man sich bei SOVEREIGN für einen etwas breiteren, steiferen Rumpf entschieden, was zugleich eine größere Segelfläche zuließ. In Verbindung mit dem niedrig gehaltenen, elegant wirkenden, ja, fast stromlinienförmigen Deckshaus, hinterlässt SOVEREIGN einen sehr sportlichen Eindruck. Dieser Eindruck verstärkt sich beim Betrachten des gewaltigen Kutterriggs. Der von Marten-Marine in Kohlefaser gebaute Fünf-Saling-Mast trägt am Wind 726 Quadratmeter Segelfläche, was der 130 Tonnen verdrängenden Yacht zu eindrucksvollen Leistungen unter Segeln verhilft. Unter Spinnaker genügt eine mittlere Brise, um 13 Knoten Geschwindigkeit zu erreichen. Insgesamt erinnert SOVEREIGN an einen ins Überdimensionale aufgeblasenen IOR-Admiral's Cupper aus einer Zeit, von der viele Segler meinen, sie hätte die ästhetischen Kriterien, die man an den Bau einer Rennyacht stellt, am besten getroffen.

Weniger die Teilnahme an Regatten als vielmehr weltweites schnelles Fahrtensegeln mit höchstem Komfort waren die Voraussetzungen beim Bau dieser 36-Meter-Yacht. Um die Bedienung der SOVEREIGN zu erleichtern, wurden zum Bergen der 310 Quadratmeter großen Genua und des 134 Quadratmeter großen Stagsegels, aus praktischen und ästheti-

schen Gründen, im Vordeck versenkte Rollreffanlagen von Reckmann verwendet. Schoten und Fallen verlaufen weitgehend unter Deck, wo hydraulisch betriebene kaptive Winschen die Last aufnehmen. Lediglich die Spinnakerschoten werden konventionell an Deck geführt und über zwei Lewmar-Trommelwinschen gefahren, die sich knapp hinter der Position des Rudergängers befinden. Das durchgelattete Großsegel lässt sich automatisch im Kohlefaser-Baum aufrollen, sodass beim Segel lediglich das Backstag beachtet werden muss.

Ein Design-Problem für alle Fahrtenyachten dieser Größe ist der Tiefgang. Dubois entschied sich, auf eine komplizierte Kielschwerttechnik zu verzichten, und konstruierte SOVEREIGN mit einem Kurzkiel und angehängter Bleibombe. 3,30 Meter Tiefgang ist für ein Schiff dieser Größe ein hervorragender Wert. Der fehlende Tiefgang geht zwar ein wenig zulasten der Kreuzeigenschaften – die beim Fahrtensegeln ohnehin keine große Rolle spielen –, ermöglicht aber den Besuch seichter Buchten und flacher Häfen. Als Flautenschieber und Manövrierhilfe dient ein 570-PS-Lugger-Dieselmotor, der für eine Durchschnittsgeschwindigkeit von 10,5 Knoten – und dank des 18 000 Liter fassenden Treibstofftanks – für einen Aktionsradi-

Nicht nur modern im Design, sondern nahezu futuristisch stellt sich das Deck der SOVEREIGN dar. Die Wanten sind von dicken Rollen geschützt, der Anker verschwindet unter einer Klappe im Vordeck, ein breites Fensterband führt rund um das flache Deckshaus und sorgt für Licht und einen guten Blick auf die See.

Poliertes Walnussholz dominiert das Interieur der Yacht. Großzügig bemessen ist der Raum unter dem Decksaufbau mit der Technik für den zweiten Fahrstand. Die Gästekammer mit einer Doppelkoje im Kingsize-Format, viel Holz auch im Eignerbad.

us von etwa 4500 Seemeilen sorgt. Das reicht für eine Reise vom Mittelmeer in die Karibik.

Der flach und elegant wirkende Rumpf birgt ein Interieur, das alle Erwartungen an eine Superyacht erfüllt. Die Innenarchitekten Redman Whiteley sorgten für ein Design aus poliertem Walnussholz, weißem Teppich und Deckenbespannungen in weißem Leder. Der obere Salon erhält durch das breite, rund um das Deckshaus verlaufende Band aus Panoramafenstern viel natürliches Licht, die darunter liegende Messe verläuft fast über die gesamte Schiffsbreite von 8,23 Metern.

Die Aufteilung unter Deck entspricht der klassischen Yachteinrichtung: eine großzügige Kombüse und Kammern für sechs Mann Crew im Vorschiff, mittschiffs, an die Messe anschließend, drei bequeme Gästekammern und die Eignerkammer mit breiter Doppelkoje, die den gesamten Heckbereich einnimmt. Die Frage nach der Unterbringung des für Fahrtenyachten unabdingbaren Tenders konnte elegant gelöst werden: Das 40 Knoten schnelle Boot, mit Platz für zehn Personen, liegt geschützt in einer Wanne vor dem Mast. Damit bleibt der durch eine große Klappe zugängliche Stauraum im Heck für Fender und andere Ausrüstungsteile frei. Die Klappe dient zudem als Badeplattform.

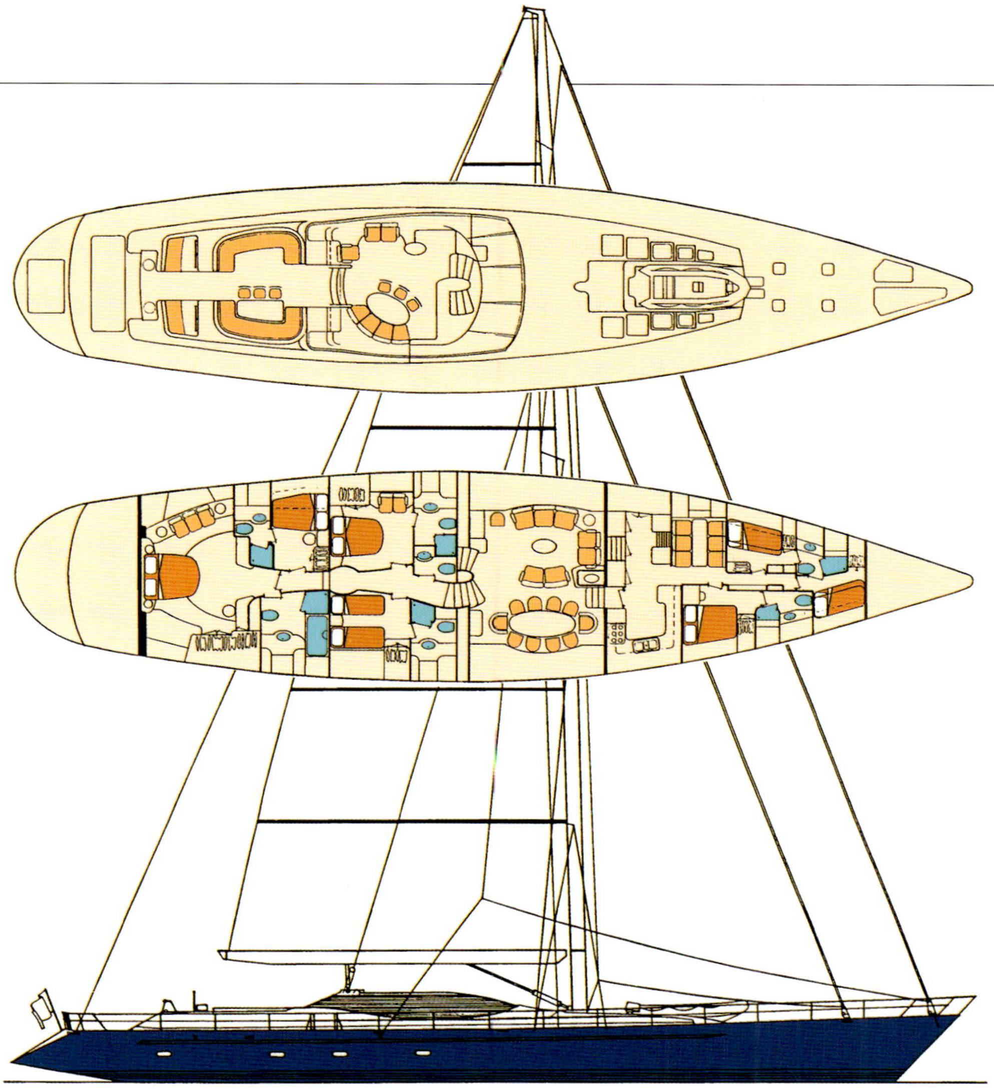

SOVEREIGN ist eine reinrassige Segelyacht: Lüa 36,20 Meter, LWL 29,41 Meter, Breite 8,23 Meter, Tiefgang, 3,30 Meter, Segelfläche 726 Quadratmeter, Displacement 130 Tonnen, Antrieb 570-PS-Lugger.

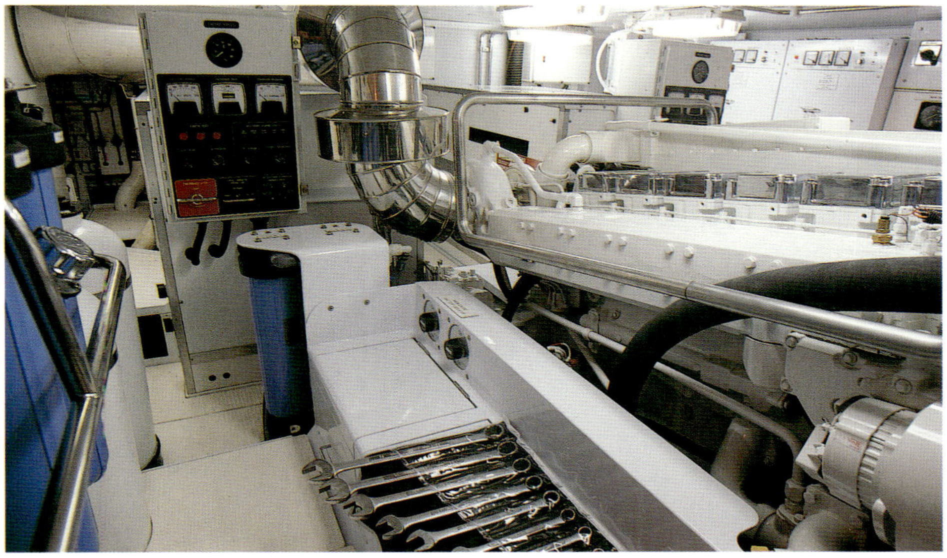

Kombüse und Crewmesse liegen dicht beieinander, sie sind hell lackiert. Der Maschinenraum erinnert an die Größe einer Motoryacht, mit Werkzeugbank und 570-PS-Lugger. Zwei 40-kW-Generatoren sorgen für die vielen Betriebssysteme des Schiffes.

Dass die neuseeländische Bootsbauindustrie in der Lage ist, High-Tech-Yachten zu einem vergleichsweise günstigen Preis zu bauen, hat sich in der Welt spätestens nach den Erfolgen im America' s Cup herumgesprochen. SOVEREIGN ist eines der bekanntesten Beispiele dafür, dass diese Fertigkeit auch für technisch anspruchsvolle Fahrtenyachten gilt. Nicht ohne Überraschung wurde hingegen registriert, dass auch die Qualität des Innenausbaus internationalen Standard erreicht. Die Walnussholz-Innenausbauten zeugen von bester Tischlerarbeit.

SOVEREIGN verließ Neuseeland bald nach ihrer Fertigstellung 1995 mit Ostkurs und kam via Südsee und Florida ins Mittelmeer, wo sie inzwischen unter einem neuen Eigner segelt.

In der Geschichte des Superyachtbaus spielt SOVEREIGN eine besondere Rolle: Sie verbindet die klassische, am Regattadesign orientierte Moderne mit dem großzügigen Luxus einer äußerst seetüchtigen Fahrtenyacht. SOVEREIGN ist zudem ein eindrucksvoller Beweis für die Qualität des neuseeländischen Yachtbaus, die man bis zu diesem Zeitpunkt eigentlich nur europäischen Werften zugetraut hatte. In ihrer zeitlosen Eleganz vertritt SOVEREIGN einen ganz eigenen Stil, wie es einem echten Klassiker entspricht.

ALEJANDRA

41 Meter reines Segelvergnügen: Mit ihren niedrigen Rumpflinien, weiten Überhängen und dem flachen Deck erinnert ALEJANDRA an den Yachtstil der dreißiger Jahre.

WENN TRADITION UND GENIALITÄT SICH VERMÄHLEN

Die Liebe zu einer Segelyacht lässt viele Formen zu. Das macht die Welt der Superyachten so vielseitig und interessant. Zieht man die Quersumme aus allen Daten der in den letzten 15 Jahren entstandenen Neubauten und ergänzt dieses Modell mit einer gehörigen Portion Genialität, dann könnte das Ergebnis ALEJANDRA sein. In dieser 41 Meter langen Ketsch finden sich alle Elemente wieder, die eine schöne Segelyacht ausmachen: atemberaubende Linien mit weiten Überhängen, ein schnelles Unterwasserschiff, ein flaches Deck, ein traditioneller Innenausbau und an den beiden Masten eine Wolke von 716 Quadratmetern Segel am Wind. ALEJANDRA ist vom Kiel bis zum Flaggenknopf ein Wunder an gelungenen Proportionen.

Bruce King konstruierte die 1993 auf der Werft Mefasa in Avilés gebaute ALEJANDRA im Stil der dreißiger Jahre, eine Zeit, die von den berühmten J-Boats geprägt war. An ein J-Boat erinnern das Verhältnis von Länge zu Breite, der pfeilartige Steven und die niedrigen Decksaufbauten. Darüber hinaus sind in diesem in Aluminium gebauten Schiff schon viele Details einer Handschrift zu finden, für die Bruce King heute berühmt ist: etwa das Spiegelheck, die ovalen Cockpitsülls und die achteckigen Skylights, eine Hommage an den Erfinder Nat Herreshoff, den berühmtesten Yachtkonstrukteur aller Zeiten. Im Gegensatz zu den meisten anderen Superyachten stammen Linienführung und Innenausstattung aus der Hand des gleichen Designers. Schließlich zeigt sich am Beispiel von ALEJANDRA, dass Superyacht-Segeln auch etwas mit Sport zu tun hat. Hier findet man keinen geschützten zweiten Fahrstand unter Deck. Ungeschützt den Elementen ausgeliefert, steht der Skipper am Ruder dieser pfeilschnellen Fahrtenyacht. Wer an Regatten teilnehmen will, muss den Wind fühlen und Deck und die Segel im Auge behalten. Tatsächlich ist ALEJANDRA ein sehr erfolgreiches Regattaschiff, das sich unter ihrem neuen italienischen Eigner etwa in der Klasse über 100 Fuß des Maxi-Cup in Porto Cervo schon mit

Ein Interieur im warmen Rotton von kubanischem Mahagoni – das wird es so nie wieder geben, denn das Holz wächst nicht mehr. Der Salon mit offenem Kamin im Landhaus-Stil, edel der Durchgang zur Eignerkammer mit Bettvorhang und Modell der WHITEFIN.

den reinen Rennyachten der IMS-Maxi-Klasse herumgeschlagen hat.

Wenn der Wind genügend stark ist und der fast 1000 Quadratmeter große Spinnaker zieht, kommen die 170 Tonnen so richtig in Fahrt. Aus diesem sportlichen Grund wurde auf eine vollständige Automatisierung bei der Bedienung der Segelgarderobe verzichtet. Der Besan wird zwar mithilfe eines Rollsystems im Mast geborgen, doch das gewaltige durchgelattete Großsegel wird, von Lazy Jacks aufgefangen, noch schön mit der Hand auf dem Großbaum aufgetucht. Genua und Stagsegel sind mit Reckmann-Rollreffanlagen versehen.

Mitsegelnden Gästen steht ein geräumiges Cockpit mittschiffs zur Verfügung, wo sie der Mannschaft zumindest nicht im Wege sind. Geführt wird die Yacht von dem achteren Cockpit aus, das von einer Batterie von Winschen umgeben ist. Das Steuerrad aus Holz und Bronze ist eines Windjammers würdig. Über das Teakdeck erheben sich die lackglänzenden Aufbauten, die silberglitzernden Dorade-Lüfter und die auf Holzpodesten angeordneten Winschen für Fallen und Strecker rund um den Großmast. Anker und Kette liegen unter einer Klappe im Vorschiff verborgen. Wird der Anker benötigt, hebt ihn ein hydraulisch betriebener

Platz für zehn am großen Tisch im Salon. Kardanisch aufgehängte Lampen spenden warmes Licht, die aufwändigen Holzeinbauten bergen viele Fächer, Regale und Schubladen, in denen Glas, Geschirr und Bestecke einen sicheren Platz finden.

Arm in den Bugkorb. Ein halb offenes Rohr führt bis in den Kettenkasten, sodass Kette und Anker niemals mit dem Deck in Berührung kommen müssen.

Unter Wasser gleicht ALEJANDRA eher einem modernen America's Cupper als einem J-Boat. Der kurze Flügelkiel ist das Ergebnis ausführlicher Schlepptanktests und Computersimulationen. Der Aufwand hat sich gelohnt. Die Ketsch liegt sehr ausgewogen auf dem Ruder und erreicht bei Windstärke 5 eine Am-Wind-Geschwindigkeit von 13 Knoten.

Unter Deck führen drei Niedergänge. Für die Crew gibt es einen Niedergang im Vorschiff, einen weiteren aus dem Mittelcockpit, während der eigentliche Zugang durch das Deckshaus und die Navigation führt. Die Inneneinrichtung ist einmalig, was nicht nur an der Aufteilung der Räume und der Qualität der Holzarbeiten liegt. Es ist das Holz selbst, der intensiv rötliche Ton von kubanischem Mahagoni, einem Holz, das stets selten war und das es heute leider nicht mehr gibt. Der erste – spanische – Eigner hat es seinerzeit aufgrund seiner guten Verbindung zu Staatschef Fidel Castro besorgen können. Die Decken sind in scharfem Kontrast zum Mahagoni weiß lackiert.

Die Eignersuite achtern, lichtdurchflutet

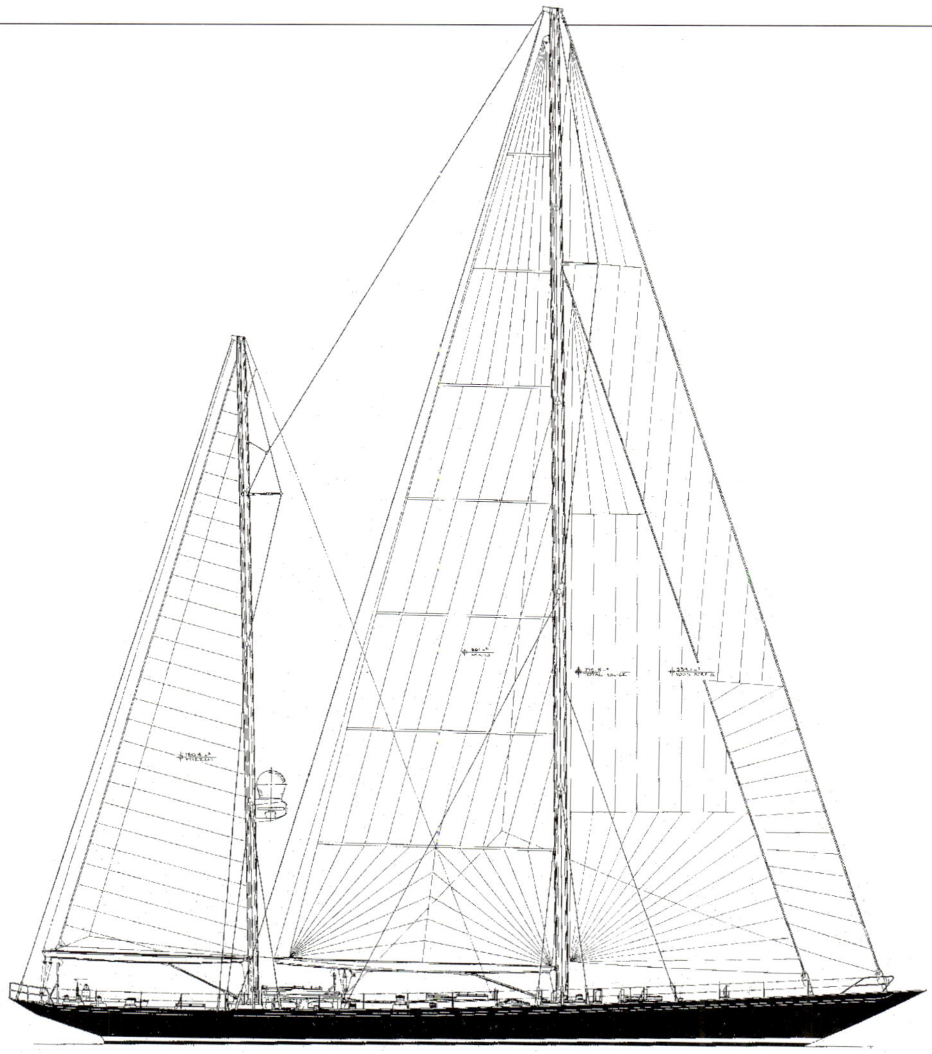

ALEJANDRA trägt ein klassisches Ketschrigg mit 716 Quadratmetern Segelfläche am Wind. Lüa 41,33 Meter, LWL 30,50 Meter, Breite 8,08 Meter, Tiefgang 3,84 Meter. Designer: Bruce King.

Weiß lackierte Wände und Bilder mit Pflanzenmotiven in einer der Gästekammern, vornehmlich Mahagoni in der Eignerkammer. Ein Foto der Yacht und ein Modell der WHITEFIN sorgen für maritimes Ambiente.

von mehreren großen Skylights, füllt den Raum hinter dem Cockpit vollständig aus. Die kostbaren Holzornamente, die hinter Holzkassetten verborgenen Öffnungen für die Klimaanlage und die Kombination von wertvollsten Teppichen mit hochwertigen Stoffen ergeben ein perfektes Ambiente. Der zentrale Aufenthaltsraum ist die Messe, die sich mittschiffs über die gesamte Breite der Yacht erstreckt. Neben den üblichen Decksluken sorgen zwei der bereits erwähnten achteckigen Kuppeln aus Glas, Holz und Messing für Licht. Sie lassen sich hydraulisch öffnen. Die Steuerbordseite des Salons ist einschließlich des offenen Kamins im Stil der Bibliothek eines englischen Landhauses gestaltet. Voraus kann man durch eine Pantry den Service- und Crewbereich betreten. Auch die moderne Kombüse zeigt sich in traditionellem Gewand. Um das Gewicht im Vorschiff niedrig zu halten, wurde für die Verkleidung des Mannschaftslogis leichtestes Honeycomb-Material verwendet. Sogar das Bügelbrett der Stewardess besteht aus High-Tech-Waben.

Mit einer 675-PS-Hauptmaschine von MAN ist die Yacht ausreichend mit Kraft versorgt. Aber wer, bitte, wird sich bei einer reinrassigen Segelyacht wie ALEJANDRA über so profane Dinge wie Motoren unterhalten?

NARIIDA

Oceanracer oder Fahrtenyacht? Bei NARIIDA/WALLY-GATOR verschwimmen die Begriffe. Die 32 Meter lange Wally brachte eine neue Ästhetik in die Superyachtszene und startete einen Trend.

EINE NEUE ART, ÜBER YACHTEN NACHZUDENKEN

In der stürmischen, finsteren Nacht vom 20. auf den 21. Oktober 1999 nahm die 32-Meter-Ketsch NARIIDA Kurs auf einen Rekord: Drei Stunden, vier Minuten und 40 Sekunden benötigte die dunkelgrüne Wally 105 für die 45 Seemeilen von Monaco nach St. Tropez und gewann damit erstmals die von Wally Yachts ausgeschriebene Trophy für die schnellste Zeit zwischen diesen beiden wichtigen Yachthäfen des Mittelmeers. Das entspricht einer Durchschnittsgeschwindigkeit von 15 Knoten, wobei der norwegische Eigner und seine in Weltregatten gestählte Crew mit der NARIIDA einen Topspeed von 23,9 Knoten erreichten.

Die NARIIDA ist allerdings keine Rennyacht, sondern ein Fahrtenschiff mit komfortabler Inneneinrichtung und notfalls von einer einzigen Person über weitgehend automatisierte Bedienungselemente per Knopfdruck zu segeln. Dank der innovativen Ideen ihres Erfinders Luca Bassani Antivari und seines Teams sowie modernster Bautechnologie wurde die NARIIDA zu einem Eckpunkt im Bau von Superyachten.

NARIIDA lief 1994 als WALLYGATOR II bei Concordia Custom Yachts in Massachusetts/USA vom Stapel. Konstrukteur Luca Brenta gelang es, Bassanis Ideen optimal umzusetzen und dabei die neuesten technischen Erkenntnisse von America's Cup-Regatten und Whitbread-Weltrennen mit dem Wunsch nach Großzügigkeit und Bequemlichkeit unter Deck bei zugleich einfachstem Bedienungskomfort zu verbinden. Ein jollenähnlicher, nur 12,5 Tonnen schwerer Rumpf – in Kohlefaser-Komposit-Technologie gebaut –, kurze Überhänge sowie ein schmales Kielblatt mit Bombenkiel und einem absenkbaren Schwert sorgen bei einer Gesamtverdrängung von 60 Tonnen für Segelleistungen, die es diesem Schiff erlauben, gegen die schnellsten Yachten der Welt in den Ring zu steigen. Der 38 Meter hohe Kohlefasermast trägt eine Segelfläche von rund 530 Quadratmetern. Hoch am Wind werden schon bei Windstärke 2–3 gut 11 Knoten erreicht, mit

Wird es im Cockpit zu heiß, zu kalt oder zu nass, lässt sich aus dem Süll ein Cabriolet-ähnliches Verdeck aufklappen. Die Winschen für das laufende Gut sind zentral in der Nähe der beiden Ruderstände angeordnet. Computertechnik und Joystick sind am Ruderstand abrufbar. Die Wally 105 segelt sich trotz ihrer Größe wie eine Jolle und bietet Segelspaß pur.
Im Heck der Yacht, das sich hydraulisch öffnen lässt, ist ein Tender verstaut. Wie das gesamte Schiff, so ist auch die Heckklappe in leichtestem High-Tech-Carbon gehalten.

einem Schrick in den Schoten fährt die Yacht mühelos einen Speed von 13 Knoten. Im Gegensatz zu den reinen Rennyachten wird zur Bedienung der WALLYGATOR/NARIIDA nur ein Bruchteil der Crew benötigt. Eine toppgeriggte Selbstwendefock sowie ein durchgelattetes Großsegel und Besan, die beim Bergen von wannenartig ausgehöhlten Park-Avenue-Bäumen aufgenommen werden, erleichtern die Arbeit an Bord der Ketsch. Die Fallen werden von automatischen Winschen bedient, alle Schoten, Strecker und die Riggspannung sind hydraulisch zu steuern, per Knopfdruck von einer der beiden Schaltpulte am Ruderstand.

In der Wally 105 wurden fast alle Innovationen vereinigt, für die Wally Yachts inzwischen berühmt wurde. Das Teakdeck ist wirklich aufgeräumt, alle Luken schließen bündig mit dem Deck ab, Klampen lassen sich versenken. Aufgrund der stark gefeilten, bis an die Rumpfkante ausgestellten Salinge kann auf Backstage verzichtet werden. Arbeits- und Gästecockpit sind voneinander getrennt, die Travellerschiene für die Großschot verläuft über den Köpfen der Crew auf einem Targabügel, sodass an Deck große Flächen entstehen, auf denen sich ungestört Sonnenbaden und Faulenzen lässt. Eine hydraulisch zu öffnende

Schlicht und schön: Die Wally-typische Minimalästhetik findet sich auch in der Navigation. Ein Fenster im Rumpf der Yacht sorgt für Sonnenlicht und einen Blick des Navigators über die See.

Heckklappe bietet Platz für einen Tender oder zusätzliche Ausrüstungsgegenstände.

Auch unter Wasser findet sich Technik vom Feinsten: Dank des absenkbaren Kielschwertes lässt sich der Tiefgang von 5,15 Meter auf 3,60 Meter reduzieren, die zwei 180-PS-Yanmar-Motoren versorgen die Schiffsbetriebssysteme mit Energie und wirken auf je einen im Vorschiff und im Achterschiff liegenden ausfahrbaren, um 360 Grad drehbaren hydraulisch angetriebenen Propeller, sodass die Yacht notfalls auch seitwärts fahren kann. Der Anker liegt in einer Art Abwurfschacht unter dem Vorschiff verborgen. Der Gennaker wird über einen ausfahrbaren Bugsprit aus Kohlefaser gefahren. Auch unter Deck sorgte Bassani für manchen Bruch mit der Segeltradition. So liegen Eigner- und Gästekammern weit vom Lärm der Maschine und dem Getrampel im Cockpit entfernt im Vorschiff, während die Besatzung und die Wirtschaftsräume achtern untergebracht sind. Das für Wally typisch elegante, minimalistische Innendesign erweckt den Eindruck einer für eine 32-Meter-Yacht ungewöhnlichen Geräumigkeit. Der Salon etwa reicht über die volle Schiffsbreite und erscheint durch die breiten Fenster im Rumpf noch größer. In Richtung Vorschiff schließen sich daran zwei

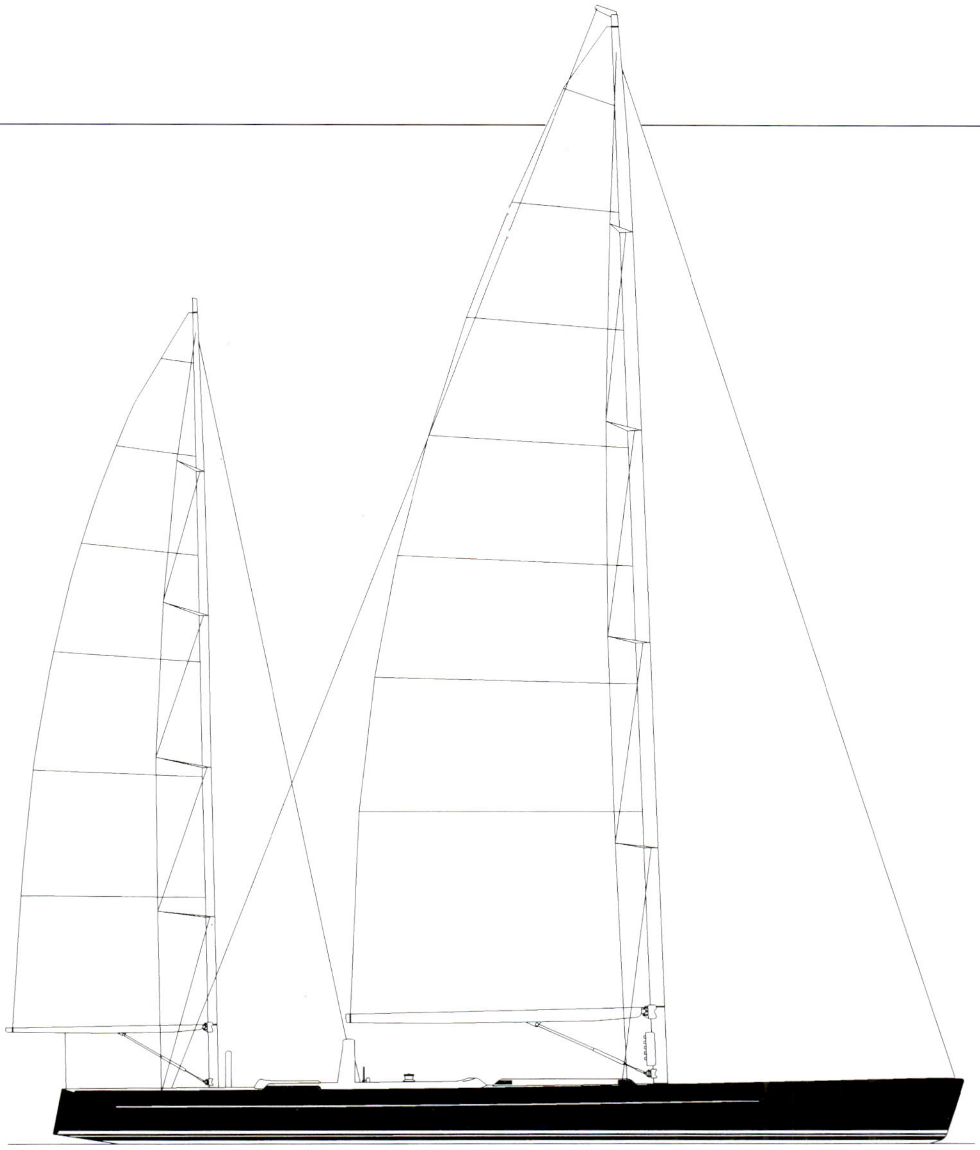

Daten einer faszinierenden Segelyacht: Lüa 32,00 Meter, LWL 27,93 Meter, Breite 8,02 Meter, Tiefgang 5,15/3,60 Meter, Displacement 60 Tonnen, davon Ballast 24 Tonnen, Segelfläche 530 Quadratmeter, Antrieb 2 x 180-PS-Yanmar.

Eine Wally lässt sich notfalls vom Rudergänger allein segeln. Computer am Ruderstand liefern alle wichtigen Daten, Schoten und Strecker sind durch einen Druck auf das Tastenfeld des Ruderpults regelbar. Mit den Joysticks lassen sich die beiden aus dem Rumpf ausfahrbaren und um 360 Grad drehbaren Propeller bedienen.

Doppel-Gästekammern und die Eignerkabine an. Sie verfügen natürlich jeweils über ein eigenes Bad.

Zum Zeitpunkt der Indienststellung der WALLYGATOR II war die Diskussion um die Tauglichkeit von Kohlefaser als Material für den Bau von Rumpf, Deck und Spieren für Schiffe dieser Dimension noch nicht abgeschlossen. Doch in den folgenden Jahren segelte die Yacht lange Touren durchs Mittelmeer, nahm sehr erfolgreich an einer Vielzahl von Regatten teil und überquerte mehrfach den Atlantik. Die Kritiker verstummten schnell.

Weil Bassani schließlich noch radikalere Vorstellungen im Yachtbau umsetzen wollte, verkaufte er sein Schiff. Der neue Eigner benannte die Yacht in NARIIDA um und besegelte mit ihr zunächst die Gefilde seiner norwegischen Heimat. Gegen Kälte und Regen lässt sich das gesamte Cockpit durch ein versenkbares Klappverdeck schützen. Das WALLYGATOR II/NARIIDA-Konzept ist zum Vorbild für weitere Wallys geworden. Mit WALLY B (1998) und KENORA (1999) segeln mittlerweile zwei weitere, allerdings als Slup getakelte Nachfolgerinnen der „Wally-Mutter". Die von Wally Yachts entwickelten Ideen wurden zum Vorbild für eine ganze Generation neuer Yachten.

MARI-CHA III

Die Segelsysteme an Bord der MARI-CHA III sind sowohl hydraulisch als auch mechanisch zu betreiben. Eine Batterie von Coffeegrindern und Winschen bietet der Regattacrew von rund 25 Mann reichlich Möglichkeit, sich auszutoben.

EINE SUPERYACHT, DIE SCHNELLER SEGELT ALS DER WIND

Diese Superyacht nimmt in der Welt der Superlative eine Sonderstellung ein: MARI-CHA III. Mit 44,70 Metern Länge ist die von Philippe Briand konstruierte Ketsch die größte, je in Kohlefaser-Kevlar gebaute Yacht, eine Gemeinschaftsproduktion der beiden neuseeländischen Werften Sensation Yachts und Marten Marine. Sie bauten einen extrem leichten Rumpf mit einem Displacement von nur 128 Tonnen, wovon allein 43 Tonnen als Ballast in der Kielbombe stecken. Weitere sieben Tonnen können als Wasserballast an Bord gepumpt werden. Die Am-Wind-Segelfläche beträgt 1000 Quadratmeter. Vor dem Wind kann MARI-CHA III 1600 Quadratmeter Segelfläche setzen. Das entspricht nahezu der Segelfläche einer Bark wie der GORCH FOCK der Deutschen Marine. So hat Briand ein Schiff entwickelt, dessen Segelfläche der anderer Yachten mit doppelter Verdrängung entspricht. Sogar der Innendesigner musste sich dem Gewichtsdiktat unterwerfen. Die Einrichtung durfte 6,5 Tonnen nicht überschreiten. Ein Teil der Inneneinrichtung ist herausnehmbar, um im Wettbewerb weiteres Gewicht zu sparen.

Die Linien der MARI-CHA III mit ihrem scharfen Steven, dem flachen Boden und dem breiten Heck lassen einen schnellen Übergang von der Verdrängungs- in die Gleitfahrt zu und sind, neben dem schmalen Kiel mit Trimmklappe, ein weiteres Indiz für höchste Leistungsfähigkeit. Lediglich das breite, von einem kräftigen Süll umrandete Cockpit und das stromlinienförmig flache Deckshaus deuten an, dass es sich eigentlich um eine Fahrtenyacht handelt.

Die Leistungen der MARI-CHA III sind tatsächlich ein einziger Superlativ. Bei zwölf Knoten wahrem Wind erreichte die Yacht an der Kreuz 12,5 Knoten Speed, bei 14 Knoten wahrem Wind auf dem Raumkurs 17 Knoten. Damit ist MARI-CHA III vermutlich die schnellste Einrumpfsegelyacht der Welt. Den Beweis dafür blieb sie nicht schuldig. Im Oktober 1998 startete MARI-CHA III zu einem Transatlantik-Rekordversuch in west-östlicher Richtung. Sie erreichte das Ziel bei Lizard

Das Cockpit wurde von Designer John Munford entwickelt und zunächst als Modell im Maßstab 1:1 gebaut. Die Ausrüstung entspricht einer Regattayacht: Tochtergeräte für Kurs, Wind und Speed am Mast, gewaltige Umlenkblöcke für das Backstag und hydraulische Reckmann-Rollreffanlagen auf dem Vorschiff.

Point in Südengland nach 8 Tagen, 23 Stunden, 59 Minuten, 41 Sekunden – die schnellste Zeit, die je eine Einrumpfyacht aufstellte. Damit gelang es dem Eigner und seiner zwanzigköpfigen Crew, eine Durchschnittsgeschwindigkeit von 14 Knoten zu erzielen.

In etlichen Bereichen tritt die „doppelte Persönlichkeit" der Yacht zu Tage. Als Fahrtenschiff verfügt sie über hydraulische Segelbedienungssysteme, für Regatten und zur Aufstellung neuer Segelrekorde kann das gesamte Winschensystem auf mechanischen Betrieb umgestellt werden.

Während das Rumpf- und Decksdesign höchst futuristisch wirken, ist das Interieur traditionell gestylt: Mahagoni-Schreinerarbeiten mit Kassettentäfelung im „Edwardian Style" bilden einen scharfen Kontrast zu dem äußerlichen Racing-Outfit. Die Einbauten sehen durabel und schwer aus, sind es aber nicht. Vertäfelungen, Schränke, Tische und Schubladen sind federleicht, denn statt Vollholz wählte Innenarchitekt John Munford Nomex-Waben mit Mahagoni-Furnier. Im Vergleich zu Vollholz reduzierte sich damit das Gewicht der Einbauten auf weniger als die Hälfte, die Kosten hingegen stiegen um das Dreifache. Ein großer Teil der Inneneinrichtung wurde zuvor als 1:1-Modell

Ein traditionelles Mahagoni-Interieur im „Edwardian Style" schuf John Munford. Es ist leicht und solide, aber nicht echt. Im Salon, in der Eignersuite und im Navigationsraum wurde Mahagoni-Furnier auf federleichte Nomex-Waben geklebt. Der Unterschied zum Vollholz ist nicht erkennbar.

gebaut, da Kompositstrukturen, sind sie einmal eingebaut, keine Änderung erlauben.

Die Aufteilung unter Deck entspricht dem Vorbild, das sich bewährt hat. Achtern liegt die Eignersuite nebst Bad und Büro, mit direktem Zugang zum Deck. Dazu kommen zwei Doppelkabinen für Gäste mit Duschbädern, ein Salon mit Platz für zehn Personen am Tisch, das Ruderhaus mit Navigationsraum sowie der Crew- und Servicebereich im Vorschiff. Für die Arbeitsoberfläche in Kombüse und Bädern klebte die Werft sechs Millimeter dünne Marmorplatten auf einen Nomex-Kern. Das Gewicht sank gegenüber echten Marmorplatten auf 35 Prozent. Zu sehen ist von dieser High-Tech-Schummelei nichts. Selbst die Beleuchtungskörper wurden erleichtert, und zwar durch dünnere Materialquerschnitte und feinere Gläser als üblich.

Auf einer Yacht dieser Klasse wird selbst die Beschaffenheit der Griffelemente ernst genommen. Dazu Innendesigner Munford: „Der Mensch erwartet, dass sich bestimmte Gegenstände so anfühlen, wie er es gewohnt ist. Es gibt Bereiche, wo man Gewicht sparen kann, und andere, wo das Berühren und Ertasten einzelner Gegenstände Vorrang vor einer Gewichtsreduzierung hat, zum Beispiel bei Wasch-

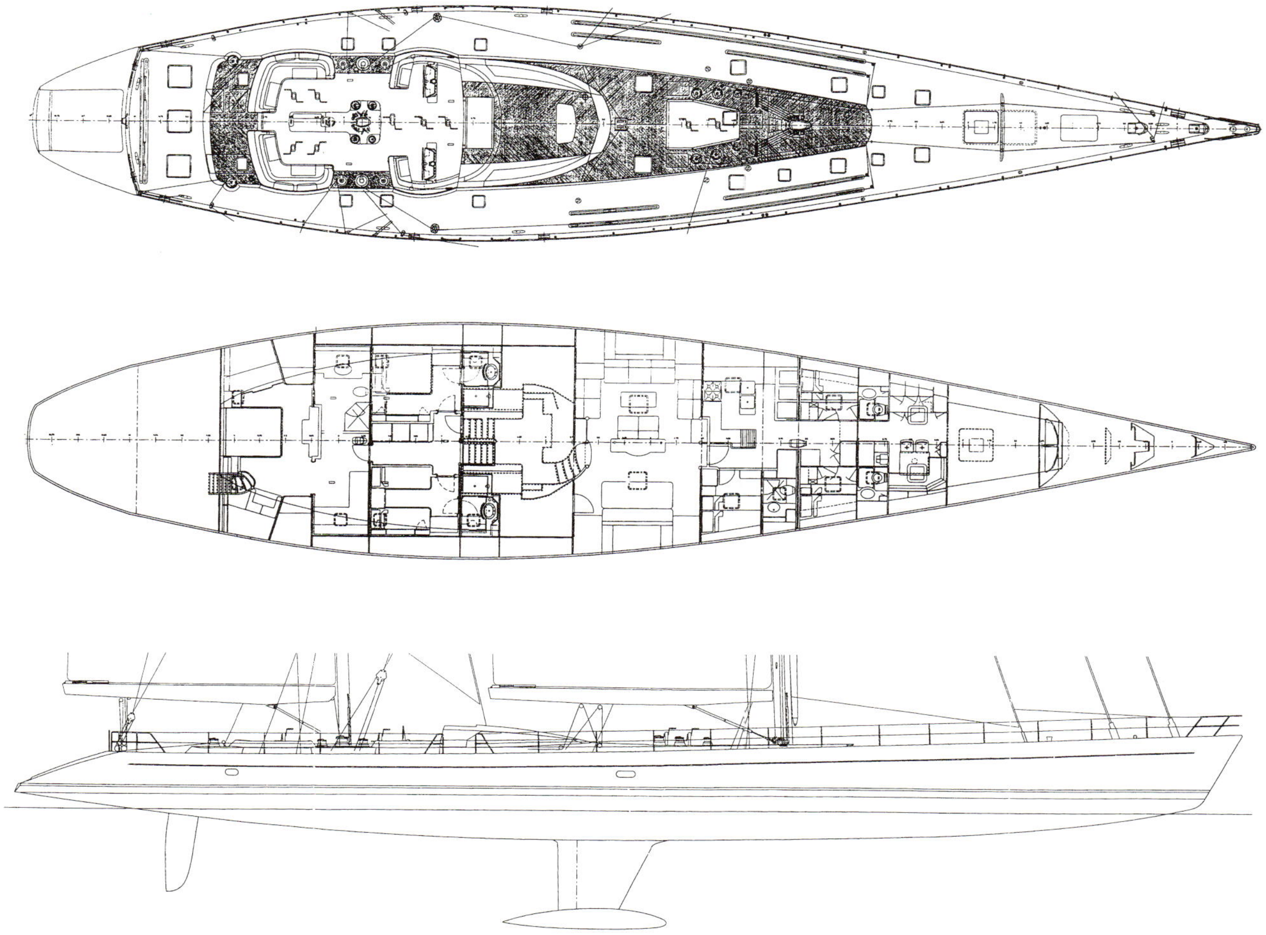

Die fliegende MARI-CHA III: Lüa 44,70 Meter, LWL 38,00 Meter, Breite 9,00 Meter, Tiefgang 4,50 Meter, Displacement 128 Tonnen, Segelfläche 1000 Quadratmeter, Höhe Großmast 48,55 Meter über Deck, Antrieb 310-kW-Caterpillar.

Edler Marmor im Bad, aber ebenfalls nicht echt. Aus Gründen der Gewichtsersparnis wurde Marmor-Furnier auf Nomex-Waben geklebt, das zwei Drittel weniger wiegt. Der Büroraum im Eignertrakt erinnert an das Interieur englischer Herrenhäuser.

becken, Armaturen, Handgriffen, Küchen- und Kleiderschranktüren." Um den Eindruck von mehr Masse zu vermitteln, wurde der Nomex-Kern an relevanten Stellen in der Dicke überdimensioniert. So ist die MARI-CHA III ein eindrucksvoller Beweis, dass erhebliche Gewichtseinschränkungen an Bord einer Hochseeyacht keineswegs eine Einschränkung des Komforts bedeuten müssen.

Die Motorisierung der Yacht wurde mithilfe eines 600-PS-Caterpillar-Diesel gelöst, der für eine Reisegeschwindigkeit von knapp 15 Knoten sorgt. Ein 40-kW- und zwei 15-kW-Generatoren dienen dem Betrieb der Bordsysteme. Im breiten Heck befindet sich die Garage für den Tender und ein Schlauchboot.

Beim Bau von MARI-CHA III haben Konstrukteur und Bauwerft Neuland betreten und damit zwangsläufig eine Menge Lehrgeld bezahlt. Ende Oktober 1977 war die Yacht, nach einigen Verzögerungen – und einer Fülle von Optimierungen – fertig gestellt. Ob mit der vierköpfigen Fahrtencrew oder mit 25 Mann Regattacrew, MARI-CHA III ist nichts von ihrer Leistung schuldig geblieben. Kaum eine Yacht hat für so viel Gesprächsstoff gesorgt wie diese unter dem Stander der Royal Yacht Squadron segelnde, abenteuerlich schnelle Ketsch.

NUMBER ONE

NUMBER ONE

Mit Klippersteven und Heckgalerie, um den schwarzen Rumpf ein weißes Band – so ist die NUMBER ONE als typische Jongert zu erkennen. Die solide Verarbeitung des Stahlrumpfes setzt sich in der Inneneinrichtung fort: edel konservatives Design im Deckshaus mit dem zweiten Fahrstand und in der geräumigen Eignerkammer im Heck mit Doppel- und Einzelkoje.

DER HÖHEPUNKT EINES ERFOLGREICHEN KONZEPTS

Für die Jongert-Werft im holländischen Medemblik ist der Bau von Superyachten das täglich Brot. Gleich, ob in der traditionellen Linie, mit Klipperbug und Galerieheck, oder im modernen Cruiser-Racer-Design – Jongerts sind vollendete und in ihren Segeleigenschaften gutmütige Langfahrtschiffe. Sicherheit, Zuverlässigkeit und Komfort gehen den qualitätsbewussten Holländern allemal vor modischem High-Tech und Speed.

Mit der Jongert 40 T (T steht für „traditionell"), die im März 1999 für einen deutschen Eigner als bislang größtes Schiff der Werft vom Stapel lief, fand die Werft einen guten Kompromiss zwischen bewährter Jongert-Technik und viel versprechender Neuentwicklung. Als Erstes von zunächst drei bauähnlichen Schiffen dieser neuen Serie bot sich der doppeldeutige Name NUMBER ONE geradezu an.

Der in gewichtsoptimierter Stahlbauweise entstandene Rumpf mit seinen Aufbauten aus Aluminium und den weiten Überhängen verdrängt rund 180 Tonnen, wobei eine große Heckplattform mit einer automatisch auf Meereshöhe absenkbaren, breiten Freitreppe einen besonderen Charakter verleiht. Diese Plattform macht, verbunden mit dem weit schwingenden Steven, rund acht Meter der Überhänge des in der Wasserlinie nur rund 28 Meter langen Schiffes aus.

Um ein optimales Segelverhalten und einen zugleich möglichst geringen Tiefgang zu gewährleisten, hat Konstrukteur Tony Castro sehr elegante Rumpflinien gezeichnet und mit dem von Jongert entwickelten Faltkiel versehen. Achtern hängt ein mit Flügeln versehenes, an den Schwanz eines Wales erinnerndes Spatenruder. Die von Beilken in Bremen gelieferte Segelfläche des Ketschriggs ist trotz seiner imponierenden Dimensionen eher handlich bemessen und, wie heute bei Schiffen dieser Größenordnung üblich, per Knopfdruck zu steuern. Groß- und Besansegel lassen sich in den Kohlefaserbäumen einrollen.

Unter Maschine erreicht die NUMBER ONE fast die Eigenschaften einer Motoryacht:

Ein geschütztes Gästecockpit im Heck der Yacht ist der gesellschaftliche Mittelpunkt an Deck. Die Schotführung des Besans läuft über den Mastfuß, der Baumniederholer lässt sich schnell wegklappen.

Die 393 kW/543 PS-MTU 12 V-Maschine sorgt für eine Reisegeschwindigkeit von mehr als 10 Knoten und eine Reichweite von ca. 2400 Seemeilen. Für Hafenmanöver stehen ein 50 kW/70 PS-Hydromar Bug- und ein 35 kW/48 PS-Heckstrahlruder zur Verfügung.

Dem Wunsch des Eigners entsprechend, wählte Jongert für den Bau der NUMBER ONE eine eher konservative, in dunklem Mahagoni gehaltene Innenausstattung, von der sich die hellbeigen Teppiche und Lederbezüge der Sitze deutlich absetzen.

Großzügig ist die Raumverteilung. Vor dem Fahrstand schließt sich das Deckshaus mit Navigation und zweitem Fahrstand an, ein paar Stufen weiter eröffnet sich ein weiter, heller Salon. Die Wirtschafts- und Crewräume, drei bis vier Mann festes Personal sind üblich, liegen im Vorschiff, ebenso der Zugang zum Maschinenraum. Mittschiffs, links und rechts vom Gang, sind die Gästekabinen angeordnet, jeweils mit separatem Bad, und den gesamten Bereich des Achterschiffs füllt die Eignerkammer aus. Zur Einrichtung gehören ein Doppel- und ein Einzelbett, ein L-förmiges Sofa an Backbord sowie ein Schreib- und Frisiertisch an Steuerbord. Mit direktem Zugang liegen an Backbord Bad und WC sowie eine Sitzdusche

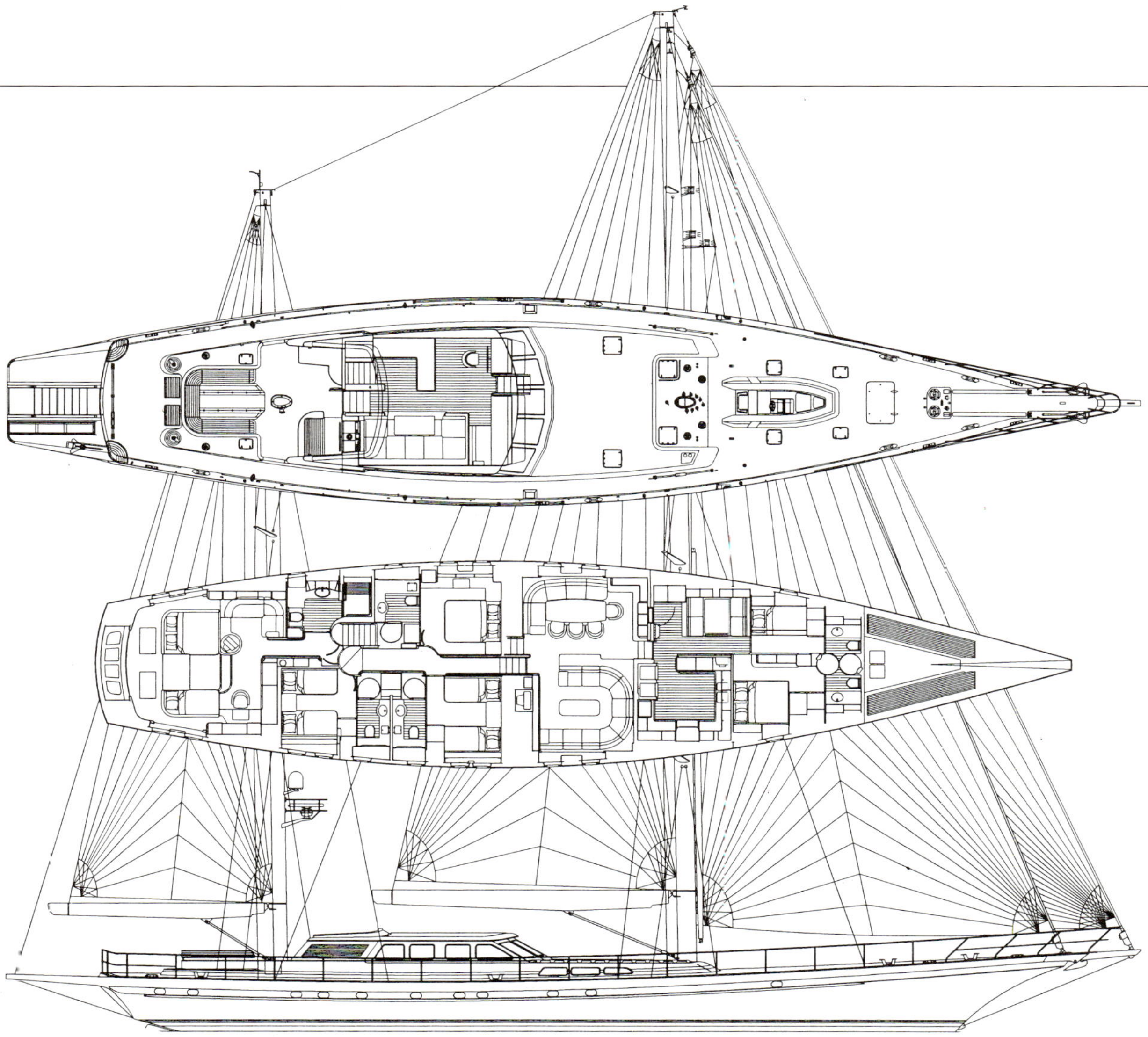

Jongerts dickstes Ding kam zur Jahrtausendwende in Fahrt: Lüa 41,24 Meter, LWL 28,40 Meter, Breite 7,80 Meter, Tiefgang 4,60/ 2,60 Meter, Segelfläche 829 Quadratmeter, Displacement 180 Tonnen, Antrieb 543 PS-MTU.

Dass es zur Jahrtausendwende kaum noch eine Superyacht ohne Automatisierung gibt, beweist die Jongert 40 T: Knöpfe und Schalthebel zur Bedienung der Segel sind ein Muss. High-Tech auf einer Jongert geht mit traditionellem Holzambiente einher.

für zwei Personen. Durch die piratenschiffähnlichen Butzenscheiben der Heckgalerie und die Seitenfenster blickt man nach drei Richtungen aufs Wasser, ein besonderer Vorzug der traditionellen Linie von Jongert-Yachten. Frischluft für Klimaanlage, Heizung und Lüftung wird über eine Öffnung im Mast angesaugt.

Nach ihrer Fertigstellung verholte die Ketsch in nur siebentägiger Reise von Holland nach Mallorca. Der Sommer 1999 wurde von der Werft genutzt, den bislang größten Jongert-Bau in den Häfen des Mittelmeeres vorzustellen, darunter auch beim Maxi-100-Cup vor Porto Cervo. Mit Ende der Saison versegelte die NUMBER ONE nach Florida, wo sie zu Beginn des Jahres 2000 in den Besitz eines kanadischen Eigners übergeben wurde. Zwei weitere 40 T waren damals bereits im Bau.

Die Jongert 40 T setzte für die holländische Werft neue Maßstäbe, in Größe wie in Eleganz. Doch war die NUMBER ONE nur der Auftakt zum Bau noch größerer Yachten, von Yachten, die bei allen Neuerungen stets ihre wirklich „traditionelle" Herkunft erkennen lassen. Jongert-Yachten sind ungewöhnlich wertbeständige Schiffe, geliebt von einem Kundenkreis, für den sich Romantik und technischer Fortschritt nicht ausschließen.

DOUCE FRANCE

Zwei Masten und 529 Quadratmeter Segelfläche: So viel Tuch sorgt bei frischem Passatwind für Geschwindigkeiten bis zu 20 Knoten. Dabei segelt die DOUCE FRANCE aufrecht wie eine Eiche. Rumpf und Aufbauten wurden in Aluminium gebaut. Auf 42 Metern Länge lässt es sich gemütlich spazieren gehen.

EIN GIGANT, DER WIE AUF SCHIENEN DURCHS WASSER SEGELT

Breit sein allein reicht nicht. DOUCE FRANCE ist schmal. Bei einer Länge von gut 40 Metern erreicht dieser Katamaran eine größte Breite von 15,40 Metern. Diese Relation wählten die Konstrukteure nicht von ungefähr. Sie entlastet Rigg und Segel und spart Gewicht. Denn dass er bei Starkwind die Kufe hebt, ist bei einem Komfort-Katamaran nicht vorgesehen. Er soll den Segeldruck möglichst umstandslos in Vortrieb umsetzen.

Breit sein war dem Eigner jedoch wichtig, des Komforts wegen. Er forderte 14 Quadratmeter pro Kabine. DOUCE FRANCE entstand mit genau dieser Maßgabe und wurde 42,20 Meter lang. Damit kommt sie auf 600 Quadratmeter nutzbare Wohnfläche. Dieser Katamaran kann es im Gegensatz zu Monohulls an Lebensraum mit gleich langen Motoryachten aufnehmen.

Sieben Jahre Planung nahm dieses Projekt in Anspruch. Den Bau der DOUCE FRANCE schrieb die Compagnie de Navigation Charter 2 (CNC2) als Konstruktionswettbewerb aus. Den Preis für die überzeugendste Idee holte sich das Duo Marc van Peteghem und Vincent Lauriot-Prevost. Den Auftrag für die technische Konzeption gewann Guillaume Kruyskamp. Als Alu Marine an das Schweißen der Rümpfe und Aufbauten ging, konnte sich die Werft auf die Zeichnungen für den weltweit größten segelnden Katamaran stützen. Van Peteghem und Prevost erhielten auch deshalb den Zuschlag, weil ihr Team Concept Boat Erfahrungen mit Multihull-Racern hat. Und darum ist auch DOUCE FRANCE schnell geworden. „Sie braucht mindestens 15 Knoten Wind, um richtig zu laufen. Mit den üblichen karibischen Winden kommt sie dann aber auch auf 15 bis 20 Knoten", spricht van Peteghem aus den Erfahrungen in den Antillen. Für einen Katamaran geht sie erstaunlich hoch an den Wind. Und falls der Passat doch einmal Atem holt, helfen zwei Nanni-Diesel weiter, und mit 12 Knoten Marschfahrt motort DOUCE FRANCE dann aus der Flaute. Das Bauziel war, eine Yacht zu schaffen, die größtmöglichen Zuspruch des charternden Publikums bekommen sollte. Die

Wie auf dem Landedeck eines Flugzeugträgers sieht es zwischen den beiden Masten des Katamarans aus. Hier findet jeder Gast ein sonniges Plätzchen, und die Crew behält den Überblick. Der dunkel getäfelte Salon, eingerichtet im Stil der dreißiger Jahre, steht im charmanten Kontrast zu den hell und freundlich eingerichteten Gästekammern.

Drei-S-Regel, die als Wegweiser dient, ist bekannt: Speed, Space and Stability. Und Raum ist reichlich vorhanden. Die sechs Gäste-Unterkünfte wanderten in die Rümpfe, ebenso die Crew-Kabinen. Dieses Konzept schuf Platz für einen großen Salon mit originalen Möbeln aus den dreißiger Jahren und auf dem Hauptdeck für eine achtern anschließende Terrasse. Eine teakbelegte Plattform füllt und verbindet den verbleibenden Raum zwischen den Rümpfen. Hier lässt es sich vergnüglich dinieren, unter dem Schutz des mächtigen Großbaums. Und Stehpartys können auf dieser Freifläche ebenfalls ausgerichtet werden. Wenn es sein soll, reicht allein die Terrasse für bis zu 20 Sitzplätze am Tisch, das erinnert an Gartenpartys in einem Strandhotel – nur dass man das Meer nicht in der Ferne sieht, sondern vollständig davon umgeben ist. Auf dem Dach des Salons liegt der Außensteuerstand, quasi als Flybridge. Das zweite Ruder kann der Kapitän aus dem Salon heraus bedienen, falls die Sonne der Karibik zu intensiv oder der Regen zu kräftig ausfallen sollte. Hinter dem oberen Steuerstand können sich sonnenhungrige Gäste – und für solche wurde dieses Schiff gebaut – auf einer reichlich bemessenen Liegewiese vom Licht verwöhnen lassen.

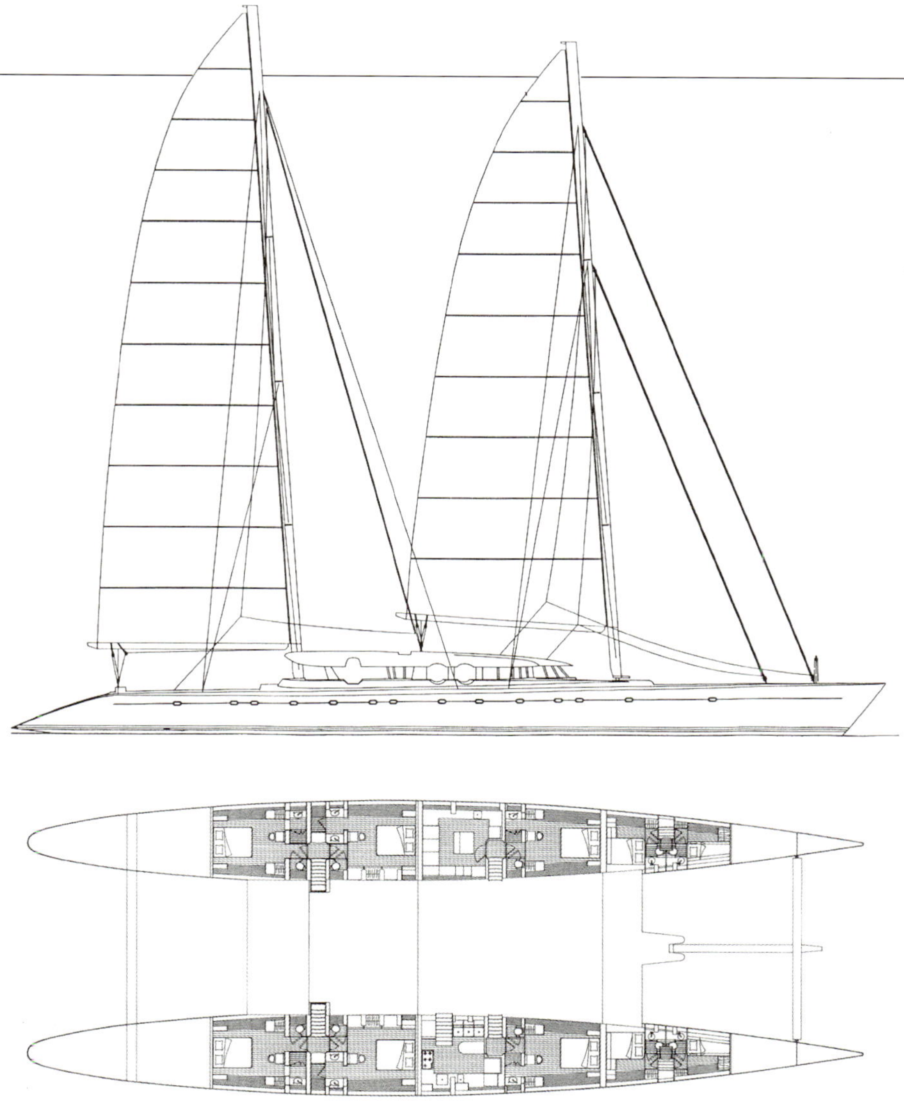

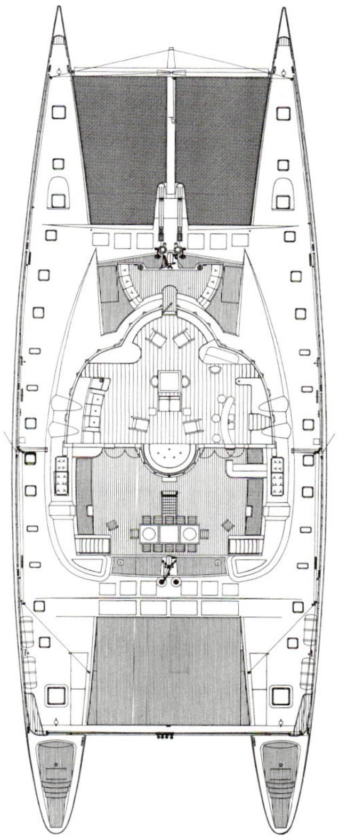

Völlig neue Dimensionen auf zwei Rümpfen. Die DOUCE FRANCE ist 42,20 Meter lang und 15,40 Meter breit. Am Wind setzt sie 529 Quadratmeter, auf raumen Kursen über 700 Quadratmeter Segelfläche. Der Aluminium-Katamaran hat 2,50 Meter Tiefgang und verdrängt 120 Tonnen.

Auf dem teakbelegten Achterdeck der DOUCE FRANCE ist so viel Platz wie im Garten eines Luxushotels, genau der richtige Ort für ein Dinner unter karibischem Himmel. Ein paar Schritte weiter enden die Doppelrümpfe des Katamarans mit einer Badeleiter zum größten Swimmingpool der Welt: dem Meer.

Das Gefühl, von freundlichen Farben umgeben zu sein, wird den Gast bis ins tiefste Innere der Yacht begleiten. Die eher dunkel gehaltene Salon-Ausstattung steht im Kontrast zu den Kabinen. Hier regiert Sycamore, Bergahorn, hell, leicht, luftig. Decken und Decksbalken sind weiß lackiert. Im Deckenbereich misst die Breite vier Meter. Die Bäder sind „en suite" gebaut, wie es sich gehört. Jede Kabine ist mit einem eingebauten Sekretär ausgerüstet. Dort in den Rümpfen wird sich jedoch niemand zu häufig aufhalten. Das Vergnügen, an Deck den Segeln bei der Arbeit zuzusehen, ist ungleich größer. DOUCE FRANCE setzt am Wind etwa 500 Quadratmeter, auf raumen Kursen über 700. Vor Anker lassen sich achtern vom Hauptdeck Niedergang und eine Plattform absenken, zum leichten Besteigen des Tenders Marke Boston Whaler oder eines Zodiac. Auch ein Ruderboot steht bereit, Wasserski und Tauchanlage. Bei Bedarf wird die Crew um einen Tauchlehrer ergänzt.

Wer nach dem Tauchgang das Salzwasser wieder loswerden will, darf sich in der Dusche gütlich tun. An Bord befinden sich zwei Wasseraufbereiter, die die Yacht mit 20 Tonnen Süßwasser pro Tag versorgen. Karibik-Segler wissen: Das ist der wahre Luxus.

LIBERTY

Mit dem Bau der 52 Meter langen LIBERTY bewies Perini Navi, dass sich das Raumangebot einer Motoryacht mit der Eleganz eines Seglers verbinden lässt. Die Yacht hat vier Decks.

1080 QUADRATMETER WOHNFLÄCHE UNTER WEISSEN SEGELN

Wenn es um die schiere Präsenz geht, nehmen die Yachten von Perini Navi selbst in der Superyacht-Branche eine Sonderstellung ein. Mit ihrem Gewicht von 480 Tonnen Stahl und Aluminium und einer Segelfläche von 1304 Quadratmetern ist die 52 Meter lange LIBERTY ein schwimmender Palast, die mutigste Synthese zwischen Segel- und Motoryacht.

Das Rezept der Perini Navi-Ingenieure im italienischen Viareggio war für eingefleischte Segler zunächst schwer nachzuvollziehen: zu viel Haus, zu wenig Schiff. Doch das Konzept traf genau die Bedürfnisse des Marktes. Eine Perini Navi vereinigt das Platzangebot und die Automatisierung einer Motoryacht mit der Romantik und der Ökonomie eines Seglers. Bei der Baunummer 21 LIBERTY ging die Werft 1997 noch einen Schritt weiter. Für den enormen Rumpf fand man sehr viel schiffigere Linien, die Aufbauten wurden deutlich reduziert und klarer strukturiert, das 49 Meter hohe Rigg mit dem Perini-typischen Fisherman-Segel, das über einen Traveller im Topp des Besan gefahren wird, hat in der Höhe genau die richtigen vertikalen Proportionen. Und was die Proportionen in der horizontalen Ausrichtung betrifft, so ist die LIBERTY ebenfalls kaum zu übertreffen. Das flache, sehr aufgeräumt wirkende Deck schlägt immerhin mit 430 Quadratmetern Arbeitsfläche zu Buche, der auf vier Decks verteilte Wohn- und Stauraum verfügt mit knapp 1080 Quadratmetern über echtes Villenformat. Ergänzen wir die nahezu atemberaubenden Zahlen noch um einen weiteren Wert: Mit eingefahrenem Faltkiel bringt es LIBERTY auf einen Tiefgang von 3,80 Metern. Ausgefahren bekommen die Fische noch bis in 8,17 Meter Tiefe Probleme mit der großen „Freiheit".

Wer Perini Navi kennt, weiß, dass Proportionen nicht alles sind. Wie alle Yachten der Perini-Familie bietet auch die LIBERTY eine Fülle technischer und optischer Überraschungen. Ein deutlicher Blickfang ist die mittschiffs vor den Aufbauten angeordnete, fast über die gesamte Decksbreite ausgedehnte, hufeisenför-

Im Salon spürt der Gast den Komfort der Lobby eines Grand Hotels. Nicht spürbar für den Besucher ist der elastisch aufgehängte Fußboden, mit dem die Werft Schallbrücken vom Maschinenraum begegnet. Darunter die Privaträume des Eigners.

mige Veranda. Zum Schutz gegen Wind und Nässe ist sie mit einer rundum verlaufenden, elektrisch ausfahrbaren Verglasung ausgestattet, bei Regen oder zu viel Sonne öffnet sich auf Knopfdruck ein Baldachin. Er fährt aus einer fest verankerten Trichter-Rahmenkonstruktion in der Mitte der Veranda heraus, eine verblüffende Idee, die von Werftgründer Fabio Perini persönlich stammt.

Das weitgehend glatte Vordeck, auf dem nur die Spitzen der riesigen Fender wie kleine Hütchen aus ihren Gelassen ragen, birgt unter bündig abschließenden Teakholzluken zwei schnelle Boston Whaler. Hydraulisch betriebene 1,5-Tonnen-Davits bringen die Motorbeiboote zu Wasser.

Das Leben an Bord der LIBERTY spielt sich auf insgesamt vier Decks ab, zwei Ebenen über Deck, zwei Ebenen unter Deck. Das Parterre mit Eignerkammer, Salon und den vier Gästekabinen erstreckt sich in Höhe der Wasserlinie, im Tiefparterre liegen der Maschinenraum mit den beiden 12-Zylinder-Deutz-MWM-Motoren von je 924 kW, dem Kasten für den Hubkiel sowie Vorrats- und Servicebereich. Ein entlang der Mittschiffslinie verlaufender Gang führt von der Garage im Heck zwischen den beiden Hauptmaschinen hin-

Die weit überhängende Flybridge bietet Schutz für das achtere Cockpit mit bequemen Korbstühlen. Von hier geht der Blick in Deckshöhe über die See. Zwei Fahrstände stehen zur Verfügung, auf der Brücke und auf der Flybridge. Das Steuerrad ist für den Notfall – statt Joystick.

durch bis zum Großmast mit den Crewkabinen im Vorschiff. Je sechzehn auf beiden Rumpfseiten eingelassene Bulleyes, darunter sieben mit 1,20 x 0,90 Metern sehr großformatige, sorgen für viel natürliches Licht unter Deck und bieten bei Schräglage unter Segeln einen faszinierenden Blick ins Wasser.

Gesegelt wird die Yacht vom klimatisierten Ruderhaus oder von der Flybridge aus. Dabei hat Perini Navi die Automatisierung zur Perfektion getrieben. Nicht nur werden sämtliche Segelfunktionen, einschließlich der auf waagerecht unter Deck liegenden elektrisch betriebenen Trommeln zur Bedienung der Schoten, die ebenso elektrische Mast-Rollreffanlage und die Spannung des Riggs mit dem Antippen eines Joysticks, geregelt – Perini hat die LIBERTY sogar mit einem lernfähigen Computersystem ausgestattet, das permanent Daten sammelt und sich damit ständig optimiert. Mithilfe dieses Programms lässt sich die Yacht wie von Geisterhand bewegen, während der Skipper mit den Händen in der Hosentasche auf der Brücke steht und zusieht, wie der Bordrechner sogar Wendemanöver selbsttätig ausführt, bis hin zum kurzfristigen Einrollen der großen Genua, um sie vom Kutterstag frei zu halten. Kommt bei zunehmendem Wind zu viel Span-

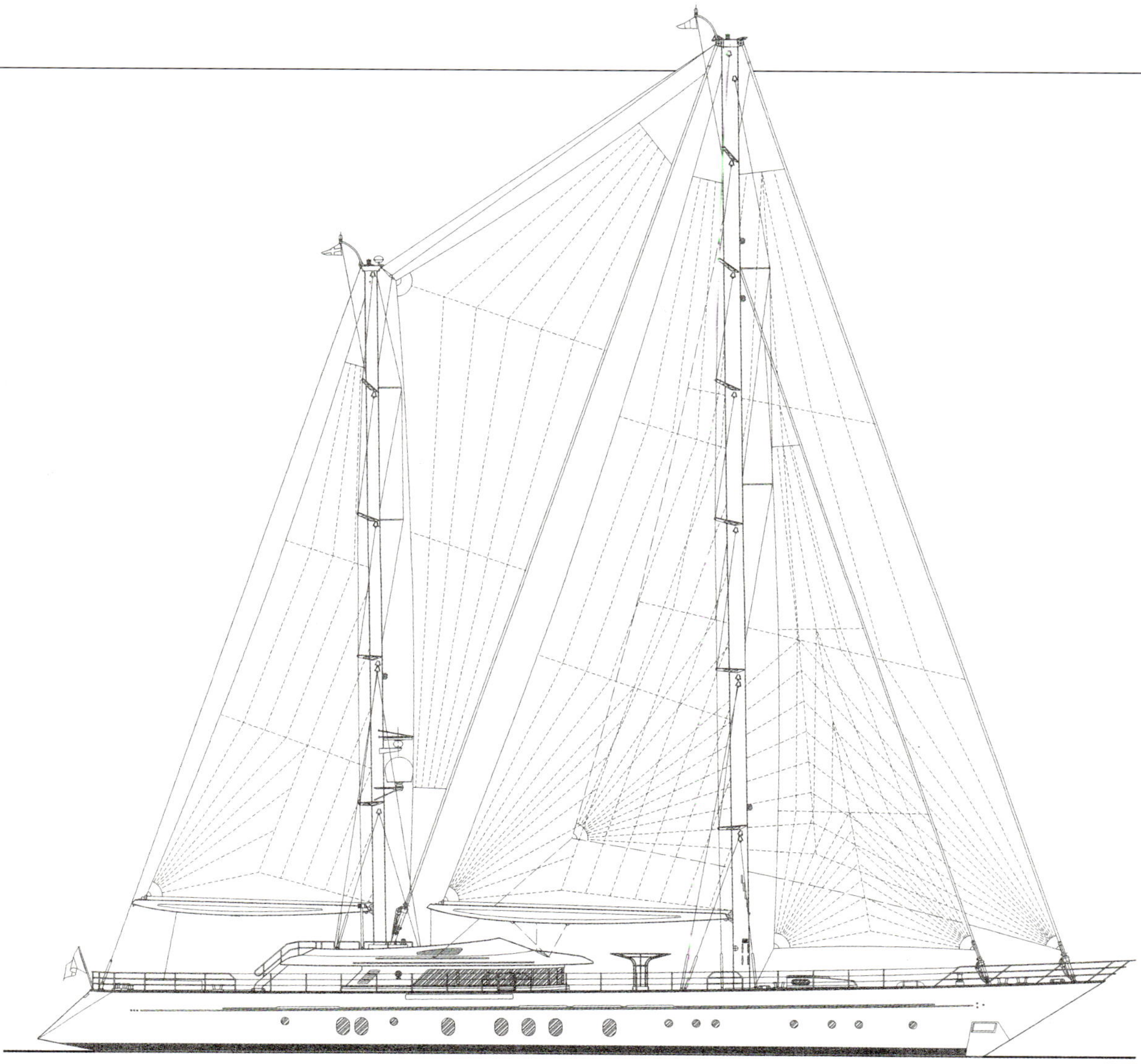

LIBERTY-Maße: Lüa 52,27 Meter, LWL 43,81 Meter, Breite 11,40 Meter, Tiefgang 8,17/3,80 Meter, Displacement 480 Tonnen, Segelfläche 1304 Quadratmeter, Motor 2 x 924 kW-Deutz.

Wer von Bord möchte, tritt durch eine Tür, die sich seitlich am Rumpf öffnet, oder er nimmt sich einen der unter dem Vordeck verstauten Tender. Die blauen Hütchen im Vordergrund sind weggestaute Fender.

nung auf das mit Sensoren gespickte Rigg, wird automatisch gerefft. Die aktuellen Daten werden via INMARSAT-Satellit an die Werft in Viareggio übertragen und können von dort aus überwacht und optimiert werden. Vom Segeln muss der LIBERTY-Kapitän weniger verstehen als von seinem Bordcomputer.

Ein so gut besegeltes Schiff wie die LIBERTY darf sich auch ihrer Maschinen nicht schämen, zumal in jeder Perini Navi noch ein Stück des Motorboot-Gedankens schlummert. So sorgen die beiden extrem vibrations- und lärmgeschützten 924 kW-Deutz 12-Zylinder-Diesel für eine motorbootgerechte Höchstgeschwindigkeit der 480-Tonnen-Yacht von 16 Knoten und eine Reisegeschwindigkeit von 13 Knoten. Das reicht für einen Aktionsradius von gut dreieinhalbtausend Seemeilen. Die Kraft reicht, sollte es einmal nötig sein, um die Yacht auf einer Distanz von nur zweieinhalbfacher Schiffslänge aufzustoppen. Per Knopfdruck, versteht sich.

Spätestens seit dem Bau des Halbfertigproduktes LIBERTY, die vom Kiel bis zum Flaggenknopf ein echtes Perini-Projekt ist, hat die Werft in Viareggio einen nahezu magischen Ruf. Der Beweis findet sich in der exzellenten Auftragslage von Perini Navi.

GEORGIA

GEORGIA
GEORGETOWN C.I.

Höhe und Umfang der Aufbauten der GEORGIA erinnern an Ausmaße, die man an Bord großer Motoryachten findet. Die Flybridge wird von einem versenkbaren Bimini geschützt. Im Mittelpunkt des Brückendecks ein Jacuzzi-Pool, der beim Segeln abgedeckt wird.

DIE UNGEKRÖNTE KÖNIGIN DER SUPERYACHTEN

Größe ist ein relativer Begriff. Gegenüber einem Koloss von Flugzeugträger ist die Superyacht GEORGIA nur ein winziges Fahrzeug. In der Yachtszene allerdings sind ihre Dimensionen zur Jahrtausendwende zum Maß aller Dinge geworden: Mit 48,46 Metern Länge ist GEORGIA die größte jemals gebaute Slup, dazu die größte je in Aluminium hergestellte Segelyacht. Sie trägt mit 61 Metern Höhe den größten je gebauten Kohlefasermast, an dem sie mit 3474 Quadratmetern die größte Segelfläche setzen kann, die je an einem einzelnen Mast gesetzt wurde. Allein der Gennaker besteht aus 2,2 Kilometern Dacrontuch-Bahnen und ist mit 1450 Quadratmetern das größte jemals gebaute Segel. Das Gewicht des 515 Quadratmeter großen Carbon Spectra-Großsegels beträgt mit knapp sechs Tonnen fast so viel wie ein vollständiger Admiral's Cupper. Für den Bau der Yacht benötigte Alloy Yachts in Auckland/Neuseeland hingegen kaum zwei Jahre.

Über dem eleganten mahagonifarbenen Rumpf wölben sich terrassenförmig drei Schichten rundlicher, schneeweißer, von Fensterbändern durchbrochener Aufbauten, die ein wenig an eine große Motoryacht erinnern. Tatsächlich legte der amerikanische Eigner auf eine große, motorbootähnlich umbaute Wohnfläche Wert und suchte sich daher mit dem italienischen Konstrukteur Paolo Scanu einen Mann, der sich bislang mit dem Design von Powerbooten einen Namen gemacht hatte. (Mit einem Hauptantrieb von 1000 kW Leistung verfügt GEORGIA durchaus über die Werte einer Motoryacht). Für die immensen segeltechnischen Fragen dieses Pionierprojektes, dem die Werft 330 000 Arbeitsstunden gönnte, zeichnete der Brite Butch Dalrymple-Smith verantwortlich. Für das Styling schließlich war Glade Johnson verantwortlich, der den geballten Umfang der Yacht in yachtentsprechende fließende Linien kleidete. So haben Segel- und Motoryacht-Design in GEORGIA eine optimale Ergänzung gefunden.

Abgesehen von ihrer kolossalen Größe, orientierte man sich beim Bau an technischen

Für Styling und Innendesign der GEORGIA war Glade Johnson zuständig. Hinter der breiten Fensterfront mit Panoramascheiben verbirgt sich ein konservatives, weitgehend in Kirsche gehaltenes Interieur.
Gänge und Hauptmesse sind mit eigens gewebten Teppichen belegt, in den Bäderablagen wurde dunkler Marmor verwendet.

Errungenschaften, die derzeit bei Superyachten Standard sind. So ähneln etwa die von Reckmann speziell gefertigten Rollreffanlagen der beiden Vorsegel äußerlich durchaus der Serienfertigungsware – sie sind allerdings mannshoch. Der Tiefgang der 338 Tonnen schweren GEORGIA lässt sich von 7,30 Metern auf 3,60 Meter reduzieren. Dafür hängt unter dem mit 80 Tonnen Blei gefüllten Kiel ein hydraulisches ein- und ausfahrbares Schwert, um die Am-Wind-Eigenschaften zu verbessern.

Gesteuert wird diese Königin der Superyachten am besten von der Flybridge aus, von zwei Steuerrädern aus laminiertem Teak und Speichen aus Kohlefaser. Wenn es dem Rudergänger zu heiß wird, kann er ein paar Schritte zurücktreten und sich in ein riesiges Jacuzzi fallen lassen, das zentral auf dem Oberdeck liegt.

Im Gegensatz zu den meisten anderen Yachten der Superyacht-Klasse hat Konstrukteur Scanu den Maschinenraum für den 1000-kW-Caterpillar-Diesel und den 240-kW-Hauptgenerator weit nach achtern verlegt. Damit die Schraubenwelle in eine möglichst waagerechte, vibrationsarme Lage kommt, war er gezwungen, einen speziellen Brunnen für die Schraube im Rumpf auszusparen. Das Problem konnte gelöst werden – mit 14 Knoten unter Maschine

Die Eignersuite mit Kingsize-Bett erstreckt sich über die gesamte Breite der Yacht. En suite das Bad mit doppeltem Waschbecken und Abdeckung in hellem Marmor. In den Gängen und Treppenhäusern ist man geneigt zu vergessen, dass man sich an Bord eines Schiffes befindet. Die aufwändig gedrechselten Geländer erinnern an ein Château.

erreicht GEORGIA ihre anvisierte Geschwindigkeit. Der Treibstoffvorrat reicht für einen Aktionsradius von 4500 Seemeilen. Damit ist jedes Weltmeer auch ohne den Einsatz von Segeln zu überwinden.

Bei der Gestaltung der Innenräume der kolossalen GEORGIA arbeitete Designer Glade Johnson mit Kirschholz und einer Einrichtung im klassischen Stil, was bedeutet, dass sämtliche 100 Kilometer verbauten Kabel und Technologiesysteme unsichtbar sind. Gesellschaftlicher Mittelpunkt der Yacht ist ein Salon, alternativ kann der Tisch für zehn Personen auch in der Lounge oder im Cockpit gedeckt werden. Der Eigner wünschte sich eine separate Lotsenkoje und einen Büroraum – bekam er. Der private Bereich besteht aus vier Gästekammern und einer Eignersuite, die sich über die gesamte Breite der Yacht erstreckt, das sind gut zehn Meter. Exklusive Kreuzfahrtsegler bringen auf der gleichen Schiffslänge leicht 40 Gäste unter, selbstverständlich inklusive der kleinen Turnhalle, mit der sich der Eigner der GEORGIA an Bord fit halten kann.

Die Wirtschaftsräume und die der Besatzung, die in diesem Fall aus acht Mann festem Personal besteht, liegen weit im Vorschiff. Aus praktischen Gründen hat sie es mit Besteck und

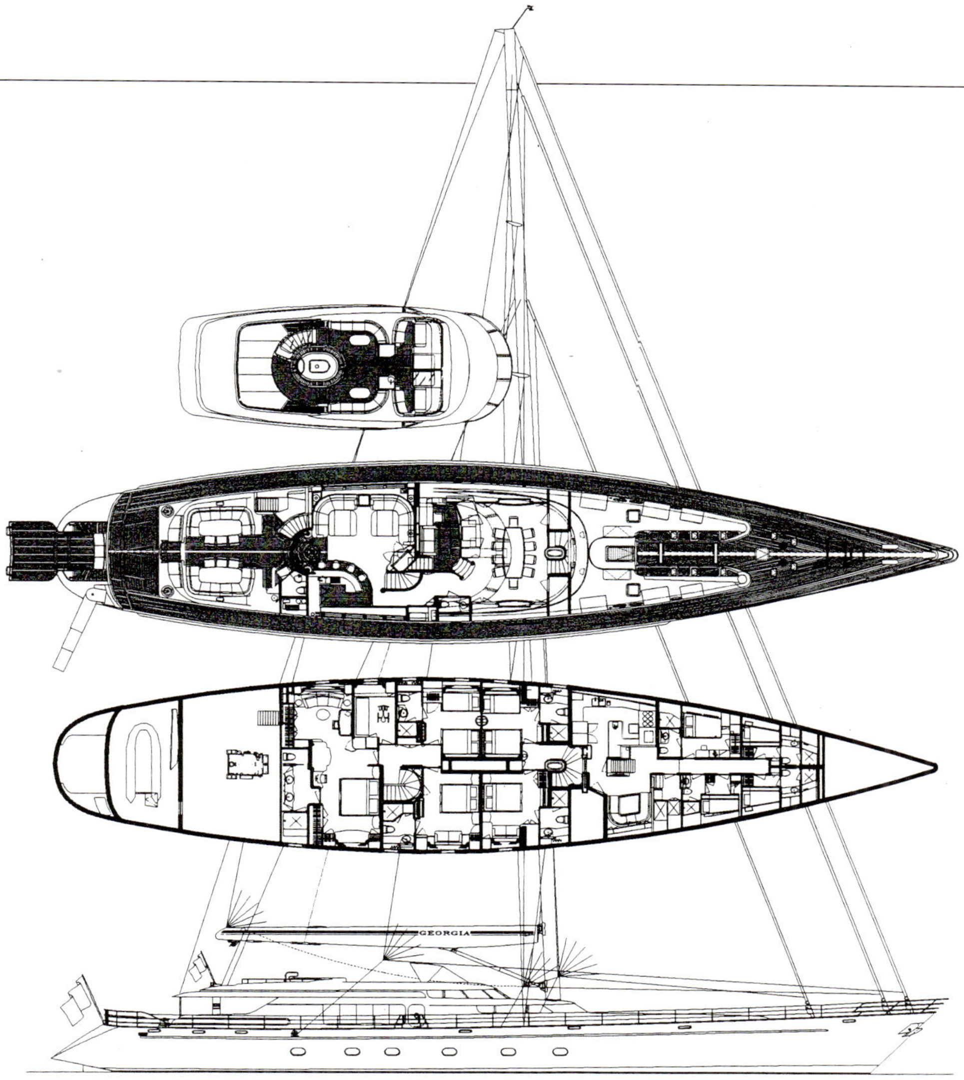

Der Koloss von Auckland: GEORGIA – Lüa 48,46 m, LWL 41,00 Meter, Breite 10,10 Meter, Tiefgang 7,30/3,60 Meter, Segelfläche gesamt 3474 Quadratmeter, Antrieb 1000-kW-Caterpillar 3508 B, Generatoren 2 x Northern Lights 96 kW, 1 x 50 kW, Speed unter Motor 14 Knoten.

Im Zentrum der Flybridge sorgt ein Jacuzzi für Badekomfort mit entsprechendem Ausblick, eine der vielen Ideen aus dem Motoryachtbau. Der gedeckte Steuerstand mit seinen Bildschirmmonitoren zur Überwachung der Bordsysteme erinnert an die Brücke eines Großkampfschiffes.

Küchengeräten zu tun, das vergoldet oder zumindest verchromt ist, was in der salzhaltigen Luft – wenn sie denn bis ins Innerste dieser voll klimatisierten Superyacht vordringen kann – vor dem Anlaufen schützt. Die Innenräume sind mit exklusiven Kunstgegenständen dekoriert, über die sich der Innendesigner im Detail ausschweigt. So ließ er lediglich verlauten: „Die Kunst entspricht Museumsqualität."

Verblüffend am Bau dieser Megayacht war nicht nur die relativ kurze Bauzeit. Offenbar passten auch alle Teile zusammen. Als die GEORGIA wenige Tage nach dem Riggen des Mastes am ersten Tag des neuen Jahrtausends Segel setzte, musste außer den üblichen Servicearbeiten kaum nachgebessert werden. Wenige Wochen später trat die gewaltige Slup beim Millennium-Race vor Auckland in ihrer ersten Superyacht-Regatta gegen den Rest der Welt an. Keine Frage, dass GEORGIA einen bleibenden Eindruck hinterließ.

Zu diesem Zeitpunkt war bei ihrem neuseeländischen Hersteller Alloy Yachts bereits ein noch größeres Schiff im Bau, zwar als Ketsch geriggt, aber mit 53 Metern noch fünf Meter länger. Die Skala der Superyachten ist nach oben also offen. Dennoch bleibt GEORGIA ein Meilenstein im Yachtbau.

SUPER-YACHTEN, DIE EINE FAMILIE SIND

Es gibt Werften, die sich mit dem Bau von großen Yachten in Serienfertigung einen Namen gemacht haben. Was einst groß war, ist heute eher bescheiden. Die Perspektiven haben sich verschoben, und die Produkte der Werften wuchsen mit den Ansprüchen ihrer Kunden. Die führenden Hersteller von Serienyachten haben im Einzelbau ein wichtiges Standbein gefunden. Die lange Erfahrung im Bootsbau, die neu entwickelten Ideen und der große Kundenstamm sind das Fundament, auf dem ihr Erfolg beruht: Jongert, Perini Navi, Wally Yachts, Swan/Nautor und Baltic Yachts – diese Namen haben Weltruf.

„JONGERT IST EIN TEIL MEINES LEBENSTRAUMES"

Herbert Dahm

Seit meinen Jugendtagen, als ich auf dem Rhein vor meiner Geburtsstadt Düsseldorf begann, auf Jollen Regatten und auf kleinen Kielbooten Fahrten zu segeln, haben mich zwei Dinge gleichermaßen inspiriert wie fasziniert: die See und die Technik, die man benötigt, um zur See zu fahren. Das Leben hat mir das Glück beschert, über beides eine Menge zu erfahren. So habe ich die meisten Gewässer dieser Erde befahren und viele Schiffstypen kennen gelernt, nicht nur Segelboote. Meine Erfahrung reicht vom Paddelboot über die offene Jolle bis zur Hochseeyacht, vom Kleinst-U-Boot bis zum Fracht- und Passagierdampfer und fand ihren Höhepunkt in Entwicklung, Bau und Verkauf von so genannten Superyachten. Auf See weiß man eine gute Crew zu schätzen, denn gemeinsam schafft man mehr und hat die Kraft, auch weit entfernte Ziele zu erreichen. Meine über mehr als 30 Jahre reichende Partnerschaft mit der niederländischen Werft Jongert in Medemblik und die Freundschaft zur gleichnamigen Eigentümerfamilie – 1968 zu Jan Jongert sen. geknüpft – bildeten den Ausgangspunkt für eine im Yachtbau unvergleichliche Erfolgsgeschichte. Seit Ende der sechziger Jahre können

sich Jongert-Yachten als die „Superyachten" ihrer Zeit bezeichnen, nicht nur was ihre technische Qualität, ihre Wertbeständigkeit und die Vielzahl der von mir mit entwickelten Jongert-Innovationen betrifft.

1968 war es mir gelungen, die von mir gegründeten Unternehmen in der Computer- und Consumer-Elektronikbranche so weit auf eigene Füße zu stellen, dass ich mich endlich der Verwirklichung meines Traumes von einer Weltumseglung und dem Kauf eines Schiffes widmen konnte. Mein 9,26 Meter langer Seekreuzer DORADE, der mir so viel Freude bereitet hatte, eignete sich dafür nicht. Drei Voraussetzungen hatte mein Traumschiff zu erfüllen: Seetüchtigkeit, aus Gründen der Sicherheit, ausreichende Geschwindigkeit, um auch größere Distanzen unter Segeln zurücklegen zu können, sowie eine Größe und einen Bedienungs- und Einrichtungskomfort, der das Segeln mit kleiner Besatzung erlaubt und mir die Möglichkeit gibt, mich an Bord zu Hause zu fühlen. Ohne es

Grenzfall: Mit der traditionellen Jongert 30 T INFATUATION betrat die holländische Werft einmal mehr die Superyacht-Szene. Die modernen Jongerts orientieren sich am Vorbild der 24 Meter langen MEPHISTO aus dem Jahre 1983.

damals zu ahnen, hatte ich damit bereits alle Kriterien formuliert, die nicht nur viele andere Segler im Herzen trugen, sondern die heute auf den Bau jeder Superyacht zutreffen.

Bei meiner Suche nach einer geeigneten Werft geriet ich an Jongert in Medemblik, eine kleine, noch recht junge Werft, in der ich aber die Bereitschaft dazuzulernen verspürte, verkörpert in dem Werftchef Jan Jongert sen. Dieser Mann hatte sich seinen Traum von einem eige-

Unterschiedlich im Stil, aber immer solide und innovativ gebaut: DIAMOND FOR TWO, eine 2200 S von 1995 aus Aluminium, Design Ron Holland, BALTIC DREAM, eine 20 T von 1994, JENNY vom Typ 17 S aus dem Jahr 1985 und die schnelle TORO DEL MAR, eine 2200 S von 1994. Eine kräftige Mütze Wind können die Jongerts gut vertragen.

nen Schiffbaubetrieb schon 1953 verwirklicht. Zunächst war da nicht mehr als eine Werkstatt, die Jan Jongert mit seiner Frau Hilda einrichtete. Bei ihrem ersten Auftrag handelte es sich um eine für den Gemüseanbau bestimmte Schute. Hilda bediente die Blechtafelschere und schnitt die Rumpfbleche, die dann von Jan geschweißt wurden. Zur Deckung des Lebensunterhalts reichte es anfangs nicht, und die Jongert-Werft hätte wohl ein schnelles Ende erfahren, wenn nicht Jan einen guten Batzen Gulden in Form von Preisgeldern mit nach Hause gebracht hätte, die es bei den populären Schlittschuhwettbewerben in Holland zu gewinnen gab.

Glücklicherweise stiegen die Auftragszahlen für Schuten und Motorboote schnell. Nicht nur die Werft wurde erweitert, auch die Länge der Schiffe nahm stetig zu. 1960 fand die Werft auf einem beträchtlich größeren Gelände am IJseelmeer im historischen Fischerdorf Medemblik ein neues Zuhause. Nun bestand die Möglichkeit, den Bau von Segelyachten in Angriff zu nehmen, denn so viel war klar – die in dieser Zeit beginnende Wassersportwelle bot beste Chancen, sich in der Freizeitschifffahrt zu etablieren. Mit dem Designer der Trewes-Yachten kam es zu einem Joint Venture und als Folge davon zum Bau von insgesamt 65 Schiffen der Trewes-Linie, alle zwischen zehn und 16 Metern lang und mit robusten, stäbigen Rümpfen aus Stahl. In dieser Zeit traten die Söhne Kees und Jan jr. ins Unternehmen ein, das heute von Jan Jongert jr. geführt wird.

Bei Jongert fühlte ich mich an der richtigen Adresse und bestellte mir eine 17 Meter lange Trewes Privateer, der ich den Namen BLACK MOLLY gab. Meine Freundschaft zu Jan Jongert sen. und der Spaß am Bau meiner BLACK MOLLY, zu dem ich mit vielen neuen Ideen beitragen konnte – etwa den Einbau einer piratenschiffähnlichen Fenster-Heckgalerie –, ließen mich den Plan einer Weltumseglung verwerfen. Ich bot Jongert an, Marketing und Vertrieb der Schiffe zu übernehmen, und baute dafür eine Organisation in Düsseldorf, Monte Carlo und Palma de Mallorca auf, wo den Eignern zudem ein komplettes Serviceprogramm angeboten wurde. 1988 gingen wir noch einen Schritt weiter und gründeten für Eigner von Jongert-Yachten den Club Yachting Life, der alljährlich in den schönsten Segelrevieren Treffen organisiert, bei denen sich die Schiffe auf kurzen Regatten messen und Eigner ein angemessenes Rahmenprogramm erleben können.

Inzwischen kümmerte sich bei Jongert eine eigene Designabteilung um die Wünsche

Peter Sijm, Jongerts hauseigener Konstrukteur, ist für die Linien der 2900 M SCARENA verantwortlich. Die Yacht ist seit 1995 weltweit im Einsatz und eine eindrucksvolle Bestätigung für das Können der Jongert-Werft.

der Kunden, der Zimmermann Peter Sijm wurde Leiter der Abteilung. Er ist heute ein international angesehener Yachtdesigner, insbesondere im Bereich des Innenausbaus.

Mit dem Bau der BLACK MOLLY II 1975 konnte ich die auf langen Reisen im Mittelmeer und auf dem Atlantik gewonnenen Erfahrungen, zumal beim Segeln mit kleiner Crew, umsetzen. Die BLACK MOLLY II war ein neuer Schiffstyp, 22 Meter lang, als Ketsch getakelt, die erstmals alle typischen Elemente der nun beginnenden Jongert-Linie vertrat: einen hochbordigen, aus Stahl gebauten Rumpf, der in seinem Raumangebot fast an Motoryachten heranreicht, dazu den elegant geschwungenen Klippersteven und die von Fenstern dominierte Heckgalerie sowie ein hoch liegendes Mittelcockpit mit guter Rundumsicht. Zudem verfügte die BLACK MOLLY II als erste Segelyacht der Welt über ein Bugstrahlruder, das es erlaubt, in engen Häfen leicht zu manövrieren. Die runden Duschkabinen führte ich damals ein, bald darauf auch die Badeplattform am Heck.

Meine Jongert 22 D BLACK MOLLY II war bei ihrer Indienststellung zweifellos eine Superyacht. Anlässlich der Kieler Woche 1974 nahm ich sogar an der einen oder anderen Regatta teil, was für ungeheures Aufsehen sorgte. Um Regattaerfolge zu erringen, war diese Yacht natürlich zu schwer. Ich wollte aber nicht akzeptieren, dass sich Regatta- und Fahrtensegeln ausschließen sollten. In meinem Kopf spukte der Gedanke eines Cruiser-Racers herum, den ich 1982 zu verwirklichen begann. Mit Doug Peterson fand sich für die Rumpflinien einer der bedeutendsten Yachtkonstrukteure der Welt, er ist Jongert bis heute eng verbunden, und mit Peter Sijms Hilfe fand ich einen idealen Innenausbau. Statt des bei Regattayachten der IOR-Maxi-Klasse üblichen flachen Decks entschied ich mich für eine Mischform und ließ ein Mittelcockpit mit halbkugelförmigem Dach konstruieren. Hier wurde ein zweiter Fahrstand untergebracht. Die hintere Hälfte des Aufbaus lässt sich automatisch versenken, sodass den Gästen und Mitseglern bei gutem Wetter die frische Luft um die Nase weht. Der Bau des 24 Meter langen Kaskos in Aluminium musste wegen bestehender Kapazitätsengpässe an eine deutsche Werft vergeben werden.

Die MEPHISTO, wie ich das Schiff nannte, hatte bei der Kieler Woche 1983 ihren viel bestaunten ersten Auftritt. Sie war – sieht man einmal von den kaiserlichen Schonern ab – das größte und schnellste Schiff, das jemals dort an den Start einer Regatta ging. Der mit einem

Die Freuden des Fahrtensegelns auf einer Superyacht werden durch ihren oft großen Tiefgang eingeschränkt. Die Jongerts widmeten sich dem Problem in der ihnen eigenen soliden Weise: Ein von der Werft patentierter Faltkiel reduziert den Tiefgang auf Knopfdruck um gut die Hälfte. So lassen sich flache Ankerplätze und Häfen ansteuern.

Schnitt von über zehn Knoten gesegelte Rekord in der Fehmarn-Regatta hat bis heute Bestand. Im Mittelmeer trat die MEPHISTO gegen die schnellsten IOR-Maxis der Welt an und stellte ihre große Geschwindigkeit unter Beweis. In ihrer Zeit war die MEPHISTO wahrlich eine Superyacht. Das Schiff wurde zum Vorbild der modernen Linie von Jongert-Yachten, wie sie bis heute gebaut wird.

Da ich MEPHISTO noch im gleichen Jahr günstig verkaufen konnte und mir zugleich für das nächste Schiff ein etwas günstigeres Rating erhoffte, ließ ich mir, wiederum in Aluminium, eine etwas kleinere MEPHISTO bauen, die 22 Meter lange INSPIRATION, nach einem Riss von Ron Holland. Sie war die erste bei Jongert vollständig in Aluminium gebaute Yacht und ist bis heute mein Lieblingsschiff geblieben. Alle meine Träume konnte ich in dieser Yacht vereinen, einschließlich der überragenden Geschwindigkeit der INSPIRATION, die mir zu viel internationalem Regattasilber verholfen hat. Einige der Einrichtungen wurden im Yachtbau wegweisend: Das Heck etwa erhielt eine Klappe, die sich automatisch öffnen lässt und Platz für ein Beiboot und die Unterbringung der Fender bietet. Die geöffnete Klappe dient zudem als Badeplattform und Gangway an Land. Zur besseren Manövrierfähigkeit erhielt INSPIRATION zudem einen ausfahrbaren, um 360 Grad drehbaren Propellerantrieb im Vorschiff, der zugleich als zweiter Vorausantrieb genutzt werden kann. Weitere kleine, aber sehr nützliche Details sind die runden Stufen im Treppenaufgang, die sich bei jeder Schräglage begehen lassen, sowie ein Bilgetunnel, in dem sich die unbenötigten Segel verstauen lassen.

In den großen wie in den kleinen Details und mit ihrer bootsbaulichen Qualitätsarbeit, die eine große Wertbeständigkeit zur Folge hat, bewies die Werft, dass sie alle Voraussetzungen zum Bau von Superyachten besitzt, die das heutige Kriterium dieses Begriffs erfüllen. Während Jongerts in der Größenordnung von 20 bis 30 Meter Länge schnell zum Standard wurden, war 1984 mit dem Bau der 38 Meter langen GLORIA erstmals die magische Superyacht-Größe von 30 Metern überschritten. Zwei Jahre später lief die TAMER II vom Stapel, eine 36 Meter lange Stahlketsch mit Aluminiumaufbauten und Flügelkiel, deren Salon sich auf Knopfdruck hydraulisch heben lässt, um einen ungestörten Ausblick über die See zu genießen. DIAMOND FOREVER/CONNY FEVER, 33 Meter lang, folgte 1989. Sie war die erste Yacht, die über ein Aircondition-System verfügte, das Frischluft über einen Ansaugstutzen im Mast bezieht. Es folgte 1991 die 30 Meter lange AVANCE und in den Jahren bis 1995 mehr als ein halbes Dutzend von Neubauten, die die 30-Meter-Marke nur um ein paar Zentimeter verfehlten. PASSEPARTOUT II wurde 1995 in Dienst gestellt, 32 Meter lang, dann 1997 ERICA XI, ein Schiff im traditionellen Design, unter Deck von John Munford ausgestattet, mit einer absenkbaren Badeplattform im Heck. Diese klassische Ketsch diente als Vorbild für noch größere Neubauten in den folgenden Jahren. 1998/99 wurde mit Planung und Bau von sechs Superyachten begonnen: der AZZURA (30 m) im modernen Design, INFATUATION (30 m) und NUMBER ONE (40 m) sowie ANNA CHRISTINA II (40 m) und PASSEPARTOUT III (43 m) in der klassischen Version. Die NUMBER ONE konnte auf der Ausstellung in Fort Lauderdale 1999 verkauft werden, dazu ein weiterer Nachbau.

Auf der Düsseldorfer Bootsaustellung, während der Jongert traditionell den neuesten Stand der Jongert-Technik vorstellt, wurde im Januar 2000 die neue slupgetakelte Jongert 3400 M BAGATELLE gezeigt, mit einer Länge von 34 Metern, von Doug Peterson konstruiert und in Aluminium gebaut, die größte je auf einer Messe gezeigte Yacht und auf der Ausstellung zweimal verkauft. Sie ist von Riss und Bauweise her zugleich die schnellste je bei Jongert entstandene Yacht und die Vierte mit dem patentierten Faltkiel.

Es war eine schöne Zeit, die Jongert und ich in mehr als 30 Jahren zusammen erlebt haben. Mit der neuen Generation vom Typ 40 T hat Jongert seinen Stand in der Superyacht-Branche ausgebaut. Das Jahrtausend begann bei Jongert mit Planung und dem Bau einer neuen Werft direkt am IJsselmeer, die noch größeren Schiffen den direkten Zugang zur See möglich macht. Jongert tritt heute unter eigenem Namen auf. Als Ambassador von Jongert bleibe ich der Werft weiterhin verbunden. Jongert ist ein Teil meines Lebens und wird mir stets als die schönste Zeit meiner seglerischen Laufbahn in Erinnerung bleiben.

Auf dem Weg zur Düsseldorfer Bootsausstellung rollt die Jongert 3400 M BAGATELLE durch die Innenstadt der Rheinmetropole. Sie war das größte je bei der „boot" gezeigte Schiff.

PIONIERARBEIT FÜR DIE MEGA-KATEGORIE

Fabio Perini

Früher als alle anderen Werften realisierte Perini Navi das Konzept der fast automatisch segelnden Pushbutton-Yacht. Ihre Segel werden dank Hydraulik und kaptiver Winschen über Joystick-Kommandos getrimmt. Auch das für die Perini-Ketschen typische Fisherman-Segel auf der 48 Meter langen MORNING GLORY wird vom Steuerstand aus bedient (rechte Seite).

Es ist etwa 20 Jahre her, dass neue Entwicklungen im Schiffbau, leichtere und anspruchsvollere Werkstoffe sowie der vermehrte Einsatz von Computern eine Reihe von Werften zum Bau immer größerer Privatyachten veranlassten. Damit begann ein neues goldenes Zeitalter der Megayachten, das sich erfreulicherweise auch am Beginn des 21. Jahrhunderts fortsetzt. Der einzige negative Effekt dieser Evolution, mit ihren imposanten Masten, den riesigen Segelflächen und den daraus resultierenden enormen Kräften an Bord großer Segelyachten, ist der erforderliche Einsatz von stärkerem Gerät und größeren Crews für die Bedienung dieser Yachten. So wurden diese Schiffe für ihre Eigner immer teurer und mit der stetig wachsenden Crew zunehmend weniger privat. Eine Megayacht zu segeln barg anfangs allerhand Gefahren, denn die riesigen, aus sehr haltbaren synthetischen Tuchen hergestellten Segel sorgten für einen extremen Druck. Selbst mit der mechanischen Hilfe von großen, mit Muskelkraft oder Motor angetriebenen Winschen und Rollanlagen ließen sich Manöver nur langsam und unter großem Einsatz kräftiger und geschickter Bootsleute durchführen.

Damals setzte unter vielen Seglern ein Umdenken ein. Die traditioneller denkenden unter ihnen wandten sich vermehrt der Renovierung und Pflege von historischen Yachten zu, für die sie natürlich eine vielköpfige, muskelbepackte Crew benötigen. Eine zunehmende Gruppe von Yachtleuten empfand diesen Aufwand als zu groß und ließ sich stattdessen Motoryachten bauen, auf denen sie den Komfort und die Privatsphäre fanden, die ihnen verloren gegangen war. Sie nahmen dafür den Verlust der mit dem Segelsport verbundenen Romantik hin und tauschten sie gegen den Luxus von Motoryachten ein, selbst wenn dies den Wechsel zu noch größeren Maschinen, einem weitaus höheren Treibstoffverbrauch und einem unkontrollierbaren Rollen des Bootes auf See oder vor Anker bedeutete.

Es musste dringend etwas geschehen, um zur Romantik zurückzufinden, jenem Gefühl von Unabhängigkeit, Ruhe und Abgeschiedenheit, das man an Bord einer großen Segelyacht erwartet. Die Suche nach diesem „Etwas" stand am Anfang der Entwicklung einer sicheren, leistungsstarken und zuverlässigen vollautomatischen Segelbedienungstechnologie, bei der sich getrost auf große Crews verzichten lässt. Aus diesem Grund wurde 1982 Perini Navi gegründet, ursprünglich als Firma für Maschinenbau. Dort entwickelte man ein neues kaptives Winschensystem, wobei Perini Navi auf die Erfahrungen der Muttergesellschaft Fabio Perini SpA zurückgreifen konnte, einem Hersteller von Maschinen zum Schneiden und Wickeln von Handtuch- und Toilettenpapier für den Handel. Die Perini-Ingenieure wussten, dass sich mit einer gut gestylten Maschine, mit Spannungsmessern im Rigg und einem anfangs hydraulischen – später elektrischen – Antrieb die Schoten auch einer sehr großen Yacht bedienen lassen, und zwar auf Knopfdruck oder mithilfe eines Joysticks. Von Anfang an stand für Perini Navi fest, dass alle Yachten, gleich, wie groß sie sein mochten, mit solchen Systemen auszurüsten seien, um so einer einzigen Person die Bedienung der Segel zu ermöglichen.

Perini Navi installierte seine allerersten selbstholenden Winschen auf einem Schoner, der 40 Meter langen PERINI NAVI (später FELICITA, heute ALETA). Teil dieses Konzeptes war die Ausrüstung der Yacht mit einer Flybridge, wie man sie von Motoryachten her kennt und wie sie, noch vergrößert, bis heute bei allen

Auf der LIBERTY senkte Perini Navi das Hauptdeck ab zu einer Veranda. Sie wird mit einem automatisch ausfahrbaren Sonnensegel überdeckt, das über eine Art Trompete aus dem Stauraum herausgezogen und entfaltet wird. Perinis Winschen der jüngsten Generation holen 70 Meter Schot in der Minute und wickeln sie auch auf. Die Winschen, Eigenentwicklung der Werft, werden waagerecht unter Deck eingebaut.

Perini Navis Standard ist. FELICITA diente zunächst als Testschiff, auf dem Perini Navi die Stärken und Schwächen der Winschsysteme untersuchen konnte. Diese Tests erwiesen sich als vielversprechend. Es sollte sich allerdings bald zeigen, dass es nicht genügte, diese richtungweisende Ausrüstung zur Bedienung von Segeln einfach auf den Rumpf eines beliebigen anderen Herstellers zu setzen, jedenfalls nicht im Falle von Perini Navi, einem Unternehmen, das seine eigene Philosophie und Technologie möglichst erfolgreich am Markt durchsetzen wollte. Der Maschinenhersteller musste folgerichtig über den Bau von Aggregaten hinaus vollständige eigene Schiffe herstellen. Deshalb entwickelte Perini Navi 1984 eine zweite Yacht, die 42,5 Meter lange Ketsch CHRISTIANNE B., die eine optimierte Segelkontrollanlage erhielt. Damit war ein wichtiger Schritt getan: Perini Navi war nun eine richtige Design- und Yachtwerft, die ihre ganze Kraft daransetzte, Kunden für einen neuen Yachttyp zu suchen, der dem Eigner die Annehmlichkeiten, die Privatsphäre und den Komfort einer großen Motoryacht bietet, verbunden mit der Eleganz, dem Aktionsradius und der Umweltfreundlichkeit, die nur eine Segelyacht bieten kann – mit anderen Worten, ihm die wahre Romantik des Segelns zurückbringt.

Das erste Schiff im Sinne dieser Weiterentwicklung war die 47 Meter lange ANDROMEDA LA DEA (heute PAZ), eine Ketsch mit Kielschwert und Deckshaus, Rumpf aus Stahl, Aufbauten aus Aluminium, einer sehr maskulinen Leder-Innenausstattung und Doppelschraubenantrieb. Alle Bedienungselemente für Segel- und Motorantrieb sind doppelt ausgelegt, sodass sich das Schiff vom Deckshaus oder alternativ von der sehr geräumigen Flybridge aus steuern lässt. Der Eigner der ANDROMEDA, ein Industrieller aus San Francisco, unternahm lange Reisen mit seinem Schiff, und überall, wo die Yacht erschien, erregte sie Aufsehen. Was aber genauso wichtig war: Ihre automatischen Perini Navi-Schotwinschen und Rollreffanlagen erwiesen sich unter den harten Bedingungen der Hochsee als robust, sicher und zuverlässig. Perini zeichnete und baute darüber hinaus drei 25 Meter lange Slups mit sehr fülligen Rümpfen aus GFK, um Erfahrungen im Bereich außerordentlich komfortabler Innenausstattungen zu sammeln. Eine dieser Yachten wurde an Fürst Rainier von Monaco ausgeliefert.

Das Ziel von Perini Navi war zu keinem Zeitpunkt, in erster Linie kleine Yachten aus GFK zu bauen. Schon die beiden nächsten Aufträge, der Bau des 36-Meter-Kutters GITANA und der 43-Meter-Ketsch FELICITA AM, gaben

In der jüngsten Zeit erscheint das Exterieur der anfangs voluminösen Perini Navis immer schlanker, wie beispielsweise bei der 48 Meter langen LEGACY. Auch die Segeleigenschaften der ursprünglich als Motorsegler apostrophierten Yachten wurden maximiert. Besonderheit aller Perini Navis ist ein Traveller aus Kohlefaser im Besan-Topp, über den das Fisherman-Stagsegel getrimmt wird.

Keine Superyachten bieten so viel Raum an und unter Deck wie die Perini Navis. Der Deckssalon auf der ANDROMEDA LA DEA ist allein neun Meter breit.

der Werft die Gelegenheit, ihre Erfahrungen im Umgang mit Stahl und Aluminium weiter zu verbessern. 1989 kam Perini Navi seinem Ziel, dem meisterhaften Umgang von Werkstoffen im Schiffbau, in der Ausrüstung, beim Innenausbau und bei Riggs, ein wesentliches Stück näher. Während die Rümpfe inzwischen bei einer Perini-eigenen Werft in der Türkei entstanden, erwarb Perini Navi die angesehene Piocchiotti-Werft in Viareggio, deren traditionell geschulte Handwerker berühmt für ihr Können sind.

Das erste Ergebnis dieser Ehe waren die Stapelläufe der knapp 52 Meter langen XASTERIA, der 47 Meter langen ANDROMEDA LA DEA und der kurz darauf folgenden 40 Meter langen MARISA. XASTERIA und ANDROMEDA LA DEA waren Zeugnisse einer neuen Generation der Perini-Entwicklung, ausgerüstet mit einer verbesserten Segelbedienungstechnik und einer einzigartigen Inneneinrichtung, speziell nach Angaben des Eigners ausgeführt. Auf dieser Basis entstand eine Serie von gleichartigen Schwesterschiffen, die Perinis werfteigene Konstrukteure entwickelt hatten. Dem Bau vorrausgegangen waren umfangreiche Schlepptankversuche bei der Universität von Southampton. Es handelt sich um hochmoderne Kielschwertyachten mit geringem Tiefgang, Schrägheck, leistungsfähigerem Rumpf, einer neuen Generation von leichteren und kräftigeren Winschen und einem von Perini entwickelten Rollsystem für Segel an Masten und Stagen.

Die Serie der 46/48-Meter-Yachten schloss ab mit LIBERTY (46 Meter), CORELIA (48 Meter), PIROPO IV (46 Meter), MORNING GLORY (48 Meter) und LEGACY (48 Meter), die in den folgenden Jahren abgeliefert werden konnten. Diese Schiffe warteten wiederum mit einigen Neuentwicklungen auf: MORNING GLORY war 1993 die erste Yacht mit versetzt zur Schiffsrichtung angebrachten Rollreffs in ihren sich verjüngenden Masten, um Windwiderstand und Reibung zu reduzieren; Perinis elektrische Winschen waren noch handlicher und stärker geworden, die überholten hydraulischen Rollreffanlagen wurden durch solche mit Elektromotor ersetzt. So wurde CORELIA die erste „vollelektrische" Yacht von Perini Navi. Inzwischen hatte sich ANDROMEDA LA DEA als erste Perini Navi in der Seglerwelt einen Namen gemacht, indem sie den Superyacht Society Award gewann. Zu diesem Zeitpunkt befand sich das Schiff übrigens auf einer dreijährigen Weltumseglung, der Allerersten einer Perini Navi, die 1994 zu Ende ging.

Neu war nun auch, dass seither, mit wenigen Ausnahmen, alle Perini Navi auf Spekulation gebaut werden. Dadurch bleibt die Werft in der Lage, das typische Styling und die Technik unter Kontrolle zu behalten und kürzere Lieferfristen anzubieten. Dem Kunden bleibt die Möglichkeit, seine speziellen Wünsche im Rahmen der von Perini Navi vorgegebenen Möglichkeiten einzubringen. Perini stellt zudem die kompletten Riggs in einer eigenen Werkstatt in Viareggio her, ebenso alle Tischlerarbeiten.

Im letzten Jahrzehnt des 20. Jahrhunderts lieferte Perini Navi eine ganze Serie noch größerer Yachten ab. Dazu gehört die 58 Meter lange TAOUEY, eine vergrößerte Weiterentwicklung der 46/48-Meter-Serie, sowie die zweite XASTERIA, eine einzigartige 52-Meter-Ketsch, die von Perini Navi mithilfe des Auftraggebers, einem Kapitän, konstruiert wurde.

Um die Segelleistungen zu verbessern, suchte man in einem speziellen Programm nach Möglichkeiten, das Gewicht zu reduzieren. Dazu gehört der Bau von leichteren Spieren durch die Verwendung von Kevlar- und Kohlefaserelementen im Rigg. Die 52 Meter lange LIBERTY, übrigens auch für einen langjährigen, treuen Kunden gebaut, führte in eine neue Richtung: Dieses Schiff verfügt über einen verkleinerten Decksaufbau und eine einzigartige, hinter dem Großmast angeordnete „Sky Lounge", wo sich, gegen die Elemente geschützt, der offene Himmel genießen lässt. Auch die 1998 abgelieferte 53 Meter lange INDEPENDENCE brachte Perini Navi in eine neue Dimension, mit flacheren Aufbauten, der Maschinenanlage mittschiffs, aber tief in der Bilge versenkt, um der Crew unter Deck einen geraden Durchgang durchs Schiff zu ermöglichen und zudem eine vielteilige und dennoch großzügige Aufteilung der Kammern und Wohnräume für eine Familie mit 15 Enkelkindern bieten zu können.

1999 führte Perini Navi wiederum ein neues Konzept ein, die 50-Meter-Serie, beginnend mit PHRYNE. Bis zu diesem Zeitpunkt hatten nach ANDROMEDA LA DEA fünf weitere Perini Navi insgesamt neun Preise der Superyacht Society und des Magazins „Show Boats International" gewonnen: CORELIA, PIROPO IV, XASTERIA, LIBERTY und INDEPENDENCE. Drei Perini Navi, nämlich MORNING GLORY, INDEPENDENCE und LIBERTY, folgten ANDROMEDAs Kielwasser auf dem Kurs um die Welt.

Heute bietet Perini Navi an, neben den eigenen Konstruktionen auch Yachten nach Rissen von Designern zu bauen, die nicht bei der Werft angestellt sind. So konnte 1999 ein Vertrag über den Bau einer 64-Meter-Yacht abgeschlossen werden, die gemeinsam von dem Konstrukteur Ron Holland und den Innendesignern Nuvolari & Lenard entwickelt wurde.

Wenn dieses Schiff im Juni 2002 an seine Eigner abgeliefert wird, ist sie die längste, jemals vollständig in Aluminium gebaute Privatyacht der Welt, gleich, ob Segel- oder Motorboot. Zu diesem Zeitpunkt wird Perini Navi etwa 30 einzigartige Megayachten gebaut haben, und zwar gegen eine Konkurrenz von Werften, die oftmals nicht nur wesentlich größer sind, sondern meist schon über mehrere Generationen existieren. Perini Navi ist dann gerade 20 Jahre alt.

Erst im Vergleich mit den fast schon winzig wirkenden Menschen an Deck werden die gewaltigen Ausmaße einer Perini Navi der jüngsten Generation deutlich.

Segelspaß wie mit der Laser-Jolle, dieses junge Konzept verwirklichte Wally auch auf der 32 Meter langen WALLY B. Hier segelt die Yacht von Konstrukteur Luca Brenta unter Rennbedingungen.

DIE REVOLUTION IM CRUISING KAM MIT WALLY

Luca Bassani Antivari

Als ich 1963 zu segeln begann, habe ich das Boot als reines Sportgerät begriffen, was für einen Jungen wohl ganz normal ist. Das Vergnügen bestand darin, Regatten zu segeln – und natürlich zu gewinnen. Fahrtensegeln, so wie meine Eltern es liebten, war mir einfach zu langweilig. Die Freude am Regattasegeln hielt viele Jahre an und hatte einen starken Einfluss auf die Wahl meiner späteren Yachten.

Mein Bruder und ich segelten in den unterschiedlichsten Klassen, einschließlich IOR-Yachten, J-24-Kielbooten und 6-m-R-Yachten, wobei wir an den bedeutendsten internationalen Regatten teilnahmen und als ernsthafte und gut vorbereitete Amateure viele gute Resultate erzielten.

Ganz eindeutig war unser Spaß abhängig von der Geschwindigkeit des Bootes, und deshalb suchten wir ständig nach den neuesten Technologien, Erkenntnissen und Designs, um noch schneller zu sein. Da wir die Möglichkeit hatten, auf der ganzen Welt Regatten zu segeln, bekamen wir bald Kontakt zu den besten Seglern und den neuesten Entwicklungen des Bootsmarktes. So waren wir nicht nur stets auf dem Laufenden, sondern wurden zu Pionieren, als wir 1975 mit der PHANTOM die erste IOR-Maxi-Regattayacht erwarben. Wenn ich heute

zurückblicke, wird mir klar, dass meine Einstellung sich in all den Jahren nicht wesentlich geändert hat. Noch immer habe ich eine Schwäche für schnelle Yachten, ich bin weiterhin auf der Suche nach technischen Neuentwicklungen und bin dabei doch ein Amateur geblieben, selbst wenn ich in der höchst anspruchsvollen Mumm-30-Klasse segle. Auf diese Weise errang ich 1998 in dieser Klasse die Weltmeisterschaft.

Dieser hohe Anspruch führte schließlich zu der Gründung von Wally Yachts. Als ich mich 1989 entschloss, erstmals eine 25-Meter-Fahrtenyacht nach eigenen Vorgaben bauen zu lassen, lagen schon viele Jahre Erfahrung im Fahrtensegeln und im Umgang von Fahrtenyachten hinter mir. Diese Yachten waren zumeist Serienschiffe gewesen, die ich in den Ferien mit Freunden segelte. Jetzt aber hatte ich eine recht genaue Vorstellung von etwas ganz Neuem entwickelt, auf jeden Fall suchte ich ein Schiff, das es so auf dem Markt nicht gab. Das Problem beim Bau von Serienyachten besteht darin, dass sie immer wieder auf lange Bewährtes zurückgreifen und neue Aspekte einfach ignorieren, die beim Bau einer Fahrtenyacht nützlich sein könnten. Ich wollte das gesamte Konzept für den Bau solcher Yachten neu durchdenken, um dem begeisterten Segler zu einer Verlängerung der schönen Momente des Segelns zu verhelfen und die unerfreulichen Momente auf ein Minimum zu reduzie-

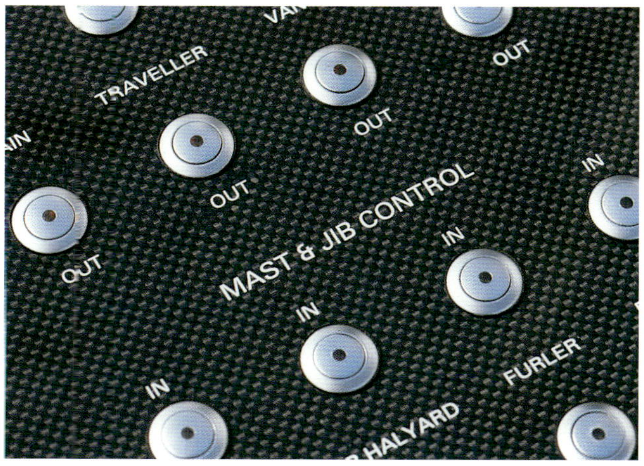

Wally perfektionierte die einfache Handhabung der Segel, um seine Yachten von einer Mini-Crew segeln lassen zu können. An vor den Steuerständen frei stehenden Konsolen werden Schoten, Unterliekstrecker, Baumniederholer und Achterstag per Tastschalter bedient. Neue Lösungen, kombiniert mit modernem Design, sind das Credo der Marke.

Die Inneneinrichtung von TIKETITAN geht mit ihrem Minimalismus ins Extrem. Auf dem Boden wurden Kohlefaserplatten verlegt. Vom Salon aus ermöglichen große Fenster den Blick auf die See. Die Treppe führt zur geschützten Terrasse, die aus dem offenen Heck entstand.

ren. Dieser Prozess, der zu einer Revolution im Fahrtensegeln führte, begann mit dem Ausloten der technischen Grenzen einer Segelyacht und der Überlegung, wie sich diese Grenzen durchbrechen ließen: War es möglich, den Komfort und den Luxus einer großen Fahrtenyacht mit den Leistungen einer Maxi-Regattayacht zu verbinden? Gab es einen Weg, das Segeln nicht nur einfacher, sondern auch sicherer zu machen? Der Wahlspruch, nach dem ich handelte, lautete: „schneller und einfacher".

Mir war klar, dass der Spaß am Segeln durch die schlechten Segeleigenschaften eines typischen Fahrtenbootes – und niemand wird abstreiten, dass Speed Spaß bedeutet – sehr eingeschränkt ist, dass es auf vielen Yachten kaum ein Stück freie Decksfläche gibt und dass die Bedienung umständlich und aufwändig ist.

Schließlich durfte ich aber auch die Aspekte eines Familienschiffes nicht vergessen, denn die Yacht, die ich zu bauen plante, sollte geeignet sein, auch meine beiden kleinen Kinder an Bord unterzubringen.

Alle erwünschten Anforderungen mussten also mit den Aspekten der Sicherheit übereinstimmen. Und wo ich gerade meine Kinder erwähne: Sie waren es, die den späteren Firmennamen Wallygator aufbrachten. Wallygator war eine ihrer liebsten Comicfiguren aus dem Fernsehen, und meine Frau und ich dachten, wenn wir das Schiff nach diesem Vorbild taufen könnten, würden sich die Kinder mit ihm irgendwie vertrauter fühlen.

Der einzige Konstrukteur, der sich sofort mit meinen Gedanken anfreunden konnte, war Luca Brenta. Gemeinsam entwickelten wir die erste WALLYGATOR (heute MR. GECKO), die Mutter aller Wallys.

Dieses neue Boot sollte sehr schnell sein, wenigstens so schnell, wie es die Technik erlaubte – warum auch weniger? Eher noch etwas schneller! Wir begannen mit den Untersuchungen und entwickelten und bauten schließlich nach einem ganz neuen Konzept, das als Vorbild viele Nachahmer fand und dazu führte, dass die Schiffe heute um 50 Prozent schneller sein können, als sie es noch Mitte der neunziger Jahre waren. Sie sind nicht nur schneller, sondern auch leichter zu bedienen, sie benötigen eine kleinere Crew, eine geringere Segelfläche und sind dadurch auch sicherer zu segeln. Es gibt immer noch viele Leute, die glauben, eine Yacht sei umso sicherer, je schwerer sie gebaut ist und je langsamer sie durch die Wellen segelt. Genau das Gegenteil ist richtig. Die Wellen selbst sind ja schnell und verfügen dadurch über eine erhebliche zusätzliche Energie. Wer langsam segelt oder sich treiben lässt, der muss mit einer größeren Wucht der Wellen rechnen, die auf das Schiff treffen. Bewegt man sich hingegen zügig in Richtung der Wellen, geht eine Menge ihrer Energie verloren.

Ebenso haben wir das herkömmliche Deckslayout und die Inneneinrichtung umgekrempelt: An Deck haben wir die Arbeitsfläche vom Aufenthaltsbereich der Gäste getrennt, ein deutlicher Schritt in Richtung zu mehr Sicherheit und Bequemlichkeit. Meine Kinder und Freunde konnten das Segeln ungestört genießen, ohne bei den Manövern im Weg zu stehen, irgendwelche Schoten an den Kopf zu bekommen oder anderen herumschlagenden Leinen ausgesetzt zu sein. Die Einrichtung unter Deck haben wir sozusagen auf den Kopf gestellt, indem wir die traditionell achtern liegenden Eigner- und Gästekammern ins Vorschiff und die Crewräume und den Servicebereich nach achtern verlegten. Ich habe gern meine Ruhe, wenn das Schiff mit dem Heck an der Kaimauer liegt oder die Maschine brummt.

Und was ich auch nicht mag, sind verstauchte Zehen an Bord. Warum also nicht ein Deck schaffen, das völlig frei ist von Schoten,

Der Canting-Kiel von TIKETITAN lässt sich mit seiner 12 Tonnen schweren Bombe stufenlos und sekundenschnell bis zu 40 Grad nach Luv verstellen (oben). Die 27 Meter lange Yacht lässt sich mit ihren 356 Quadratmetern Segelfläche auch in Regatten mit nur vier bis fünf Mann Crew segeln. Lediglich das Setzen und Bergen des Gennakers erfordert Handarbeit.

MAGIC CARPET bekam ein bis zum Heck offenes Cockpit mit doppeltem Steuerstand. Auf allen Wallys wird ein breiter V-förmiger Baum gefahren, in den das Groß fällt (rechts). Der Gennaker von MAGIC CARPET wird über einen ausfahrbaren Bugspriet gesetzt (unten). Die Yacht segelt mit 3DL-Segeln von North, die damit erstmalig auf einer Cruising-Yacht überhaupt verwendet wurden (rechte Seite).

Fallen und Streckern? Solche Gedanken klingen heute schon fast selbstverständlich, waren sie aber damals nicht. Die Lösung erwies sich übrigens als so naheliegend wie die Fragestellung: Wir verlegten die Schoten einfach unter Deck, bauten versenkbare Befestigungsklampen und ließen die Schiebeluks plan mit dem Deck abschließen. Erst später habe ich erfahren, wie glücklich ich damit insbesondere die Damen gemacht habe. Sie fanden nun jede Menge Platz zum Sonnenbaden, sowohl beim Segeln als auch vor Anker.

Was den Begriff „einfach" in meinem Motto betrifft, so lösten wir ihn mithilfe stark gepfeilter Salinge am Mast, die eine Verwendung von Backstagen überflüssig machen, und wir wählten das Patent der Selbstwendefock, wie man es in verschiedenen Einheitsklassen und Jollen findet. Eine weitere Vereinfachung an Bord dieses neuen Schiffes war die Heckklappe zum Verstauen des Beibootes und der unterschiedlichsten Ausrüstungsgegenstände die ja meist an Bord im Weg liegen.

Von den technischen Lösungen abgesehen, lag mir das Design besonders am Herzen. Alle Eigner erfreuen sich am ästhetischen Anblick ihrer Yacht. Es ist ganz normal, dass man sich nach dem Verlassen seines Schiffes noch einmal umdreht, mit Stolz die schönen Linien betrachtet und sich über diesen Besitz freut. Mir geht es genauso. Ich glaube an ein funktionelles Design, und ich bin fest davon überzeugt, dass sich die technischen Anforderungen mit den ästhetischen in Einklang bringen lassen. Das war und ist die Zielrichtung beim Bau aller Wally-Yachten.

Die Idee zur ersten WALLYGATOR war geboren, sie lief 1991 vom Stapel. Ich war mit dem Ergebnis höchst zufrieden, denn nun hatte ich bekommen, wovon ich immer träumte: ein schnelles, leicht zu bedienendes Schiff, das jeder mit Freude genießen konnte. In den vielen Häfen, die ich mit dem Schiff und meiner Familie besuchte, traf ich überall Segler, die dieses neue Konzept begeisterte. Das bedeutete, ich war auf dem richtigen Weg, es gab noch andere Segler, die dringend nach einem neuen Konzept für den Bau von Fahrtenyachten suchten.

Mir war aber auch klar, dass es für jeden Eigner eine Menge Kopfschmerzen und viele unerfreuliche Momente zu überwinden gibt, bevor ein neues Schiff im Wasser schwimmt. Die gesamte Bauphase kostet Nerven. Während nämlich auf dem Markt immer größere und luxuriösere Yachten entstanden, konnte ich beobachten, dass bei vielen Vertretern der Bootsbaubranche immer weniger Rücksicht auf Zeit und Geld des Eigners genommen wurde. Wenn ich wirklich vorhatte, die unglücklichen Momente im Leben eines Yachteigners auf ein

GBR
7077

ASKHEROUT ist eine Weiterentwicklung der Wallys GENIE OF THE LAMP und MAGIC CARPET, mit der gleichen Deckshaus/Cockpit-Anordnung und total bereinigtem Deck. Die Genua ist entsprechend der Wally-Philosophie selbstwendend.

Minimum zu reduzieren, musste ich mich auch um diesen Aspekt kümmern. All diese Umstände bedenkend, gründete ich 1993 Wally Yachts mit dem Ziel, dem Markt nicht nur ein neues Produkt, sondern auch eine moderne Art von Service anzubieten.

Ursprünglich sollte Wally Yachts als Generalunternehmen tätig sein, das dem Käufer alle Arbeit bis zur Ablieferung der Yacht abnimmt. Es stellte sich allerdings nach und nach heraus, dass die Realitäten in der Yachtindustrie uns zwangen, sehr viel weiter zu gehen. Wir gründeten deshalb eine eigene Technik- und Designabteilung, die vom Konstrukteur nur noch die Linien von Rumpf und Deck erhält und alle anderen Aspekte in Abstimmung mit dem Eigner selbst erarbeitet, also die Inneneinrichtung, das Rigg, die Rumpfstruktur sowie die Segelsysteme.

Aus der ersten WALLYGATOR wurde 1994 die 32-Meter-Ketsch WALLYGATOR, heute NARIIDA, entwickelt. Ich nenne sie gern „unsere Sixtinische Kapelle", das Meisterstück. Sie wurde vollständig in Kohlefaser-Komposit gebaut, und zwar zu einem Zeitpunkt, als man dieses Material noch als zu exotisch für den Yachtbau ansah. Die zweite WALLYGATOR verfügte bereits über den mit der Unterwasser-Rumpfform abschließenden Anker, der das Ankern erleichtert und sicherer macht, besonders bei unruhiger See. Für WALLYGATOR/NARIIDA testeten wir erstmals erfolgreich alle verdeckten Einrichtungen zur Bedienung der Segel, die eine Verwendung etwa von Winschen an Deck überflüssig machen.

Ich erinnere mich noch sehr gut, welche Wirkung das Erscheinen dieser Yacht auf dem Markt hatte. Gefeiert von der internationalen Presse, gab sie unserer Firma erst den richtigen Anschub, obwohl mancher dieses Schiff für allzu extrem hielt. Mit dem Bau dieser Yacht zeigte sich, wie schnell die Entwicklung voranschreitet: Die meisten technischen Innovationen, die wir seinerzeit für die WALLYGATOR/NARIIDA entwickelten, sind inzwischen Standard in der Yachtindustrie.

Es sollten noch viele Überraschungen folgen. Im Jahr darauf lief GENIE OF THE LAMP vom Stapel, eine 24-Meter-Yacht, ein Beispiel an Schlichtheit. Sie ist eine große, wunderschöne Jolle, das personifizierte Motto von „schnell und einfach". Diese Slup ist zugleich die erste große Fahrtenyacht, die per Knopfdruck vom Rudergänger allein gesegelt werden kann. Hier wurde die Meisterschaft des Fortlassens vollendet. An Deck finden sich lediglich zwei Fallwinschen, alle übrigen Elemente für die Bedienung der Segel werden über Hydraulikzylinder kontrolliert.

Während wir GENIE dafür nutzten, um zu zeigen, welche Möglichkeiten die neue Technologie bietet, segelte ich WALLYGATOR/NARIIDA im Mittelmeer und fand immer neue Ideen für diese Art des Fahrtensegelns. So entschied ich mich erstmals, und zwar gegen den Rat von Segelmachern, zum Einsatz von Segeltuchen aus Kohlefaser auf einer Fahrtenyacht. Heute ist dieses Material auch auf Cruisern durchaus üblich.

Ich fand heraus, dass die Leistungsfähigkeit einer Yacht nicht nur für das Erreichen einer Höchstgeschwindigkeit Bedeutung hat. Eine schnelle Yacht lässt sich zudem bei sehr leichtem Wind segeln, wenn auf anderen Booten längst der Motor angeworfen werden muss. Schließlich wurde mir klar, was es mit dem Daysailing wirklich auf sich hat: Die Praxis zeigt, dass Tagestouren auf einer Fahrtenyacht letztlich die entscheidende Rolle spielen, da die meisten Eigner einer großen Yacht tatsächlich nur tagsüber segeln, gleich, ob im Mittelmeer, im Pazifik oder in der Karibik. Für die langen Passagen sind die professionellen Crews allein zuständig. Mein Konzept war also richtig.

Als WALLYGATOR/NARIIDA und GENIE längst zu technischen Wendepunkten in der Yachtindustrie geworden waren, kam die Zeit, neue Herausforderungen zu suchen. So begann die dritte Revolution, wie ich gerne sage: Wir entwickelten TIKETITAN, um damit das System „schnell und einfach" weiter zu perfektionieren, und ein Teil dieser Revolution war der so genannte Schwingkiel. Mit diesem während des Segelns hydraulisch nach Luv schwingenden Kiel erreichen wir eine noch höhere Geschwindigkeit bei vergleichsweise geringem Tiefgang und angenehmerem, weil aufrechterem Segeln. Diese Innovation erforderte ein neues Deckslayout und eine angepasste Raumaufteilung unter Deck. Weil sich in der Schiffsmitte die Hydrauliksysteme für den Schwingkiel befinden, lag es nahe, den Motor und die Hilfsaggregate ebenfalls mittschiffs unterzubringen. So verlegten wir das Cockpit direkt über den Maschinenraum und den normalerweise mittschiffs liegenden Salon nach achtern. Damit entstand ein völlig neu gestalteter Lebensraum am Heck, den wir die „Terrasse am Meer" nennen. Auch dies ist eine Wally-Design-Idee, die sich rein an der Funktionalität orientiert.

Ich habe an Bord der TIKETITAN viele Reisen unternommen und so viele Regatten gesegelt, bei den unterschiedlichsten Windbedingungen, dass ich mich von den Vorzügen dieser Lösung nicht mehr abbringen lasse. Ich bin fest davon überzeugt, dass die Entwicklung großer Fahrtenyachten künftig in diese Richtung gehen wird. In TIKETITAN spiegeln sich alle Elemente des Wally-Konzeptes wider, in dem nämlich die bestehenden Regeln gebrochen werden, um Lösungen für unbewältigte Probleme zu finden. Das ist mehr eine Denkrichtung als nur die Entwicklung eines einzelnen Konzeptes – eines Konzeptes allerdings, das in wenigen Jahren den Bau von Fahrtenyachten völlig verändert hat. Wir werden diesen Gedanken weiterführen und zu einer Marke entwickeln, die sich auch auf andere Produkte übertragen lässt.

Die 29,30 Meter lange YAM, eine der jüngsten Kreationen von Wally, wurde von German Frers hochbordiger als andere Wallys gezeichnet, trotzdem zeigt sie unverkennbar die Linien des Hauses. Die Yacht bekam ein abgeteiltes Sonnen-Cockpit.

DAS GEFÜHL, EIGNER EINER SWAN ZU SEIN

Leonardo Ferragamo

Seit meiner Kindheit gehört meine Leidenschaft dem Meer und vor allem dem Segelsport. Auf Flying Dutchmans habe ich angefangen, Regatten zu segeln, und das sind ausgesprochen schöne, praktische und sehr schnelle Boote, mit denen ich viele Wettbewerbe gewonnen habe. Dieser Abschnitt war eine für mich sehr wichtige Erfahrung in meinem Werdegang als Mensch und Sportler und ich darf hinzufügen, auch als Manager, denn ich habe dem Meer und dem Geist der Segelei immer einen erzieherischen und formenden Wert beigemessen.

1988 habe ich meine erste Swan erworben, eine gebrauchte 51-Fuß-Yacht. Ich suchte damals ein aufregendes und sportliches Segelboot, das es mir ermöglichte, größere Törns mit Freunden und meiner indessen wachsenden Familie zu unternehmen, und dabei die größtmögliche Sicherheit und Zuverlässigkeit bot. Dabei wurden mir ziemlich schnell zwei Dinge klar: erstens, dass meine Swan perfekt meine Ansprüche erfüllte – und wer mich kennt, weiß, wie anspruchsvoll ich sein kann, besonders auf See; zweitens, dass all das, was man einer Swan zuschrieb, nicht nur Legende war. Aufregend, schön, gut zu handhaben, verlässlich und schnell, das waren die Eigenschaften, die ich nie zuvor in dieser Kombination vereint bei einer Yacht gefunden hatte.

Im Jahr 1992 schließlich, als ich mich mit dem Gedanken trug, eine neue Swan zu erwerben, flog ich zum ersten Mal nach Finnland, um die Werft zu besuchen. Dort eröffnete sich mir eine neue Welt. Ich war fasziniert von den Fähigkeiten der Belegschaft: Je länger ich ihre Arbeitswelt beobachtete, desto größer wurde meine Hochachtung für die handwerkliche Professionalität, die sie in allem, was sie taten, an den Tag legten. Und je besser ich sie kennen lernte, desto begeisterter war ich von ihren menschlichen Fähigkeiten, von der Leidenschaft, mit der sie jedes Projekt angingen, und vor allem von dem unvergleichlichen Stolz, den sie aus dem Bewusstsein schöpften, in bester Tradition finnischer Handwerkskunst die schönsten Schiffe der Welt bauen zu können. Dies war für mich eine ungeheuer bedeutsame Erfahrung.

Während meine Swan 68 entstand, besuchte ich mehrfach die Werft in Pietarsaari. Und bei jedem Besuch wuchsen meine Hochachtung für Nautor und meine Überzeugung, etwas zur Leistungsfähigkeit dieses Unternehmens beitragen zu können.

Aufgrund meiner Erfahrung als Unternehmer in der Luxusartikelbranche war mir alles, was Nautor bot, durchaus vertraut, und ich meinte zu erkennen, was ich selbst für Nautor beisteuern könnte. Allen Skeptikern, die sich nicht vorstellen konnten, was Segelyachten mit Schuhen zu tun haben sollten, erwiderte ich, es seien schließlich beides „Transportmittel". Das war natürlich ein bisschen verwegen, aber eines wurde sofort offenbar: Die Swan-Yachten besitzen alles, was einen Luxusartikel ausmacht – Exklusivität, Unverwechselbarkeit, Singularität des Stils.

Und doch war Nautor nicht in der Lage, dieses enorme Potenzial in vollem Umfange zu vermitteln. Es war eine Werft, die sich innerhalb eines unternehmerischen Gesamtkonzeptes – Nautor gehörte zu einem multinationalen Papierkonzern – wie ein Fremdkörper, ein

Wie keine andere Werft schuf Nautor für ihre Eigner eine Identität. Swan-Cups in der ganzen Welt sind sportliche Events mit gesellschaftlichen Höhepunkten, die die Swan-Familie zusammenschweißen.

Bei den Rolex Swan World-Cups wird hart gesegelt. Mancher Eigner holt sich für die Rennen sogar Profis an Bord. Im Bild ein Zweikampf beim Rolex Swan World-Cup 1998 vor Porto Cervo.

Anhängsel ausnahm. Zwischen dem Schwerpunkt der wirtschaftlichen Aktivitäten des Konzerns und der Produktion von Segelyachten lagen Welten. Zwar mangelte es nicht an der Fähigkeit, den Fortbestand von Nautor zu garantieren, doch es fehlte an Engagement und Leidenschaft, um das Firmenkonzept weiterzuentwickeln. Ich dagegen war überzeugt, dem Markenartikel „Swan" wertvolle Impulse geben zu können.

Sechs Jahre lang habe ich diesen Traum geträumt, bis der Kauf im Mai 1998 perfekt war. Dabei bin ich mir nicht nur meiner wirtschaftlichen und finanziellen Verantwortung bewusst, sondern sehe meine moralische Pflicht gegenüber einer legendären Marke und ihren vielen Fans, angefangen bei den 1600 Swan-Eignern in der ganzen Welt.

Also habe ich mir zum Ziel gesetzt, dieses Unternehmen zu konsolidieren und auszubau-

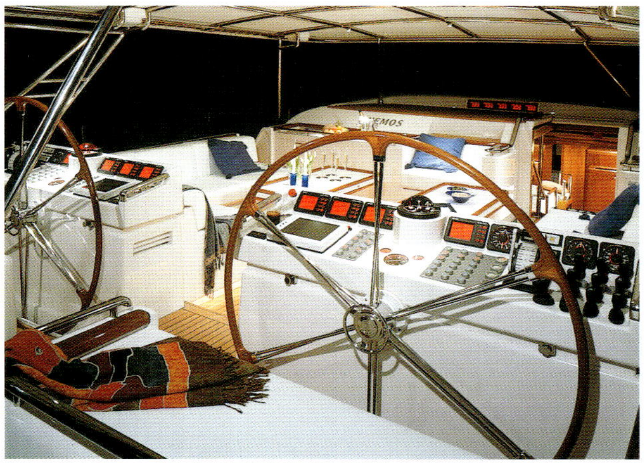

Nautor übersprang die 100-Fuß-Marke 1999 mit der 34,34 Meter langen Swan 112 und stieß mit dem neuen Flaggschiff in den Custom-Bau vor. Gleichzeitig wurde mit Haus-Designer German Frers eine neue Linie kreiert – der bis dahin typische Swan-Look verschwand. Das Deck wurde aufgeräumt, ein doppelter Steuerstand und das Deckshaus waren Eignerwunsch.

en, wobei es ganz unterschiedliche Prioritäten zu setzen gibt: Den Kunden, also den Eignern, müssen Dienstleistungen auf hohem Niveau angeboten werden, um jenes großartige Gefühl, Eigner einer Swan zu sein, noch zu verstärken. Die Produktion war zu optimieren und auszubauen und eine entsprechende Arbeitsplanung zu erarbeiten.

In diesem Zusammenhang kam der Konstrukteur German Frers ins Spiel. Er war bereits mit dem Design für eine 37-Meter-Yacht für Nautor beschäftigt worden, nun übertrugen wir ihm auch die Konstruktion für alle neuen Modelle ab der Größe Swan 80. Inzwischen kann ich sagen, dass dieses Konzept erste Früchte getragen hat. Mit der Initiative „Club Swan" und einer ganzen Palette von Service- und Regattaangeboten, mit der Einführung neuer Swan-Typen, entworfen und gebaut an der Schwelle des neuen Jahrtausends, und mit dem Ausbau der Werft, von der die neuen Swans kommen sollen.

Die Nautor-Werft des dritten Millenniums fährt daher zweigleisig: Unter Beibehaltung der bewährten traditionellen Werte werden wir die modernste technische Fortentwicklung integrieren. Die wichtigste Zielvorgabe aber werden wir nicht aus den Augen lassen: den Werterhalt der alten und neuen Swan-Kunden zu gewährleisten. Wer also Besitzer einer Swan ist, hat eine gute Investition gemacht – eine Yacht von Nautor ist ein bleibender Wert.

Die Marke Swan ist seit ihrer Gründung ein Synonym für eine luxuriöse große Segelyacht, konzipiert und konstruiert für Könner und Liebhaber des Segelsports. Wenn einstmals Modelle der Baureihen 60 bis 70 (Fuß) aufgrund der Bauqualität, der Exklusivität der Innenausstattung und der überlegenen Segeleigenschaften zu Recht als Superyachten bezeichnet wurden, so ist es nur folgerichtig, wenn Nautor heute Superyachten von 80, 82 und 96 und 112 Fuß Länge konzipiert und realisiert.

Diese neuen Projekte haben all die in den vergangenen 30 Jahren stetig verbesserten technischen Kapazitäten der Werft auf eine harte Probe gestellt. In Bezug auf das ehrgeizige Projekt der Swan 112 äußerte sich der verantwortliche Konstrukteur German Frers folgendermaßen: „Heutzutage werden immer größere Schiffe mit immer kleineren Mannschaften gesegelt. Damit ist eine großzügigere Einrichtung unter Deck möglich, was wiederum eine größere Freiheit für das Innendesign zulässt.

Die unglaublich effizienten modernen Trimmhilfen wie hydraulische Winschen, Rollreffanlagen und ähnliche Hilfsmittel haben diese Wende erst möglich gemacht. Zieht man allerdings den erhöhten Bedarf an elektrischer Energie für Hydraulik und die großen Mengen

Frischwasser in Betracht, kommt man zu einer völlig neuen Beurteilung des Gesamtkonzeptes."

Um das Konzept der modernen Swan-Superyachten zu verwirklichen, waren neue Forschungs- und Entwicklungsstudien nötig, wurden neue Produktionsabläufe festgelegt, mussten Gewichts- und Kraftverteilungen optimiert werden, mit anderen Worten, es war eine ganz neue Bautechnologie zu entwickeln. Das Vertrauen unserer Kunden hat all die Mühen wettgemacht. In dem Augenblick, als die erste Swan 112 ANEMOS vom Stapel lief, wurde mit dem Bau der zweiten Swan 112 begonnen. Bei Ablieferung der ersten Swan 80 HERIZ waren bereits fünf Schwesterschiffe im Bau.

Und exakt das ist es, was Nautor als sein Konzept für Superyachten begreift: Eine Superyacht darf kein beliebig wiederholbarer Prototyp sein, sondern das perfekt ausgereifte Ergebnis eines Reproduktionssystems, das in der Lage ist, in den folgenden Exemplaren serienmäßig und gestützt durch rigorose Überwachungen und Tests ein erfolgreiches Modellkonzept weiterzuführen.

Ich sehe in der Swan 112 und mehr noch in den Modellreihen 80 und 82 RS, die allesamt erst nach meinem Eintritt in das Unternehmen entwickelt und gebaut wurden, die Stammväter einer neuen Generation von Swan-Superyachten. Sie beweisen, dass Nautor es versteht, größere Segelyachten mit zukunftsorientierter Technologie zu bauen, ohne der Versuchung sinnloser Experimentierfreudigkeit zu erliegen und ohne einen einzigen Wertmaßstab des Swan-Konzeptes, nämlich Zuverlässigkeit auf See vereint mit Luxus, Eleganz und außergewöhnlichen Segeleigenschaften, aufzugeben.

Jüngstes Kind der Nautor-Range ist die Swan 80. Nur noch wenig erinnert im Styling an die bekannte Swan-Linie. Mast und Baum sind erstmals aus Carbon. Unter dem innovativen Design hängt ein Flossenkiel mit Ballastbombe.

HOHE SCHULE IN KOMPOSITBAUWEISE

P. G. Johansson

Baltic-Yachts feierte 1998 sein 25-jähriges Jubiläum mit Festregatten für die ganze Familie und Dinnerpartys an den unterschiedlichsten Orten. Diese denkwürdigen Veranstaltungen brachten viele Eigner von Baltic-Yachten zusammen und werden wegen der schönen Segeltage, der neu entstandenen Freundschaften und der gemeinsamen Erinnerungen allen noch lange im Gedächtnis bleiben. Das Jubiläum war ein guter Anlass für mich, die vergangenen 25 Jahre noch einmal Revue passieren zu lassen, bis zurück zu jenem wunderbaren Augenblick im Jahre 1973, als fünf von uns Baltic Yachts gründeten. Wir waren damals voller Optimismus an die Aufgabe herangegangen mit dem Ziel, bessere Segelyachten zu bauen als alles, was der Markt bislang kannte. Die meisten bestehenden Werften bauten damals noch schwere Boote und warben mit der Sicherheit ihrer robusten GFK-Konstruktionen. Solchen Herstellern wollten wir keine Konkurrenz machen; unser Ziel war, leichtere Boote zu bauen, leicht genug, um erfolgreich an Regatten teilzunehmen, aber nur so leicht, dass Fahrtensegler, die auch gern zügig vorankommen, auf eine gemütliche Einrichtung und alle für das Cruising nötigen Bequemlichkeiten nicht verzichten mussten.

Den meisten Seglern waren die Vorzüge leichter oder mittelschwerer Yachten durchaus bekannt, denn sie bieten zugleich Sicherheit, Komfort und leichte Bedienung. Auf der Suche nach technischen Möglichkeiten, leichtere Boote zu bauen, also ihr Konstruktionsgewicht zu reduzieren, ohne auf Haltbarkeit und Sicherheit zu verzichten, fanden wir Materialien und Techniken, die andere Werften noch nicht verwendeten. Unserer Philosophie, nur die neueste Technologie einzusetzen, ist Baltic seit mehr als einem Vierteljahrhundert treu geblieben.

Unser erstes Schiff, eine von Cuthbertson & Cassian gezeichnete Baltic 46, bauten wir an unserem neuen Standort in Bosund in einer Werfthalle, die gut genug geheizt werden kann, um den bitterkalten finnischen Wintern auf 63,4 Grad nördlicher Breite zu trotzen. Für den Bau der Yacht verwendeten wir eine Sandwich-Konstruktion aus GFK und Balsaholz, ein ebenso leichtes wie starkes und steifes Laminat. Das Teakdeck verlegten wir in Epoxy-Harz, um zusätzliche Steife zu gewinnen und das Sandwich-Deck darunter leichter ausführen zu können. Für die Wanten verwendeten wir Rod-Rigging, also gezogenen Stahl, der bislang nur auf Rennyachten Verwendung fand. Es ist außerordentlich beruhigend zu wissen, dass wir schon vor 25 Jahren einen technischen und qualitativen Standard im Yachtbau erreichten, der weit über dem liegt, was die meisten Werften heute anzubieten haben.

Mit Beginn der Ölkrise 1973 ließ das Geschäft deutlich nach, doch optimistisch erweiterten wir unser Angebot durch die Typen Baltic 33, 39 und 42, und zwei Jahren später waren 43 Yachten ausgeliefert. Im Jahre 1977 wurde Baltic von der Hollming Ltd. übernommen, einer großen finnischen Werftgruppe. Mit dem nun hinzufließenden Kapital erweiterten wir unsere Produktion durch die Baltic 37 und 51. Unsere Marketingorganisation wurde durch das heute noch bestehende US-Verkaufsbüro in Marblehead, Massachusetts ergänzt. 1981 stieß der talentierte kalifornische Konstrukteur Doug Peterson zu uns, der die Baltic 38, 42DP, 48 und 55 zeichnete. 1984 begann ein anderes junges Team für uns zu arbeiten, Judel/Vrolijk aus Bremerhaven. Sie sind für die bis heute lieferbaren Baltic 35, 40, 43 und 47 verantwortlich. Alle diese Modelle tragen ein ganz typisches Außendesign, mit sehr flachem Decksaufbau und den für Baltic so typischen schwarz eloxierten Masten. Nach Plänen der werfteigenen Innendesigner erhalten alle Baltic-Yachten die typische, ebenso großzügige wie Raum sparende Einrichtung im „Baltic-Stil".

Trotz dieser Innovationen waren die späten achtziger Jahre für Baltic eine schwierige Zeit, und Hollming entschied, sich aus dem Yachtbau zurückzuziehen. 34 Mitarbeiter von Baltic kauften das Unternehmen zurück. Es war anfangs nicht leicht, doch es gelang, den Namen hochzuhalten und drei neue Modelle in die Produktion aufzunehmen, die Baltic 52, 58 und 64, alle von Sparkman & Stephens gezeichnet und immer noch im Angebot. Zudem war es uns – nach einem ersten Versuch 1975 – 1982 erstmals gelungen, einen großen Einzelbau fertig zu stellen, die von Doug Peterson konstruierte 24 Meter lange MIDNIGHT SUN, ein Schiff für die IOR-Maxi-Weltmeisterschaft. In den folgenden zehn Jahren entstanden fast ein Dutzend weitere Einzelanfertigungen, sowohl

Die 21,30 Meter lange LOFTFARI wiegt mit einem Ballastanteil von 56 Prozent ganze 17,8 Tonnen. Die Konstruktion von Reichel/Puigh bekam ein komplettes Interieur aus Komposit-Bauweise.

für den Regatta- wie für den Fahrtensegelsport, alle in einer Länge zwischen 11 und 25 Metern und nach Linien von Nelson/Marek, H. Södergren, S&S, Scott Kaufman, German Frers, Bruce Farr und Judel/Vrolijk.

Bereits zu dieser Zeit verwendeten wir beim Bau damals so moderne Materialien wie S-Glas und E-Glas, Kevlar und Kohlefaser, Nomex und Divincell. Dabei war uns klar, dass High-Tech-Material allein noch keine brauchbare Yacht macht; erst wenn man damit umzugehen weiß, kann es seine Stärken ausspielen. Dass wir uns mit dieser Bauweise perfekt auskennen, davon waren wir überzeugt: Niemand baut bessere Boote. Auf diesem Standpunkt stehen wir bis heute, wobei die meisten Yachten jetzt in Epoxy und vakuum-gebackenen Kohlefaser-Laminaten entstehen. An der Spitze der Fabrikation stehen Produkte, die vollständig in Prepreg-Kohlefaser gebaut sind, nicht nur Rumpf, Deck, Schotten und Einrichtung, sondern auch Niedergänge, Wellenböcke, Ruder, Ruderstände und sogar Beiboote. Mit unseren Computerprogrammen können wir alle nötigen Daten errechnen, von der Gewichtskalkulation bis zum Verkaufspreis jedes einzelnen Schiffes. Jeder einzelne Posten wird von unseren Mitarbeitern in der Praxis genau nachkalkuliert. Zu unserem

Der 23 Meter lange Einzelbau VITTFARNE wurde von Bill Dixon als klassische Fahrtenyacht gezeichnet. Ihre Linien und ihr behagliches Interieur lassen kaum vermuten, dass auch sie aus Kohlefaser und Epoxid gefertigt wurde.

Team gehören Fachleute für Design, für Fragen der Festigkeit und aller eingesetzten Systeme – eine Stärke, die es Baltic ermöglicht, sich flexibel auf die Bedürfnisse selbst des anspruchsvollsten Kunden einzustellen.

R&J Design, ein Zulieferer, der auf unserer Werft in Bosund arbeitet, kümmert sich um jede Art von Innendesign, von ultramodern bis klassisch und in jeder Holzart, die wir dann in höchstem handwerklichem Standard umsetzen. Für jedes im Bau befindliche Boot ist ein eigener Projektmanager zuständig, der auch den kompliziertesten Aufgaben gewachsen ist und sich ganz dem Kunden und seinen Wünschen widmet. Mit anderen Worten, wir haben seit 1973 einen Riesenschritt nach vorn getan und gehören inzwischen zu den wenigen Werftunternehmen, die das gesamte Angebot unter einem Dach anbieten: Design, den Umgang mit High-Tech-Bauweisen, der komplizierten Innenausstattung, der Motortechnik, Elektronik, Rigg und allen Operationssystemen.

In den letzten Jahren haben sich immer mehr Kunden und Konstrukteure von unserer Philosophie überzeugen lassen und Einzelanfertigungen bei Baltic in Auftrag gegeben. Für uns ist das ein großer Vorteil, denn beim Bau von One-Offs können wir neue Ideen entwickeln und testen. So haben wir im Herbst 1996 ALEDOA 4 abgeliefert, eine 22-Meter-Fahrtenyacht von Bruce Farr, gebaut in Prepreg-Kohlefaser-Sandwich mit Schaumkern. Darauf folgte die 26 Meter lange ANNY, eine sehr schnelle Yacht, von Judel/Vrolijk gezeichnet, mit einem hübschen Deckshaus und einem Hubkiel für das Befahren flacher Gewässer. 1997 entstand mit FAR NIENTE eine 35 Knoten schnelle, 16 Meter lange Motoryacht nach einem Design von Ray Hunt & Associates, unser erstes Motorboot. Im gleichen Jahr lieferten wir die 23 Meter lange, von Bill Dixon gezeichnete VITTFARNE ab, eine Weltumseglungsyacht. Im Gegensatz zu unseren modernen Bauten handelt es sich im Fall VITTFARNE um einen traditionellen, zeitlos schönen Riss. Aber unter der Haut ist sie modern in jedem Sinne, gebaut in Kohlefaser, Kevlar und Epoxy, ausgerüstet mit einem Hubkiel und Kohlefasermast.

Unser in jedem Sinne extremster Neubau war 1997 LOFTFARI, konstruiert von den Amerikanern Reichel/Puigh für einen Kunden, der das Schnellste vom Schnellen erwartete. Der Rumpf ist ausschließlich nach Gesichtspunkten der Geschwindigkeit geformt, mit steilem Steven und kurzem Heck, flachem Boden, geringer Breite und einem tiefen Kielblatt. Mit dem Bau dieser Slup erreichten wir ein Optimum in der Gewichtseinsparung: Trotz ihrer Länge von 23 Metern gelang es uns, unter ausschließlicher Verwendung von Prepreg-Karbon das Rumpfgewicht bei federleichten 17,6 Tonnen zu halten. Unter den richtigen Bedingungen kann LOFTFARI mit 25 Knoten surfen, obwohl sie eine Fahrtenyacht ist. Zu den weiteren Einzelanfertigungen gehören ein 16-Meter-IMS-Racer und zwei 20-Meter-Yachten nach einem Riss von Bruce Farr.

Obwohl wir weiter am Bau von Serienschiffen festhalten – so sind um die Jahrtausendwende vier 50er von Bill Tripp, eine Baltic 58, eine Baltic 52 mit Modifikationen für das Segeln in hohen Breiten und ein halbes Dutzend weitere Yachten zwischen elf und 16 Meter Länge entstanden –, haben doch die Spezialanfertigungen inzwischen das Übergewicht. 1999 wurden zwei Judel/Vrolijk-Designs ausgeliefert: CANICA, ein modernes 23-Meter-Schiff mit Deckshaus, und PINK GIN, eine luxuriöse 29-Meter-Kreuzeryacht mit traditionellen Überhängen, einem hübschen Schwung in der Linie und einer Inneneinrichtung im Stil klassischer Yachten – alles nach dem neuesten Stand unserer Technik gebaut. Wir sind bei Baltic sehr stolz auf diese schnellen Kreuzeryachten und

Auch die 29,50 Meter lange PINK GIN, gezeichnet von Judel/Vrolijk, ist ein Leichtbau von Baltic, dem man seine Bauweise nicht ansieht. Gegenüber einem herkömmlichen GFK-Bau gleicher Größe sparte man nach Berechnungen der Werft 17 Tonnen an Gewicht ein.

auch stolz auf das, was die Eigner mit ihren Yachten schon alles erreicht haben. VITTFARNE, was „Weitgereist" bedeutet, hat ihrem Namen alle Ehre gemacht und bereits dreimal den Atlantik überquert, die Karibik bereist, ist die Ostküste der USA bis hinauf nach Kanada, dann hinüber nach Australien und Neuseeland gesegelt. LOFTFARI ist ins Mittelmeer gesegelt und hat in Portofino und St. Tropez erfolgreich an Regatten teilgenommen.

CANICA und PINK GIN haben aufregende Erlebnisse mitten im Atlantik gehabt. Während der ARC-Regatta fiel CANICAs Seewasser-Entsalzungsanlage aus. Die Frischwassertanks waren leer, und die Crew war deshalb gezwungen, die Regatta aufzugeben. Glücklicherweise befand sich eine der vielen weltreisenden Baltic-Yachten ganz in der Nähe: PINK GIN. Nach einigen Telefongesprächen und dem Austausch von E-Mails vereinbarten die beiden Yachten ein Rendezvous auf hoher See, und CANICA konnte mit ausreichend Frischwasser die Regatta fortsetzen. Ein paar Tage später verletzte sich eines der Crewmitglieder an Bord der PINK GIN so schwer, dass er dringend medizinische Hilfe benötigte. Mitten auf See war der Einsatz eines Rettungshubschraubers nicht möglich, dafür die Hilfe eines auf der CANICA mitreisenden Arztes. Die beiden Yachten trafen sich ein zweites Mal, der Arzt setzte auf die PINK GIN über, leistete Erste Hilfe und übergab den Patienten schließlich an ein herbeigerufenes Frachtschiff, das ihn schnellstmöglich an Land brachte.

Nicht von jedem unserer Eigner sind solche Heldengeschichten zu erzählen, aber ich bin sicher, jeder von ihnen wäre dazu in der Lage. Aus den Erfahrungen, die wir mithilfe aller dieser Eigner im Laufe der Jahre gewonnen haben, ist das Konzept für ein 32 Meter langes Zukunftsprojekt entstanden. In dem „Projekt Millennium 2000" sind alle Aspekte der Rumpfform und des Einsatzes von High-Tech-Materialien gebündelt mit dem Ziel, ein Optimum an Geschwindigkeit, Qualität und Schönheit zu vereinen. Mit Beginn des neuen Jahrtausends entstehen aus diesem Projekt richtige Yachten für richtige Kunden. Im Frühjahr 2000 lieferten wir eine vollständig in Kohlefaser gebaute 24-Meter-Yacht mit Schwingkiel aus, nach einem Riss von Reichel/Puigh gebaut. Im Bau waren zu dieser Zeit eine ebenfalls nach Linien von Reichel/Puigh entstehende ultramoderne Schönheit von 48 Metern Länge. Bei ihrem geplanten Stapellauf im Jahre 2002 wird sie ein Gewicht von lediglich 95 Tonnen haben.

Seit mehr als 25 Jahren hat Baltic an seinem ursprünglichen Prinzip festgehalten, das Allerbeste anzubieten, eine leichtere, steifere und schnellere Segelyacht. Solange die Technik voranschreitet, werden wir dieses Ziel nie aus den Augen verlieren.

SUPER-YACHTEN EROBERN DIE WELTMEERE

Ihr Feld ist die Welt. Superyachten unterliegen keinen Beschränkungen, ihre Eigner erreichen jeden Winkel der Erde, sicher, komfortabel und dank modernster Kommunikationstechnik stets im Kontakt mit der Welt. Ob auf Regattakurs, vor Anker in einem einsamen Archipel oder an den geschäftigen Kais so luxuriöser Häfen wie Monte Carlo, St. Tropez oder Porto Cervo: Eine Superyacht wird allen Ansprüchen gerecht. Das Leben an Bord so einer Yacht ist vielleicht der größte Luxus, den der Mensch sich heute für Geld kaufen kann.

MON 5656

Optimale Segelleistungen forderte der Eigner dieses Luca Brenta-Designs. Die 1993 in Kohlefaser gebaute 32-Meter-Ketsch WALLYGATOR II von Wally Yachts heißt heute NARIIDA.

Vor dem Gletscher im Tracy Arm in Alaska sucht sich die von S&S gezeichnete TIMONEER einen Weg durch die Eisschollen. Die Fahrtenketsch hat eine Länge von 35 Metern und wurde 1992 von Palmer Johnson gebaut.

Royal Huisman baute die JULIET 1993 nach einem Riss von Ron Holland. Die 43,52 Meter lange Aluminium-Ketsch gilt als erste Superyacht im modernen Sinne. Ihr Bau dauerte fünf Jahre.

Nach dem Vorbild des berühmten Herreshoff-Schoners ATLANTIC entstand 1984 in Spanien die JESSICA. Mit 56 Metern Länge gehört der heute ADIX genannte Holgate/Dijkstra-Riss zu den größten Superyachten überhaupt.

Vor der 42 Meter langen S&S-Konstruktion SARIYAH tut sich ein mit Treibeis bedeckter Fjord in Südpatagonien auf. Für Superyachten gibt es kaum noch einen Winkel der Erde, der nicht in Komfort erreichbar wäre.

27

Superyachten sind in der Regel keine Rennyachten und deshalb nicht auf maximalen Speed ausgelegt. Doch an Regatten wie dem Maxi Rolex Cup vor Sardinien gehen sie gern an den Start. Hier wird ADELA von einer Meute Wallys verfolgt.

Der Traum des Superyacht-Seglers ist es, raumschots eine einsame Landschafts-Kulisse zu begleiten. Hier segelt YANNEKE TOO, ein 36 Meter langer Schoner von Bill Dixon, der bei Camper & Nicholsons gebaut wurde.

MIT FÜNF STERNEN AUF HOHER SEE

George Nicholson

Die Menschen, die in ihrem Leben einmal das Glück hatten, ihren Urlaub auf einer gecharterten Superyacht zu verbringen, muss man zu einer weiteren Charterreise kaum überreden. Der Lebensstil auf einer von professionellen Mitarbeitern geführten Charteryacht hat mit so viel Luxus zu tun, dass man sich gegen den verführerischen Gedanken an eine Wiederholung des Erlebnisses kaum wehren wird, beispielsweise mit einer Reise in eine abgelegene exotische Gegend, und dabei umgeben von einem Luxus und einem Service, der Königen würdig ist.

Es gibt heutzutage kaum eine andere Möglichkeit, Ferien in so einzigartiger Weise und Ruhe und Abgeschiedenheit zu verbringen wie an Bord einer Yacht, weit entfernt von der Hektik und den Verpflichtungen des täglichen Lebens. Superyacht-Chartergäste sind durchweg viel gereiste Leute, die einen herausragenden Service gewohnt sind und sich jede Art von Zerstreuung auf der Welt leisten können. Superyachten sind heute mehr als je zuvor in der Lage, die einsamsten und entferntesten Ziele anzulaufen und dort eine unzerstörte, ursprüngliche Natur zu genießen. Die Charterindustrie ist darauf vorbereitet und in der Lage, auch den ausgefallensten Wünschen ihrer Kunden Rechnung zu tragen.

Noch vor etwa 40 Jahren gab es weltweit allenfalls eine Hand voll von Superyachten zu chartern. Es war ein Privileg für wenige, und die Yachten, die damals angeboten wurden, stammten durchweg aus der Zeit vor dem Krieg. Camper & Nicholsons hatten nicht nur viele dieser Yachten selbst gebaut, sondern waren über all die Jahre hindurch auch stets in engem Kontakt mit den Eignern geblieben. Irgendwann entwickelte sich daraus der Charter-Gedanke. Doch erst in den sechziger Jahren war aus der Idee ein profitables Geschäft geworden. Inzwischen waren an den beliebtesten Küsten des Mittelmeeres entsprechend komfortable Yachthäfen entstanden, und mit der Entwicklung neuer, leistungsfähiger Kommunikationssysteme ergaben sich schließlich ganz neue Möglichkeiten, von See aus Kontakt mit dem Rest der Welt zu halten. So berühmte Yachten wie SHAMARA, GAVIOTA, CHRISTINA und CREOLE und ihre sagenumwobenen Eigner Lady Docker, Stavros Niarchos, Aristoteles Onassis sowie deren Freunde und Charterer, darunter die Kennedys, Maria Callas und andere große Darsteller auf der Bühne des Lebens, gaben dem Leben an Bord von Superyachten einen ganz besonderen Glanz.

Natürlich wird es immer Menschen geben, die das Leben in einem Fünf-Sterne-Hotel, auf einem Passagierschiff oder in einer feinen Ferienvilla dem Luxus an Bord einer Superyacht vorziehen, doch ich bin davon überzeugt, dass es keine Luxusbranche gibt, in der ein Wiederholungseffekt so ausgeprägt ist wie bei der Charter von Superyachten, zumal ein solches Erlebnis sicher weit mehr bietet, als ein Fünf-Sterne-Hotel zu leisten vermag.

Nur wenige Menschen haben heute noch die Zeit, das Ferienerlebnis ihres Lebens durchzuplanen. Hinzu kommt die Schwierigkeit, in diese zwei oder drei zur Verfügung stehenden Wochen die Wünsche aller Familienmitglieder unter einen Hut zu bringen. Was kann also Besseres geschehen, als dass man eine neue Art von Urlaub in Angriff nimmt: Ferien, die sich mithilfe von erfahrenen Fachleuten planen und durchführen lassen, Ferien schließlich, die es erlauben, die unterschiedlichsten Ziele anzusteuern, ohne auch nur einmal umziehen zu müssen, Wochen, in denen einem von dienstbaren Geistern auch der kleinste Wunsch von den Lippen abgelesen wird. Herzlich Willkommen in der Welt der Superyacht-Charter!

Große, von einer eigenen Crew bemannte Yachten gehören zu einer Klasse, die sich von

Chartern auf einer großen Segelyacht heißt Luxus bei totaler Mobilität. Absolute Einsamkeit kann ebenso auf Wunsch des Charterers angelaufen werden wie eine viel besuchte Bucht in der Karibik. Tauchausrüstungen, Dingis und Jollen gehören schon längst zum üblichen Equipment einer modernen Superyacht.

YAMAHA
70
RX450

Chartern auf einer Superyacht heißt Service rund um die Uhr. Über den Preis für einen solchen Urlaub gibt es häufig die abenteuerlichsten Vorstellungen. Er ist jedoch nicht höher als in einem Luxushotel an Land.

allen anderen Segelbooten in einem so erheblichen Maße unterscheiden, dass man sie einmal erlebt haben muss, um zu glauben, was einem versprochen wird. Welchen Ort auch immer Sie schon einmal besuchen wollten, ich versichere Ihnen, es gibt keinen schöneren Blick darauf als vom Deck der eigenen Superyacht aus. Vielleicht träumen Sie von einer Reise entlang der historischen Küste von Amalfi und einiger abgelegener italienischer Inseln an Bord der Segelyacht PARSIFAL, von einem Trip entlang der amerikanischen Ostküste mit Besuch der wichtigsten Großstädte an Bord der atemberaubend schönen MIRABELLA III, die Sie an jeden gewünschten Ort bringt, zu einem Jazz-Festival etwa, zu Opernbesuchen oder einer Besichtigungstour interessanter Architektur. Vielleicht auch von einem Wochenende auf den einzigartigen Galapagos-Inseln, wo Sie den Spuren des großen Naturforschers Charles Darwin folgen, mit Delfinen im Meer schwimmen, mit Pinguinen (gibt's die da?) und Riesenschildkröten, und vielleicht sogar einige der prähistorischen Reptilien zu sehen bekommen.

Wenn Ihnen der Sinn eher nach dem glitzernden Leben des Jetset steht, bereitet es keine Probleme, einen Platz im Hafen etwa beim Großen Preis von Monaco zu finden, bei den Filmfestspielen in Cannes oder bei den Olympischen Spielen, wie 2000 in Sydney. Da zieht tagsüber das rauschende Leben vorbei, und abends lässt es sich in privater Atmosphäre gemütlich unterhalten, vielleicht mit Nachbarn, den Charterern anderer Yachten, die im Hafen liegen.

Es gibt kaum ein vergleichbares Geschäft, in dem der Vermittler, in diesem Fall der Vercharterer, so große Erfahrung und ein ähnlich enges Verhältnis zu dem Geschäftsgegenstand – der Yacht – hat, zu ihrer Einrichtung und zur Mannschaft. Er hat gelernt, jedem Kunden genau das anbieten zu können, was dieser sich wünscht, sowohl was den Stil einer Yacht betrifft als auch die vielfältigen Zerstreuungsmöglichkeiten, wie etwa Tauchen, Wasserski, den Besuch fremder Märkte, das Fotografieren von Wildtieren, Golfspielen, Hochseeangeln, Grill-Abende am Strand, Strandspaziergänge im Mondschein, den Genuss von Köstlichkeiten der indonesischen Küche oder einfach die Möglichkeit, sich ungestört in eine Ecke zu setzen und ein Buch zu lesen. Bei allem wird der Chartergast einer Superyacht voll auf seine Kosten kommen. Von dem Augenblick, in dem bei uns die Charter bestätigt wird, gibt es für Sie nichts anderes mehr zu tun, als abzuwarten und sich auf eine einmalige Erfahrung zu freuen.

Ich sage das aufgrund meiner 40-jährigen Erfahrung in diesem Geschäft und in dem Wissen, dass die Yachten und die Crews im Angebot von CNI zum Allerbesten gehören. Die Charter einer Superyacht bietet weitaus mehr als ein Besuch der entlegensten Ecken unserer Welt in Luxus: Unser Anspruch ist vielmehr, dass jeder Gast vom Betreten des Schiffes an, gleich, ob er von seinem Chauffeur gebracht oder mit einem Boot, einem Hubschrauber oder einem Privatjet anreist, bis zum Moment des Abschieds im letzten Hafen von einem Service umgeben ist, der kaum zu übertreffen ist.

An Bord einer Charteryacht muss der Gast nicht einen Finger rühren. Zur Begrüßung gibt es einen Cocktail, während die Stewardess die Koffer auspackt und die persönlichen Dinge einräumt und in einer Weise arrangiert, als sei man schon immer an Bord zu Hause. Die Wäsche wird jeden Tag abgeholt, gewaschen, gebügelt und an ihren Platz im Schrank zurück-

Die Mobilität des Charterers kennt keine Grenzen. Ausflüge von Bord können mit Wasserflugzeugen unternommen werden. Die Charter-Zentrale organisiert perfekt das scheinbar Unmögliche.

gelegt. Zur Besprechung der täglichen Menüs steht der Koch jederzeit bereit, entsprechende Sonderarrangements lassen sich gegebenenfalls schon lange vor der Anreise besprechen. An jedem Tag kann man sich auf drei opulente Mahlzeiten freuen, serviert von uniformiertem Personal, ob es sich nun um ein Candle-Light-Dinner in Abendrobe handelt oder den Barfuß-besuch zum Barbecue am Strand. Ein Rund-um-die-Uhr-Service ist selbstverständlich.

Stellen wir uns eine Kreuzfahrt an Bord des größten Katamarans der Welt vor: DOUCE FRANCE. Einzigartig unter den Superyachten, bietet sie Platz für bis zu zwölf Gäste an Bord, verteilt auf 40 Meter Länge, mit einer Einrichtung in elegantester Architektur. An Deck wie unter Deck bietet sich eine Vielzahl von Essgelegenheiten und Plätzen zum Entspannen, um elegante Dinner zu feiern oder im Deckshaus mit verglastem Rundumblick auf die See zu schauen. Man kann sich in das riesige Netz legen, das die beiden Rümpfe im Vorschiff verbindet, und von dort den Delfinen beim Spiel in den blauen Fluten zusehen oder einfach dem Rauschen des Windes und der Wellen lauschen, während die warmen Passatwinde der Karibik kühlend über die Haut streifen. Derweil navigiert eine Crew aus Fachleuten das große Schiff sicher durch die Inselgruppe der Grenadinen oder der Jungferninseln.

Zu den beliebtesten Chartertouren gehört die Reise von Sizilien nach Gibraltar, mit Besuchen auf Sardinien, Korsika und den Balearen. Dafür eignet sich etwa die mit fünf Gästekabinen ausgestattete AMADEUS. Wer keine Lust mehr hat, täglich einen anderen Hafen oder einen berühmten Anziehungspunkt an Land zu besuchen, der hat die Wahl, sich mit Tauchen, Wasserski, Windsurfen und Schnorcheln die Zeit zu vertreiben. Die Ausrüstung befindet sich an Bord. Selbstverständlich ist die Crew dafür ausgebildet, jede Form von Wassersport selbst zu unterrichten, und natürlich sind alle diese Aktivitäten im Charterpreis enthalten. Wen plötzlich der Appetit auf eine lokale Spezialität überfällt, wird schnell ein Crewmitglied finden, das sich an Land nach den gewünschten Dingen umschaut, während man selbst im klimatisierten Komfort abwartet, sich im Marmorbad erholt oder am Ende eines langen Tages auf der Haut die kribbelnden Luftblasen des Jacuzzi genießt. Sollte es unerwartete geschäftliche Dinge während des Urlaubs zu regeln geben, so darf man sich darauf verlassen, an Bord ein kleines Büro vorzufinden, ausgerüstet mit allem Notwendigen wie Telefon, Fax und E-Mail und mit Verbindung von jedem Punkt der Erde.

CNI verfügt über ein globales Netz von Büros und ist bereit, schnell, sicher und diskret jede Art von Yachtcharter zu ermöglichen. Da

Superyachten verfügen über leistungsfähige Crews, die in der Lage sind, auch auf kleinstem Raum aufwändige Menüs zu zaubern. In Kühlschränken und Tiefkühlern werden auf Megayachten Vorräte für jede Gelegenheit und für jeden Geschmack mitgeführt.

die Flotte von Superyachten ständig wächst, besteht die Möglichkeit, in jedem Urlaub ein anderes Schiff und ein anderes Ziel zu wählen, jedes Mal mit dem gleichen Maß an Qualität. Mithilfe unserer Yachtkapitäne und ihrer Crew werden ständig neue Seegebiete entdeckt, erfahren und angeboten. Überall auf der Welt entstehen Stützpunkte für die Charterindustrie, während Kommunikation und Technologie sich weiterentwickeln und damit uns und unseren Kunden ganz neue Möglichkeiten erschließen.

Über die Kosten des Yachtcharterns kursieren die abenteuerlichsten Vorstellungen. Mancher glaubt, es gäbe nichts Teureres auf der Welt, als eine Superyacht zu chartern, aber das stimmt sicher nicht. Zu Beginn des 21. Jahrhunderts liegen die Charterpreise für eine Yacht mit zehn Gästekojen und einer Crew von bis zu sechs Personen zwischen 45 000 und 60 000 US-Dollar pro Woche. Wenn man noch ungefähr 25 Prozent an Kosten für Proviant, Treibstoff, Hafenkosten und ähnliche Dinge hinzurechnet, dann liegen die Kosten noch immer unter 1000 US-Dollar pro Person pro Tag und damit unter dem, was mancher für eine Nacht im Luxushotel oder auf einem Kreuzfahrtschiff zahlt. Vergessen wir nicht, dass der Chartergast über ein ausschließlich für ihn zuständiges Personal, einschließlich des Kochs, verfügt, dass an Bord alle zusätzlichen sportlichen Aktivitäten im Preis enthalten sind und dass man selbst über den Kurs der Yacht und die Ankerplätze bestimmen kann. Das Chartern einer Superyacht, so versichern uns unsere Kunden jedes Mal aufs Neue, ist ein unübertreffliches Reiseerlebnis.

DIE GANZE WELT DER SUPERYACHTEN

Monica Paolazzi

Der Eigner einer traumhaften 24-Meter-Yacht ließ sich angesichts eines größeren Schiffs zu dem Kommentar hinreißen: „Eines habe ich mittlerweile begriffen. Was Boote betrifft, gilt die so genannte Drei-Kabinen-Regel. Welche Abmessungen die Yacht auch hat, drei Kabinen sind ihr sicher. Nicht mehr und nicht weniger." Luxus definiert sich bei einer Superyacht daher nach dem gebotenen Komfort: Wer sich für eine große Segelyacht entscheidet, hat nicht die Anzahl der Gäste an Bord im Sinn, sondern die größere Bequemlichkeit, das heißt den Luxus von mehr Geräumigkeit für sich selbst und wenige erprobte Mitsegler. Das ist sozusagen die Grundregel für das Leben an Bord einer Megayacht unter Segeln.

Darüber hinaus bietet mehr Raum auch die Freiheit, zahlreiche Freizeitgeräte mit an Bord zu nehmen, von der Golfausrüstung über Fahrräder, Motorbikes bis zur Tauchausrüstung. An Bord soll niemand auf etwas verzichten müssen. Schon aus diesem Grund ist die Qualität des Service ein entscheidender Bestandteil des

Bordlebens. Gleich nach dem Skipper ist der Koch das wichtigste Mannschaftsmitglied. Da ständig in Gebrauch, ist die Küchenausstattung das Kriterium, das die eine Superyacht von der anderen unterscheidet. Denn an Bord einer Superyacht wird das Leben an den Mahlzeiten gemessen. Vom Frühstück bis zum Abendessen werden Gerichte serviert, die sich qualitativ mit den Produkten der besten Restaurants messen können, wobei sämtliche Speisen auch an Bord zubereitet werden, das Brot eingeschlossen. Aperitifs und eine reichhaltige Auswahl an Hors d'œuvres bilden stets das Entree beim Mittagessen und Diner. Entsprechend aufwändig und kostbar sind Geschirr, Tischwäsche und Dekoration.

Die Bewirtung ist eine Kunst, in der sich jeder gern übt. Eine Annehmlichkeit allerdings, die präzise Organisation und spezielle Vorrichtungen voraussetzt. Weinliebhaber unter den Eignern zum Beispiel verfügen über einen eige-

Anziehungspunkt für die schönsten Yachten des Mittelmeeres: St. Tropez, Heimat der Nioulargue. Hafen und Stadt sind seit Jahrzehnten unverändert, und im Sommer findet sich kaum ein Liegeplatz, Klassiker wie der Schoner CREOLE ankern vor der Tür. Den besten Ausblick bietet das Hotel Sube.

nen kleinen Weinkeller für die Lagerung ihrer Jahrgangsweine. Alle Yachten der gehobenen Kategorie sind mit geräumigen Kombüsen sowie Pantrys mit Gefrier- und Kühlsystemen ausgestattet. Viele Lebensmittel, vor allem solche, die schwieriger zu bekommen sind, werden zu Beginn der Reise gebunkert, um überall jedes beliebige Gericht zubereiten zu können.

Wie die Segelreise letztendlich organisiert ist, hängt von den Vorlieben der Eigner ab. Diejenigen, die es vorziehen, die Nacht in einer Marina zu verbringen, was im Mittelmeer häufig der Fall ist, nutzen ihre Yacht folglich nur für Tagesausflüge. Sie laufen am Morgen aus und kehren abends zum selben Liegeplatz zurück. Man sucht sich, je nach Wetterlage und Wassertiefe, eine Bucht oder einen Ankerplatz aus und setzt die Segel.

Andere Eigner wiederum lieben die tägliche Abwechslung und segeln, günstiges Wetter vorausgesetzt, von Ort zu Ort. Bei diesen Touren steht das Segeln im Mittelpunkt. Kaum jemand an Bord ist erpicht auf Gewalttouren. Für die Mehrzahl der Superyachten gehört das Mittelmeer zu den beliebtesten Revieren, denn hier kommt wirklich jeder auf seine Kosten. Naturliebhabern stehen die türkischen, griechischen und kroatischen Inselwelten offen. Hier sind Hauptattraktion Landschaften und Meer.

Für ein intensives gesellschaftliches und sportliches Leben locken dagegen die Metropolen des Segelns: Saint Tropez, Portofino, Porto Cervo, Palma de Mallorca und natürlich Monaco.

Saint Tropez besitzt all den Glamour des südlichen Frankreich, wo sich eine wilde, faszinierende Natur und französische Kultur und Lebensart ergänzen. Von dem einst verwunschenen Fischerort ist die Altstadt mit ihren bei Sonnenuntergang rot-golden leuchtenden Hausfassaden noch komplett erhalten. Der Hafen ist Teil dieses historischen Stadtkerns und bildet zusammen mit den dort liegenden Booten eine Einheit mit der Landschaft. Unglaublich die Zahl der Geschäfte, Bars, Restaurants und Nachtclubs! Für jeden Geschmack, ob für Tag- oder Nachtschwärmer – es ist für alle etwas da. Trotz massivem Tourismus haben sich schöne Traditionen erhalten wie etwa das Bocciaspiel auf dem Markt, einem Platz unter Schatten spendenden Platanen.

Luxuriöse Villen unter Pinien schmiegen sich an die Hänge über dem Meer, fest in der Hand des internationalen Jetsets, der Saint Tropez in einen der beliebtesten Orte des Mittelmeers verwandelt hat. In unmittelbarer Nachbarschaft liegt die autofreie Ile de Porquerolles, wo Wein angebaut wird. Für einen Tagesausflug empfiehlt sich die Bucht von Pampelonne, bekannt für ihren langen, schneeweißen Sandstrand mit zahllosen Restaurants. Darunter befindet sich auch jener Club 55, bekannt bei allen Seglern als Geburtsstätte der Nioulargue – 1981 kam ein amerikanischer Eigner der Forderung seiner Freunde nach und forderte mit seiner Yacht PRIDE die größere international bekannte 12-Meter-Yacht IKRA zu einer Regatta heraus. Er verlor zwar das Rennen, doch das Beispiel machte Schule, und im folgenden Jahr gingen bereits zwölf Yachten an den Start.

Portofino hingegen ist sehr diskret, intim und pittoresk. Im Sommer und an den Wochenenden ist die Zufahrtsstraße für den Autoverkehr gesperrt, was eine natürliche Auslese der Besucher dieses viel gerühmten Hafens zur Folge hat. Portofino ist damit einer der exklusivsten Resorts im gesamten Mittelmeer. Schon seit 1935 wird besonders auf den Schutz der Umwelt geachtet und so seither jeglicher Neubau verhindert. Exklusive Geschäfte und Restaurants reihen sich wie Perlen entlang der Küste aneinander, und die grünen Hänge des Monte di Portofino, der seit 1995 Naturschutzgebiet ist, verlocken zu Spaziergängen. Die kleine Bucht bildet einen natürlichen Hafen, an deren einer Seite die bunten Häuser stehen, während die andere Flanke von der kleinen Kirche San Giorgio beherrscht wird, wobei der Heilige Georg gleichzeitig der Schutzheilige von Portofino ist. Das Leben spielt sich hauptsächlich auf der Piazzetta ab. An den Tischen der Bar beginnt man die morgendliche Zeitungslektüre bei einem Kaffee und nimmt abends seinen Aperitif. Etwas höher gelegen, am Anfang des Aufstiegs

Porto Cervo, Hafen für die große Welt, etwa wenn sich die Jongert-Yachten zum Cup treffen, aufgereiht am Kai. Beim Maxi-Cup steigt der König von Spanien an Bord der WALLY-GATOR II. Inmitten der Powerboot-Pulks liegt der Yachtclub.

zum Monte di Portofino, befindet sich das Hotel Splendido, das Bucht und Ort beherrscht.

In Porto Cervo auf Sardinien finden wir eine ideale Mischung aus ursprünglicher Natur und mondäner Welt. Die Küstenlandschaft ist weltberühmt – das Wasser klar, die Strände unberührt und weiß, die Felsen rot, das Licht kristallen, und die mediterrane Macchia verbreitet ihren unverwechselbar würzigen Duft. Vor der Küste liegen Tausende zauberhafter Inseln und Felsen, zwischen denen sich zahlreiche windgeschützte Ankerplätze finden, sollte man die Nacht lieber in einer Bucht als in einer modernen Marina verbringen. Santa Maria,

Der Hafen von Monaco ist zu jeder Jahreszeit ein Anziehungspunkt, nicht nur wenn sich die Formel-1-Renner zum Großen Preis treffen. Seit 1999 wird der Ausbau des Hafens betrieben, damit im Sommer niemand mehr vor der Tür bleiben muss.

Budelli, Caprera, La Maddalena, Mortorio heißen die am häufigsten frequentierten Inseln auf italienischem Territorium, außerdem Cavallo und Lavezzi, die zu Frankreich gehören.

Die Costa Smeralda, die Smaragdküste, bietet weitläufige und tiefe Buchten, wie die Cala di Volpe, mit den Inseln Tavolara und Mortorio im Hintergrund. Sie ist das bevorzugte Ziel der Segel- oder Motor-Superyachten, die dort stets zahlreich vertreten sind. Am Ende der Bucht liegt das Hotel Cala di Volpe mit angrenzendem Golfplatz.

Hier ist das ideale Ambiente, um inmitten der Natur und dem Meer zu leben und gleichzeitig das gesellschaftliche Leben zu genießen. Entlang der Küste, zwischen den Felsen, grünt englischer Rassen, gedeihen Gärten der am Meer gelegenen Villen, die nur in der kurzen Sommersaison von Juli bis August bewohnt sind. Porto Cervo ist vor vierzig Jahren praktisch aus dem Nichts entstanden, geplant und verwirklicht als Resort für den gehobenen Tourismus, und wird daher nur in den Sommermonaten mit Leben erfüllt. In dieser Zeit allerdings wird es zum Mittelpunkt des Jetsets, für millionenschwere Unternehmer, Schauspieler, Medienbosse, Industrielle und Politiker. Prinz Aga Khan, einer der Gründer des Consorzio Costa Smeralda, der das Projekt praktisch erfunden und verwirklicht hat, ist Präsident des Yachtclubs Costa Smeralda, ein sowohl auf gesellschaftlicher wie auch auf sportlicher Ebene sehr reger Verein, Treffpunkt der Bootseigner und Organisator wichtiger internationaler Regatten. Mit der 12-Meter-Yacht AZZURA stellte er bereits zweimal eine Teilnehmerin für den America's Cup, und zwar 1983 in Newport/USA und 1987 in Fremantle/Australien.

Eine ähnliche Atmosphäre herrscht im Real Club Nautico von Palma de Mallorca, dem der König von Spanien, Juan Carlos, vorsteht. Er ist Heimatclub der Yachteigner, deren bevorzugtes Segelrevier die Balearen sind, beliebt vor allem bei Spaniern, Deutschen und Südamerikanern. Warte- und Reservierungslisten gibt es hier für die Übernachtung in Cabrera, einer Insel südlich von Mallorca, die zum Nationalpark erklärt wurde. Im August veranstaltet der Yachtclub regelmäßig die Regatta um den Copa del Rey, an dem wohl bald auch die Superyachten teilnehmen können. Palma ist eine Stadt mit einer herzlichen Atmosphäre und einem vibrierenden Nachtleben, das erst mit Tagesanbruch endet.

Ebenfalls ein Mitglied des Adels ist der Präsident des Yachtclubs von Monaco, Prinz Albert. Die Marina von Monaco füllt sich im Winter regelmäßig mit Regattayachten und im Sommer, zum großen Preis von Monaco, mit den schönsten Superyachten. Von Monaco aus

Herzlich Willkommen
Andrea Montermini
Girls Fans Club
HITACHI

bieten sich als Ziele an: Cap Martin, Villefranche, Cap Ferrat sowie weiter westlich die Iles de Lérins vor Cannes. Abends locken das Kasino und das Nachtleben.

Stammgast an der Mole des Yachthafens ist die TUIGA, die 22,5-Meter-Yacht, 1909 von William Fife entworfen und seither stets Mittelpunkt der Regatten historischer Schiffe. Historische Yachten sind Monaco von jeher eng verbunden, sie treffen sich dort alljährlich im September. Die große Attraktivität des Fürstentums und seine vielfältigen sportlichen Aktivitäten haben eine Hafenerweiterung zwingend nötig gemacht: ein Projekt, das im Oktober 1999 begonnen wurde und 2002 abgeschlossen sein soll, wobei Liegeplätze auch für Yachten über 80 Metern Länge entstehen.

Im Winter wechseln viele Boote in die Karibik, wo der Eigner dann Weihnachten und einige Wochen des Frühjahrs verbringt. Im Allgemeinen hängt die Wahl des bevorzugten Archipels davon ab, unter welcher Flagge das Schiff fährt. Engländer und Amerikaner ziehen die Virgin Islands und Antigua vor, die Franzosen wiederum Grenada, wo sie ihren Kulturkreis wiederfinden. Denn tatsächlich sind die Karibischen Inseln wesentlich abwechslungsreicher, als man sich landläufig vorstellt. Man trifft hier auf eine unglaubliche Vielfalt an Landschaften und Kulturen.

Abenteuerlustigere Eigner wagen sich in den Südpazifik nach Polynesien und auf die Fidschiinseln. Eingeschränkt wird die Attraktivität dieser exotischen, unberührten Welt nur durch die Tatsache, dass die Infrastruktur, wie wir sie aus dem Mittelmeer gewohnt sind, hier vollkommen fehlt – ein Mangel, unter dem das gesellschaftliche Leben natürlich leidet.

Diese gesellschaftlichen Aktivitäten sind ein wichtiger Bestandteil des Lebens an Bord einer Superyacht. Wo immer man sich aufhält, lieben es die Yachteigner, sich wechselseitig an Bord zu besuchen, sich in Buchten zu verabreden und gemeinsam zu feiern.

Eine Superyacht zu besitzen bedeutet, Mitglied eines Clubs, einer exklusiven Gemeinschaft zu sein, die über die schlichte Lust am Vergnügen hinaus, angesichts der vertretenen großen Namen, zu einem Geflecht wichtiger persönlicher Beziehungen werden kann.

Aufgrund dieser Gegebenheiten sowie dank der Passion für den Bootssport und dem Wettkampfgeist, der die Eigner verbindet, sind besondere Regatten für große Yachten entstanden. Dies hat eine Eigner-Gemeinschaft mit einem ausgeprägten Wir-Gefühl zur Folge, die sich alljährlich zu bestimmten Terminen trifft, bei denen keiner fehlen möchte. Wenn sich diese Segelbegeisterten dann auf den Kais und Molen zusammenfinden, wird verständlich, weshalb der Segelsport als der exklusivste und gleichzeitig demokratischste aller Sportarten gilt. Hier findet sich der König von Spanien ein und unterhält sich mit dem Mitglied einer anderen Mannschaft, während Prinz Aga Khan die Liste der Platzierungen studiert und der englische Bankier mit dem Regattakomitee diskutiert. Alle begegnen sich als Gleiche unter Gleichen.

Der Wunsch, ein schnelleres Schiff zu besitzen, veranlasst viele dazu, professionelle Skipper mit Mannschaft nach dem Vorbild des America's Cup anzuheuern. Das große Spektakel ist gewiss. Auf der Startlinie werden diese großen Yachten höchstprofessionell bewegt, jeder Profi legt sich ins Zeug, so gut er kann, und lässt bei Gästen und Eigner den Adrenalinspiegel steigen, bis endlich der befreiende Startschuss ertönt. Nach Regattaende finden sich alle zusammen, es wird auf Sieg oder Niederlage angestoßen, man schmiedet Pläne für den Abend.

Den Eignern die Möglichkeit zu geben, sich bei Regatten miteinander zu messen, ist mittlerweile so wichtig geworden, dass die Hersteller großer Segelyachten exklusive Regatten unter den Yachten der Werft organisieren – wie Jongert – oder gleich eine eigene Bootsklasse schaffen wie Wally. Manche dieser Veranstaltungen wurden durch einen Zufall ins Leben gerufen und entwickelten sich bald zu internationalen Events, die von Sponsoren finanziell unterstützt werden.

Im Mittelmeerraum haben wir die berühmte Nioulargue, die inzwischen unter dem

Zur größten Superyacht-Regatta in den USA treffen sich die Teilnehmer alljährlich in Nantucket an der Ostküste, wo sie um den Bucket – den Eimer – segeln. US-Superyachten zeigen gern einen national gesinnten Spinnaker.

Die Regatten um den Nantucket Bucket zeichnen sich nicht nur durch hartes Wetter oder schwierige Kurse aus. Auch werden die Crews bei dieser Gelegenheit hemmungslos aufgestockt. Im Bild SARIYAH, MANDALAY, SORCERER und CATALYST.

Namen „Voiles de Saint Tropez" stattfindet. Sie ist die klassische Regatta zum Saisonende. Ursprünglich nur für historische Yachten konzipiert, hat man das Teilnehmerfeld jetzt auch für moderne Yachten geöffnet, deren Abmessungen praktisch jährlich größer werden. Die Regatta ist eine Festivität, an der sich die ganze Stadt beteiligt. Auf den Straßen wird getanzt und flaniert, wobei die großen Yachten, die vor den Bars und den Restaurants festgemacht haben, eine gigantische nächtliche Kulisse bilden. So sind die Regatten oft nur ein Vorwand, um sich zu treffen. Tagsüber segelt man gegeneinander, und abends spielt man an Land noch eine Runde Boccia oder tanzt in den Straßen und bei Maskenbällen in karnevalesker Atmosphäre.

Auch der Maxi Yacht Rolex Cup von Porto Cervo in Sardinien ist ein solcher jährlicher Jour fixe, bei dem sich jeweils die neuesten Yachtkonstruktionen vorstellen. Die Regatta wurde einst für die Maxi-Rennklasse geschaffen, von denen es damals zahlreiche Exemplare gab. Sie wurden inzwischen von den Tourenyachten weitgehend verdrängt, indem die Klasse der One Hundred in der historischen Gemeinschaft der Maxi-Eigner selbst, der ICAYA (International Class A Yacht Association), geschaffen wurde. Am Maxi Yacht Rolex Cup nehmen nicht länger nur die Maxis teil, es gibt auch eine Startgruppe für Superyachten.

Die Regatta steht im Mittelpunkt des Ereignisses, der Ort ist nahezu ideal für einen Wettbewerb: Es weht stets pünktlich zur Mittagszeit eine steife Brise, und das Regattafeld bewegt sich dicht gedrängt zwischen den zahllosen Inseln. Der alte Hafen ist den Regattaschiffen vorbehalten, und an der Mole wird ein kleines Zeltdorf aufgebaut, der Treffpunkt der Mannschaften, Eigner und Regattafreunde. Traditionsgemäß lädt Prinz Aga Khan alle Eigner zu einem Gala-Dinner ins Hotel Cala di Volpe ein. Auch beim Yacht Club Costa Smeralda vermischt sich also Sport auf ideale Weise mit dem gesellschaftlichen Leben.

Die dritte Regatta im Mittelmeer für große Yachten ist der Zegna Cup in Portofino, 1980 für alle Regattaklassen gestiftet. 1998 wurden jedoch die Regeln geändert, und heute ist diese Regattaserie ausschließlich den großen Bootsklassen vorbehalten. Die Regatta wird vom Yacht Club Italiano, dem ältesten Yachtclub Italiens, veranstaltet und eröffnet praktisch die Regattasaison für die im Mittelmeer liegenden Yachten der Oberklasse. Die Attraktion dieses Ereignisses ist seine Atmosphäre. Das gesamte Leben spielt sich zwischen den Booten und der Piazzetta ab, es entsteht eine Art Regattadorf, und man gewinnt den Eindruck, dieser zauberhafte Ort sei allein für die Regattateilnehmer bestimmt.

Außerhalb des Mittelmeers gibt es für Superyachten die Antigua Sailing Week, die den Abschluss der karibischen Segelsaison bildet. Die eigentliche Regatta ist hier nur ein Teil des Großereignisses: Zusammen mit der Anzahl der teilnehmenden Boote wird auch eine Liste der Inselpartys und Feste veröffentlicht. Und natürlich keine Antigua Sailing Week ohne das unverwechselbare Aroma der Piña Colada. Trotz der ununterbrochenen Festivitäten finden sich am Morgen pünktlich Hunderte von Yachten an der Startlinie zu einem bewegenden Spektakel auf der tiefblauen See ein.

Ruhiger geht es beim Nantucket Bucket zu, einer Regatta, deren Kurs rund um die exklusive Insel Nantucket vor Boston führt. Sie wurde 1985 ins Leben gerufen, ist großen Bootsklassen vorbehalten und wird von der originellen Regel des so genannten „Pursuit System" bestimmt. Im Wesentlichen bedeutet diese Regelung, dass für jedes einzelne Boot auf der Grundlage seiner Schnelligkeit ein Handicap definiert wird. Die Yachten starten daher nicht alle zusammen wie bei anderen Regatten, sondern in der umgekehrten Reihenfolge ihrer Schnelligkeit. Das heißt, das langsamste Boot startet zuerst, das schnellste zum Schluss. Sinn und Zweck dieses Systems ist es, dass die Boote die Ziellinie im dichten

Regattasegeln vor Antigua ist das größte Ereignis in der Karibik. Der oft kräftig wehende Passatwind sorgt dafür, dass während der Race Week keine Langeweile aufkommt.

Die Buchten von English Harbour auf Antigua bieten Weltenbummlern wie Regattafreunden Schutz. Wenn es dunkel wird über der Insel, beginnen die Partys an Bord und am Strand.

Pulk passieren, im Idealfall alle zusammen, wobei gewinnt, wer zuerst ankommt.

Nach dem Vorbild des Nantucket Bucket wurde der St. Barth's Bucket ins Leben gerufen, der auf der gleichnamigen Karibikinsel ausgerichtet wird. Diese Regatta ist für Yachten von einer Länge über hundert Fuß gedacht, die nicht an der Antigua Sailing Week teilnehmen können, da sie – weil zu groß – keiner der Bootsklassen angehören, die nach den international üblichen Handicapregeln vermessen sind.

Das Pursuit- oder Känguru-System wurde auch von den Organisatoren des Millennium Cup übernommen, jener Regatta zur Jahrtausendwende, die in Auckland/Neuseeland wenige Tage vor dem America's Cup 2000 startete und bei der die größte je versammelte Zahl von Superyachten gegeneinander antrat. Es wurde hier ein Ereignis geschaffen, um die zahllosen Yachten sportlich zu beschäftigen, die nach Neuseeland gekommen waren, um die Regatten um den America's Cup 2000 zu verfolgen – es soll nur 2003 noch einmal wiederholt werden, wenn der nächste America's Cup ausgesegelt wird. Nein, langweilen muss sich bei diesem Unterhaltungsangebot an Bord einer Superyacht niemand, gleich, ob es ums Zusehen oder ums Gesehenwerden geht.

YACHTEN ÜBER 100 FUSS SEIT 1990

Malcolm Wood

TECHNISCHE DATEN								
	ADELA	**ADESSO**	**ALEJANDRA**	**ALTHEA**	**AMADEUS**	**AMERICA**	**ANAKENA**	**ANDROMEDA**
Typ	Schoner	Slup	Ketsch	Schoner	Slup	Schoner	Ketsch	Schoner
Baujahr	1995	1996	1993	1993	1991	1995	1996	1999
Werft	Pendennis	CCYD	Mefasa	Kanelos	Dynamique	Scarano	Royal Huisman	Omega
Land	England	Italien	Spanien	Griechenland	Frankreich	USA	Niederlande	USA
Designer	Gerard Dijkstra	German Frers	Bruce King	Nicholas Moschonas/ Andrew Winch	Philippe Briand	John Scarano/ George Steers	Ted Hood	Omega Marine Developers/ Nissan Design Frank Maclear
Interior Designer	Gerard Dijkstra	Gae Aulenti	Bruce King	Andrew Winch	Dynamique	John Scarano	John Munford Brindan Byrne	Sciomachen
Länge ü. alles	51,45 m	32,30 m	41,33 m	37,50 m	33,20 m	42,40 m	40,30 m	35,05 m
Länge ü. Deck	42,40 m	32,30 m	41,33 m	31,48 m	33,20 m	32,00 m	40,30 m	35,05 m
Breite	7,90 m	7,50 m	8,08 m	7,62 m	7,50 m	7,60 m	8,80 m	6,70 m
Tiefgang max.	4,85 m	5,30 m	3,84 m	3,23 m	3,60 m	3,05 m	6,80 m	4,05 m
Tiefgang min.		3,70 m					2,70 m	
Verdrängung	230 t	108 t	170 t	180 t	140 t	118 t	278 t	180 t
Rumpf-Material	Stahl	GFK	Aluminium	Stahl	GFK	Epoxy/Holz	Aluminium	Stahl
Segelfläche a.W.	2237 m^2	446 m^2	716 m^2	425 m^2	592 m^2	594 m^2	711 m^2	492 m^2

TECHNISCHE DATEN								
	ANDROMEDA LA DEA	**ANEMOS**	**ANTONISA**	**APACHE**	**APHRODITE II**	**ARIADNE**	**ARRAYAN**	**ATLANTA**
Typ	Ketsch	Slup	Slup	Ketsch	Slup	Schoner	Slup	Slup
Baujahr	1990	1999	1999	1994	1999	1990	1992	1996
Werft	Perini Navi	Nautor	Hodgdon	N2A	Vitters	Aegean	Abeking & Rasmussen	Alloy Yachts
Land	Italien	Finnland	USA	Frankreich	Niederlande	Griechenland	Deutschland	Neuseeland
Designer	Perini Navi	German Frers	Bruce King	Dominique Presles/ Jacques Pierrejean	Andre Hoek	Antonis Ploutis	Gilles Vaton	Ed Dubois
Interior Designer	Perini Navi	Nautor/The A Group		Jacques Pierrejean	Andre Hoek		Gilles Vaton	Glade Johnson
Länge ü. alles	47,00 m	34,34 m	37,80 m	32,00 m	42,67 m	37,50 m	34,50 m	36,90 m
Länge ü. Deck	47,00 m	34,35 m	37,80 m	32,00 m	42,67 m	32,92 m	34,50 m	36,90 m
Breite	9,20 m	7,40 m	7,80 m	6,50 m	9,26 m	7,62 m	8,70 m	8,30 m
Tiefgang max.	6,16 m	4,30 m	7,92 m	3,30 m	4,30 m	3,20 m	3,96 m	3,23 m
Tiefgang min.	3,00 m		3,00 m				3,00 m	
Verdrängung	365 t	120 t		72 t	275 t	160 t	98 t	135 t
Rumpf-Material	Stahl	GFK	Epoxy/Holz	Aluminium	Aluminium	Stahl	Aluminium	Aluminium
Segelfläche a.W.	1000 m^2	475 m^2	624 m^2	302 m^2	765 m^2	427 m^2	690 m^2	683 m^2

TECHNISCHE DATEN

	AVANCE	BABOON	BELLE CREOLE	BLUE CLIPPER	BOLERO	BORKUMRIFF III	CAP GEMINI	CARLOTTA
Typ	Slup	Schoner	Slup	Schoner	Slup	Schoner	Slup	Ketsch
Baujahr	1991	1990	1992	1991	1992	1994	1999	1992
Werft	Jongert	Feab Marstrands	Gdansk YB	Feab Marstrands	Bolero	Royal Huisman	Pendennis	Perini Navi
Land	Niederlande	Schweden	Polen	Schweden	Südafrika	Niederlande	England	Italien
Designer	Jongert	Feab Marstrands-verken	Juliusz Strawinski	Per Fagerlund/ FKAB	German Frers	Henk Lunstroo	Ron Holland	Perini Navi
Interior Designer	Peter Sijm	Arredamenti Porto	Joerg Koehneke		Paul Berrow/ Buchanan	John Munford		Perini Navi
Länge ü. alles	30,48 m	62,00 m	37,18 m	43,90 m	32,10 m	44,00 m	30,48 m	37,00 m
Länge ü. Deck	30,48 m	49,50 m	31,80 m	31,90 m	32,10 m	40,00 m	30,48 m	37,00 m
Breite	6,70 m	8,40 m	7,40 m	7,40 m	7,35 m	8,66 m	6,26 m	7,60 m
Tiefgang max.	4,08 m	4,20 m	7,00 m	4,00 m	3,20 m	4,00 m	3,80 m	6,34 m
Tiefgang min.			2,50 m					3,10 m
Verdrängung		700 t	116 t	210 t	98 t	225 t		225 t
Rumpf-Material	Stahl	Stahl	Stahl	Stahl	Aluminium	Aluminium	GFK	Stahl
Segelfläche a.W.	521 m²	961 m²	632 m²	650 m²	413 m²	721 m²		675 m²

CHARLATAN OF FALL

CINDERELLA OF THE SEAS

TECHNISCHE DATEN

	CENTENARIAN	CHARDONNAY C	CHARLATAN OF FALL	CHRISTINE	CINDERELLA II OF THE SEAS	COLOMBAIO STAR	CORELIA	CORINTHIAN
Typ	Slup	Slup	Ketsch	Ketsch	Slup	Ketsch	Ketsch	Slup
Baujahr	1993	1991	1998	1993	1992	1991	1993	1994
Werft	Gdansk YB	Windship	Alloy Yachts	Reagan	Windship Trident	Friesland	Perini Navi	Alloy Yachts
Land	Polen	USA	Neuseeland	USA	USA	Niederlande	Italien	Neuseeland
Designer	Juliusz Strawinski	Ron Holland	Ron Holland	Glade Johnson/ Sparkman & Stephens	Bill Tripp	Diana Yacht Design	Perini Navi	Ed Dubois
Interior Designer	Stuart Cockram	Andrew Winch	Redman Whiteley	Glade Johnson	Donald Starkey	Donald Starkey	Perini Navi	Mark Whiteley/ Trish McKay
Länge ü. alles	37,00 m	32,00 m	33,80 m	35,36 m	31,70 m	38,50 m	48,16 m	34,75 m
Länge ü. Deck	35,00 m	32,00 m	33,80 m	33,37 m	31,70 m	38,50 m	48,16 m	34,75 m
Breite	8,70 m	7,70 m	7,60 m	7,47 m	7,22 m	8,20 m	9,20 m	7,90 m
Tiefgang max.	3,60 m	5,70 m	3,40 m	2,96 m	3,50 m	3,60 m	7,65 m	3,32 m
Tiefgang min.		2,13 m					3,32 m	
Verdrängung	190 t	163 t	126 t	130 t	98 t	240 t	385 t	130 t
Rumpf-Material	Stahl	GFK	Aluminium	Aluminium	GFK	Stahl	Stahl	Aluminium
Segelfläche a.W.	703 m²	619 m²	620 m²	484 m²	500 m²	639 m²	933 m²	635 m²

TECHNISCHE DATEN

	CORSTA V	CYCLOS III	CYRANO DE BERGERAC	DAT HELJA	DIAMOND DREAM	DOUCE FRANCE	ECLIPSE C	ELLIANA
Typ	Slup	Ketsch	Ketsch	Ketsch	Slup	Slup/ Katamaran	Slup	
Baujahr	1994	1991	1993	1998	1990	1998	1991	1992
Werft	Sterling	Royal Huisman	Camper & Nicholsons	Heli	Jongert	Alumarine	Alloy Yachts	Perama
Land	Südafrika	Niederlande	England	Kroatien	Niederlande	Frankreich	Neuseeland	Griechenland
Designer	Angelo Lavranos	Ron Holland	Rob Humphreys/ John Munford	Heli Shipyard	Peter Sijm/ Andre Runte	Marc van Peteghem/ Vincent Lauriot-Prevost	Ed Dubois	
Interior Designer	Susan Puleo	Andrew Winch	John Munford		Andre Runte	Anne-Monique Bonadei	Ed Dubois	
Länge ü. alles	40,50 m	42,37 m	38,90 m	32,92 m	33,37 m	42,20 m	32,30 m	30,48 m
Länge ü. Deck	40,50 m	42,37 m	38,90 m	32,92 m	31,03 m	42,20 m	32,30 m	30,48 m
Breite	8,93 m	8,84 m	8,75 m	7,00 m	7,80 m	15,40 m	7,62 m	6,70 m
Tiefgang max.	5,94 m	4,88 m	3,60 m	3,50 m	4,08 m	2,50 m	3,00 m	3,20 m
Tiefgang min.	2,50 m							
Verdrängung	167 t	241 t	206 t		230 t	120 t	105 t	
Rumpf-Material	Aluminium	Aluminium	Aluminium	Stahl	Stahl	Aluminium	Aluminium	Stahl
Segelfläche a.W.	552 m²	826 m²	663 m²	750 m²	720 m²	529 m²	453 m²	390 m²

CYRANO DE BERGERAC

Il DOGE

TECHNISCHE DATEN

	FRIDAY STAR VENDREDI 13	GEORGIA	GLOBANA	HAPPY FOUR	HELIOS	HETAIROS	HYPERION	IL DOGE	IMAGINE B
Typ	Schoner	Slup	Ketsch	Slup	Slup	Ketsch	Slup	Slup	Slup
Baujahr	1994	1999	1995	1996	1994	1993	1998	1990	1993
Werft	CMN	Alloy Yachts	Abeking & Rasmussen	Alloy Yachts	Valdettaro	Abeking & Rasmussen	Royal Huisman	CCYD	Alloy Yachts
Land	Frankreich	Neuseeland	Deutschland	Neuseeland	Italien	Deutschland	Niederlande	Italien	Neuseeland
Designer	Marc Lombard/Scorpio Marine	Paolo Scanu/ Butch Dalrymple-Smith	Ron Holland	Andre Hoek	Laurent Giles	Bruce King	German Frers/ Pieter Beeldsnijder	Ron Holland/ Paolo Scanu	Ed Dubois
Interior Designer	Jacques Pierrejean	Glade Johnson Design	Karin Paeger-Preissner/ Heinz Müller	Andre Hoek	Studio Garroni	Andrew Winch	Pieter Beeldsnijder	Tommaso Spadolini	Agnes Comar
Länge ü. alles	42,37 m	48,40 m	36,00 m	31,95 m	34,00 m	42,82 m	47,42 m	38,25 m	33,62 m
Länge ü. Deck	42,37 m	44,90 m	36,00 m	31,95 m	34,00 m	38,28 m	47,42 m	38,25 m	33,62 m
Breite	5,88 m	10,10 m	7,90 m	7,16 m	7,90 m	8,44 m	9,60 m	7,77 m	7,80 m
Tiefgang max.	4,20 m	7,30 m	3,70 m	3,50 m	2,80 m	8,72 m	4,80 m	6,55 m	3,30 m
Tiefgang min.		3,60 m				3,00 m		2,38	
Verdrängung	95 t	338 t	173 t	135 t	160 t	190 t	285 t	197 t	130 t
Rumpf-Material	GFK	Aluminium	Aluminium	Aluminium	Stahl	Epoxy/Holz	Aluminium	Stahl	Aluminium
Segelfläche a.W.	820 m²	1019 m²	628 m²	480 m²	600 m²	680 m²	1064 m²	558 m²	477 m²

TECHNISCHE DATEN								
	INDEPENDENCE	JABULA A	JACQUES HEIM	JASALI	JULIET B	LEGACY	LIBERTY	LINDEN
Typ	Ketsch	Slup	Schoner	Ketsch	Ketsch	Ketsch	Ketsch	Schoner
Baujahr	1998	1994	1991	1991	1993	1995	1997	1992
Werft	Perini Navi	Valdettaro	C. A. N.	Friesland	Royal Huisman	Perini Navi	Perini Navi	Linden
Land	Italien	Italien	Frankreich	Niederlande	Niederlande	Italien	Italien	Finnland
Designer	Perini Navi	Laurent Giles	Guy Ribadeau-Dumas	Diana Yacht Design	Ron Holland	Perini Navi	Perini Navi	Rederi AB Linden
Interior Designer	Budd Baty	Studio Garroni	Guy Ribadeau-Dumas		Pieter Beeldsnijder	Perini Navi	Perini Navi/ Bernado Chichi	
Länge ü. alles	53,00 m	34,00 m	34,14 m	38,50 m	43,52 m	48,16 m	52,27 m	49,00 m
Länge ü. Deck	53,00 m	34,00 m	31,50 m	38,50 m	43,52 m	48,16 m	52,27 m	35,50 m
Breite	11,37 m	7,90 m	6,52 m	8,20 m	9,00 m	9,20 m	11,40 m	8,60 m
Tiefgang max.	8,30 m	2,80 m	4,20 m	3,60 m	4,57 m	7,65 m	8,17 m	3,00 m
Tiefgang min.	3,90 m		2,20 m			3,32 m	3,80 m	
Verdrängung	582 t	160 t	78 t	240 t	254 t	385 t	480 t	353 t
Rumpf-Material	Stahl	Stahl	Aluminium	Stahl	Aluminium	Stahl	Stahl	Holz
Segelfläche a.W.	1304 m²	600 m²	595 m²	639 m²	887 m²	990 m²	1304 m²	632 m²

GLOBANA

IMAGINE B

TECHNISCHE DATEN								
	MAMAMOUCHI	MANDALAY	MARI-CHA III	MIRABELLA C	MIRABELLA C III	MORNING GLORY	NAOS	NARIIDA
Typ	Slup	Schoner	Ketsch	Slup	Slup	Ketsch	Slup	Ketsch
Baujahr	1996	1992	1997	1992	1994	1993	1992	1993
Werft	Pendennis	Palmer Johnson	Sensation	Concorde	Concorde	Perini Navi	CCYD	Concordia
Land	England	USA	Neuseeland	Thailand	Thailand	Italien	Italien	USA
Designer	Ed Dubois	Ernest Brierley/ Chuck Paine	Philippe Briand	Bruce Farr/ Pekka Koskenkyla	Bruce Farr/ Pekka Koskenkyla	Perini Navi	Ron Holland	Luca Brenta/ Wally Yachts
Interior Designer	Redman Whiteley	Jane Plachter	John Munford	Peter Sijm	Peter Sijm	Perini Navi	Andrew Winch	Luca Brenta/ Wally Yachts
Länge ü. alles	38,98 m	38,10 m	44,70 m	40,00 m	41,00 m	48,16 m	32,28 m	32,00 m
Länge ü. Deck	38,98 m	38,10 m	44,70 m	40,00 m	41,00 m	48,16 m	32,28 m	32,00 m
Breite	8,66 m	8,60 m	9,00 m	9,00 m	9,00 m	9,20 m	6,95 m	8,02 m
Tiefgang max.	3,50 m	3,05 m	4,50 m	3,87 m	3,90 m	7,65 m	3,50 m	5,15 m
Tiefgang min.						3,32 m		3,60 m
Verdrängung	145 t	179 t	128 t	220 t	228 t	370 t	120 t	60 t
Rumpf-Material	Aluminium	Aluminium	GFK	GFK	GFK	Stahl	Aluminium	GFK
Segelfläche a.W.	840 m²	667 m²	1000 m²	738 m²	738 m²	933 m²	580 m²	530 m²

TECHNISCHE DATEN

	NAZENIN III	NAZENIN IV	NIPARA	NUMBER ONE	ONYX	THE OTHER WOMEN	PARLAY	PARSIFAL
Typ	Ketsch	Ketsch	Slup	Ketsch	Slup	Schoner	Ketsch	Slup
Baujahr	1995	1991	1992	1999	1990	1991	1991	1993
Werft	Palmer Johnson	Palmer Johnson	Palmer Johnson	Jongert	Elsflether	Australien YB	Ortona	Valdettaro
Land	USA	USA	USA	Niederlande	Deutschland	Australien	Italien	Italien
Designer	John G. Alden	Sparkman & Stephens	Ron Holland	Tony Castro	Ulrich Heinemann	Laurent Giles/ Boldcraft/ Glade Johnson	John G. Alden	Laurent Giles
Interior Designer	John Munford	John Munford	Pieter Beeldsnijder	Peter Sijm		Paola Smith		Studio Garroni
Länge ü. alles	32,92 m	37,60 m	32,76 m	41,24 m	36,30 m	58,50 m	38,43 m	34,00 m
Länge ü. Deck	32,92 m	37,60 m	32,76 m	35,80 m	36,30 m	58,50 m	38,43 m	34,00 m
Breite	7,00 m	8,08 m	7,25 m	7,80 m	8,72 m	10,90 m	8,44 m	7,90 m
Tiefgang max.	5,55 m	3,66 m	3,80 m	4,60 m	3,10 m	5,76 m	6,34 m	2,80 m
Tiefgang min.	2,60 m		3,23 m	2,60 m		2,07 m	2,60 m	
Verdrängung	95 t	153 t	118 t	180 t	135 t	521 t	175 t	160 t
Rumpf-Material	Aluminium	Aluminium	Aluminium	Stahl	Stahl	Aluminium	Aluminium	Stahl
Segelfläche a.W.	333 m²	480 m²	534 m²	829 m²	951 m²	2508 m²	500 m²	685 m²

NAZENIN III

PHILANDERER

TECHNISCHE DATEN

	PARSIFAL II	PASSE-PARTOUT	PHILANDERER	PHRYNE	PIROPO IV	PLAYMOBIL	PRINCESS ESRA	PRINCESS ZEYNEP
Typ	Slup	Ketsch	Slup	Ketsch	Ketsch	Ketsch	Ketsch	Ketsch
Baujahr	1995	1994	1992	1999	1991	1990	1994	1994
Werft	Valdettaro	Jongert	Concorde	Perini Navi	PeriniNavi	Brandstatter	Karadeniz	Karadeniz
Land	Italien	Niederlande	Thailand	Italien	Italien	Deutschland	Türkei	Türkei
Designer	Laurent Giles	Peter Sijm/ Nico Stockman	Bruce Farr/ Pekka Koskenkyla	Perini Navi	Perini Navi	Alan Boswell/ Herward A. Oehlmann	Ercument Kafali	Ercument Kafali
Interior Designer	Studio Garroni	Peter Sijm	Derek Frost	Perini Navi	Perini Navi		Hasan Ulutas	Hasan Ulutas
Länge ü. alles	34,00 m	33,62 m	40,00 m	49,80 m	46,45 m	31,50 m	33,00 m	33,00 m
Länge ü. Deck	34,00 m	33,62 m	40,00 m	49,80 m	46,45 m	31,50 m	33,00 m	33,00 m
Breite	7,90 m	6,83 m	9,50 m	10,27 m	9,20 m	7,20 m	7,00 m	7,00 m
Tiefgang max.	2,80 m	3,47 m	3,90 m	8,23 m	7,00 m	2,80 m	2,70 m	2,70 m
Tiefgang min.				3,26 m	3,35 m			
Verdrängung	160 t	162 t	198 t	120 t	362 t	136 t	118 t	118 t
Rumpf-Material	Stahl	Stahl	GFK	Stahl	Stahl	GFK	Stahl	Stahl
Segelfläche a.W.	685 m²	514 m²	669 m²	1300 m²	751 m²	470 m²		

TECHNISCHE DATEN

	PRINCIPESSA VAI VAI	REBECCA	RIPPLE	ROSINANTE OF NOTIKA	RUNAWAY	SALPERTON	SAPPHIRE	SARIYAH
Typ	Ketsch	Ketsch	Slup	Yawl	Slup	Ketsch	Slup	Ketsch
Baujahr	1991	1999	1990	1999	1991	1997	1996	1994
Werft	Perini Navi	Pendennis	Brooke	Notika Teknik	Valdettaro	Perini Navi	Holland Jachtbouw	Sensation
Land	Italien	England	England	Türkei	Italien	Italien	Niederlande	Neuseeland
Designer	Perini Navi	German Frers	Ron Holland/ Jon Bannenberg	Mark Lombard	Laurent Giles	Perini Navi	Andre Hoek	Sparkman & Stephens
Interior Designer	Perini Navi	M. Robbins Black	Jon Bannenberg	Olivier Flahault	Studio Garroni	Perini Navi	Andre Hoek	John Munford
Länge ü. alles	40,38 m	42,43 m	30,72 m	32,60 m	34,00 m	37,00 m	31,24 m	42,60 m
Länge ü. Deck	40,38 m	42,43 m	30,72 m	32,60 m	34,00 m	37,00 m	30,48 m	37,40 m
Breite	8,00 m	8,70 m	7,10 m		7,90 m	7,60 m	6,77 m	8,30 m
Tiefgang max.	6,28 m	4,48 m	3,44 m	4,50 m	2,80 m	6,46 m	3,40 m	3,35 m
Tiefgang min.	3,35 m					3,18 m		
Verdrängung	275 t	170 t	100 t	85 t	160 t	236 t	95 t	148 t
Rumpf-Material	Stahl	Aluminium	Aluminium	Epoxy/Holz	Stahl	Stahl	Aluminium	Aluminium
Segelfläche a.W.	640 m²	745 m²	490 m²		685 m²	670 m²	529 m²	819 m²

SAUDADE OF HAMILTON

SAPPHIRE

TECHNISCHE DATEN

	SAUDADE OF HAMILTON	SAVANNAH	SENSATION OF AUCKLAND	SHAMAN	SHER-JOY	SIRMA III	SNOWGOOSE II	SOVEREIGN SEA
Typ	Slup	Slup	Slup	Slup	Slup	Ketsch	Slup	Slup
Baujahr	1994	1998	1991	1999	1992	1990	1993	1995
Werft	Royal Huisman	Alloy Yachts	Sensation	Dutch Built	Alloy Yachts	Palmer Johnson	Insark	Alloy Yachts
Land	Niederlande	Neuseeland	Neuseeland	Niederlande	Neuseeland	USA	Südafrika	Neuseeland
Designer	Judel Vrolijk	Ted Hood Design/Ted Fontaine	Ron Holland	Andre Hoek	Ed Dubois	Sparkman & Stephens	Angelo Lavranos	Ed Dubois
Interior Designer	Pieter Beeldsnijder	David Linley/ Adrian Kahan/ Gavin van Vugt	Andrew Winch	Andre Hoek	Trish McKay	John Munford	Insark	Redman Whiteley
Länge ü. alles	34,30 m	30,95 m	33,77 m	32,90 m	33,20 m	34,75 m	36,88 m	36,20 m
Länge ü. Deck	34,30 m	30,95 m	33,77 m	32,90 m	33,20 m	34,75 m	34,68 m	36,20 m
Breite	7,22 m	7,92 m	7,38 m	7,50 m	7,60 m	7,74 m	7,95 m	8,23 m
Tiefgang max.	3,90 m	3,30 m	3,40 m	6,50 m	3,00 m	3,00 m	3,00 m	3,30 m
Tiefgang min.				2,20 m				
Verdrängung	123 t	120 t	115 t	140 t	105 t	132 t	144 t	130 t
Rumpf-Material	Aluminium	Aluminium	Aluminium	Aluminium	Aluminium	Aluminium	Aluminium	Aluminium
Segelfläche a.W.	450 m²	420 m²	642 m²	500 m²	578 m²	400 m²	454 m²	726 m²

TECHNISCHE DATEN

	SUNRISE	SURAMA-C	SYMPHONIA	TAMSEN	TAOUEY	TARAMBER	TEEL	THALIA	TIMONEER
Typ	Ketsch	Ketsch	Slup	Ketsch	Ketsch	Ketsch	Slup	Ketsch	Ketsch
Baujahr	1990	1997	1990	1991	1994	1991	1993	1994	1992
Werft	Perini Navi	Royal Huisman	Valdettaro	Perini Navi	Perini Navi	Pendennis	Trident	Vitters	Palmer Johnson
Land	Italien	Niederlande	Italien	Italien	Italien	England	USA	Niederlande	USA
Designer	Perini Navi	Ted Hood	Laurent Giles	Perini Navi	Perini Navi	Ed Dubois	Ted Hood/ Andrew Winch	Ron Holland	Sparkman & Stephens
Interior Designer	Perini Navi	Andrew Winch	Studio Garroni	Perini Navi	Perini Navi	Terence Disdale/ Peter de Savary	David Easton	Elmar Meurer	John Munford
Länge ü. alles	46,27 m	40,87 m	34,01 m	46,50 m	58,10 m	37,40 m	34,93 m	48,50 m	35,75 m
Länge ü. Deck	46,27 m	40,87 m	34,01 m	46,50 m	58,10 m	37,40 m	34,93 m	48,50 m	35,75 m
Breite	9,20 m	8,80 m	7,90 m	9,20 m	11,55 m	8,20 m	8,40 m	9,70 m	7,77 m
Tiefgang max.	6,16 m	6,80 m	2,80 m	5,97 m	8,35 m	3,50 m	6,07 m	4,10 m	3,00 m
Tiefgang min.	3,00 m	2,90 m		3,35 m	3,60 m		2,32 m		
Verdrängung	366 t	270 t	160 t	362 t	616 t	135 t	190 t	350 t	160 t
Rumpf-Material	Stahl	Aluminium	Stahl	Stahl	Stahl	Aluminium	GFK	Stahl	Aluminium
Segelfläche a.W.	962 m²	850 m²	685 m²	752 m²	1368 m²	904 m²	602 m²	1100 m²	400 m²

SURAMA-C

TAOUEY

TECHNISCHE DATEN

	TWIRLYBIRD V	VAIREA	VOGUE A	WALLY B	XASTERIA	YANNEKE TOO	ZACA A TE MOANA	ZEUS
Typ	Ketsch	Slup	Slup	Slup	Ketsch	Schoner	Schoner	Slup
Baujahr	1993	1998	1992	1998	1995	1995	1992	1994
Werft	Luerssen	Trehard	Trehard	Pendennis	Perini Navi	Camper & Nicholsons	De Amstel	Robertson
Land	Deutschland	Frankreich	Frankreich	England	Italien	England	Niederlande	USA
Designer	Ron Holland/ Toni Castro	Jacques Fauroux	Gilles Vaton	Luca Brenta	Perini Navi	Bill Dixon/ Terence Disdale	Oliver F. van Meer	David Pedrick/ Jay Benford/ Angus Robertson
Interior Designer	Ken Freivokh	Franck Reynaud	Franck Reynaud	Claudio Lazzarini/Carl Pickering	Perini Navi	Richard Hornbacher	Ed Kastelein	Christina Thompson
Länge ü. alles	40,44 m	32,00 m	31,10 m	32,72 m	51,84 m	35,90 m	43,80 m	45,72 m
Länge ü. Deck	40,44 m	32,00 m	31,10 m	32,72 m	51,84 m	35,90 m	38,01 m	42,67 m
Breite	9,20 m	7,40 m	7,40 m	7,92 m	10,80 m	8,02 m	7,20 m	7,62 m
Tiefgang max.	4,00 m	3,40 m	5,40 m	4,60 m	8,17 m	2,90 m	4,30 m	3,96 m
Tiefgang min.	1,83 m		1,74 m		3,80 m			
Verdrängung	324 t	85 t	75 t	75,40 t	545 t	128 t	175 t	190 t
Rumpf-Material	Aluminium	Aluminium	Aluminium	GFK	Stahl	Epoxy/Holz	Stahl	Epoxy/Holz
Segelfläche a.W.	777 m²	535 m²	465 m²	560 m²	1260 m²	542 m²	815 m²	706 m²

YACHTREGISTER

DIE AUTOREN

Luca Bassani Antivari
Gründer und Präsident von Wally Yachts in Monaco. Langjähriger Segler und Gewinner mehrerer Europa- und Weltmeisterschaften. Innovativer Begründer eines neuen, unkomplizierten Yacht-Konzeptes für Cruiser/Racer.

Torsten Conradi
Dozent für Yachtentwurf in Hamburg. Seit 1986 Partner im Konstruktionsbüro Judel/Vrolijk. 1991 gründete Conradi die Firma Judel/Vrolijk Engineering, um produktionstechnische Ingenieurleistungen im Yachtbau anzubieten.

Jens Cornelsen
Seit 1975 mit seiner Frau Dorit Inhaber eines Projektmanagement-Büros in Glückstadt. Cornelsen betreute den Bau von 15 Swans 65 sowie von den Superyachten *Juliet, Cyclos, Anakena, Surama C, Heteiros* und *Saudade*.

Herbert Dahm
Unternehmer in Düsseldorf, seit Jahrzehnten exklusiver Verkäufer der renommierten holländischen Jongert-Yachten. Dahm war seit den Siebzigern Schrittmacher für die Entwicklung luxuriöser Cruiser unter diesem Namen.

Svante Domizlaff
Freier Publizist, Autor und Herausgeber u.a. von Segelfachliteratur. Langjähriger Hochseesegler und Mitglied im deutschen Admiral's Cup-Team 1979. Domizlaff war Chefredakteur verschiedener Tageszeitungen und Magazine.

Leonardo Ferragamo
In zweiter Generation Präsident des weltbekannten Mailänder Modehauses Salvatore Ferragamo. Seit 1998 mit einer Gruppe von Swan-Eignern Besitzer der Werft Oy Nautor in Finnland, Erbauer der legendären Swan-Serienyachten.

German Frers
Gemeinsam mit seinem Sohn German Frers junior weltweit führender Yachtkonstrukteur mit Büros in Buenos Aires und Mailand. Konstrukteur zahlloser berühmter Rennyachten, Swans und Wallys, sowie der Superyachten *Hyperion, Rebecca* und *Foftein*.

Ron Holland
Seit 1973 in Irland lebender Neuseeländer, Yachtkonstrukteur mit Weltruf. Ursprünglich Rennyacht-Konstrukteur, wurde Holland in den Achtzigern führend bei der Entwicklung der neuen Generation von Superyachten. Er zeichnete *Whirlwind, Cyclos, Juliet* und *Thalia*.

Jason Holtom
Der ehemalige Chefredakteur von „Seahorse" und „Boat International" betreibt heute eine Marketing-Firma speziell für große Yacht-Projekte. Holtom gehörte zu siegreichen Crews zahlreicher internationaler Regatten.

Wolter Huisman
Der Bootsbauer in dritter Generation entwickelte die holländische Werft Royal Huisman zum weltweit führenden Erbauer von Superyachten. Auf der Werft entstanden *Whirlwind, Juliet, Cyclos, Anakena, Surama C, Borkumriff* und *Hyperion*.

Per Göran Johansson
Der geistige Vater von Baltic Yachts gilt als internationale Kapazität der Faserverbund-Technik. Dank P.G. Johansson wurde die finnische Werft weltweit führend im Leichtbau von Cruising- und High Performance-Yachten.

Bruce King
Yachtkonstrukteur mit Vorliebe für Risse im klassischen Stil, die oft in formverleimter Holzbauweise gebaut werden. King arbeitet in Newcastle, Maine, und zeichnete die Superyachten *Heteiros, Alejandra* und *Antonisa*.

John Munford
Inneneinrichter großer Yachten von internationalem Renommee mit Büro in Southampton seit 1979. Er schuf einen unverwechselbaren Stil, der u.a. auch in den renovierten J-Klasse-Yachten *Endeavour* und *Velsheda* verwendet wurde.

George Nicholson
Als Nachkomme in fünfter Generation der berühmten Werft Camper & Nicholsons gründete er 1959 Camper & Nicholsons International. CNI hat zehn Büros weltweit und ist spezialisiert auf Charter und Projekt-Entwicklung.

Marianne Nissen
Die gebührtige Dänin und langjährige Seglerin ist Gründerin und Chefredakteurin von „Boote Exclusiv" in Hamburg, Deutschlands führender Zeitschrift für Superyachten.

Monica Paolazzi
Die Journalistin und Buchautorin aus Mailand ist seit 1995 Public Relations- und Media-Direktorin von Wally Yachts. Sie arbeitete für verschiedene Kampagnen, u.a. 1992 für die italienische America's Cup-Herausforderung *Il Moro di Venezia.*

Fabio Perini
Maschinenbauer und Erfinder aus der Toskana, der 1984 das Prinzip Perini Navi begründete. Seine Werft in Viareggio baut Luxusyachten nach eigenem Design, die zum Inbegriff der modernen, automatisierten Megayacht mit motoryachtähnlichem Volumen wurden.

Carl Pickering
Mit seinem Partner Claudio Lazzarini (rechts) Inhaber eines Architekturbüros in Rom, das vor allem in der Restrukturierung historischer Gebäude tätig ist. Das Büro setzte mit dem Interieur der Yacht *Wally B* neue Maßstäbe.

Tom Whidden
Präsident der North Sails Group Inc., die unter seiner Führung zur größten Segelmacherei der Welt aufstieg. Er segelte mit Dennis Conner jeden America' s Cup seit 1980 und siegte in zahllosen One-Design und Offshore-Weltmeisterschaften.

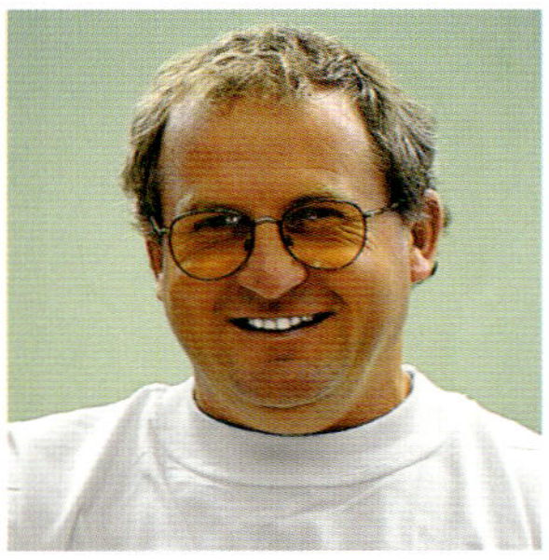

Steve Wilson
Managing Director von Southern Spars in Auckland, Neuseeland, einem der führenden Mastenbauer für Superyachten. Mitglied von Team New Zealand, Whitbread-Teilnehmer und ständiges Crewmitglied auf dem Maxi *Sayonara.*

Andrew Winch
Inneneinrichter für Superyachten und Serienschiffe mit Weltruf, 1986 gründete er in London sein Büro Andrew Winch Designs Limited. Hochseesegler und bekannt für luxuriöses, aber auf See praktikables Interieur.

Malcolm Wood
Journalist, Schifffahrts-Sachverständiger und Yacht-Chronist mit Wohnsitz in Antibes. Gründer von „The Wood Report" und von „Wood' s International Yacht Register". Der Engländer besitzt eine umfangreiche Superyacht-Datenbank und -Fotosammlung.

Fotos:
Carlo Borlenghi/Sea&See,
Daniel Forster,
Craig Davis(3),
Guy Gurney,
Gebhard Krewitt (2),
Franco Pace,
Neil Rabinowitz,
Oli Tennent (2),
Yacht Photo Service.

FOTONACHWEIS

Alloy Yachts: S. 167, 168, 169, 231 li.
Alexis Andrews: S. 8/9, 47, 101, 214/215, 218, 231 re., 235 li., 236 re.
Baltic Yachts: S. 198 u., 199
Billy Black: S. 198 o.
Carlo Borlenghi/SEA & SEE Italia, Mailand: 39 u., 178, 180 M., 186, 187, 188 u., 200, 223 u.
Luca Brenta Design: S. 137, 138, 139 li., 139 re.
Guido Cantini/SEA & SEE Italia, Mailand: S. 188 o.
Beken of Cowes Ltd., Cowes/Isle of Wight: S. 22, 24, 25 o., 26 u.
Craig Davis: S. 152/153, 154, 155, 156, 157, 219, 232 li.
Henk Eertink: S. 176
Daniel Forster: S. 108
Guy Gurney: Titelfoto und S. 10/11, 20/21, 32, 36/37, 39 o., 41, 46, 49, 52/53, 54 u., 68, 76 u., 82, 83, 92, 93, 95, 105, 110/111, 112, 115 re., 116/117, 118, 128/129, 130, 134/135, 140/141, 142, 143, 144, 145, 170, 181 o., 188 M., 190, 191, 202/203, 220/221, 224, 226, 227, 228, 229, 233, 234, 235 re.
Royal Huisman Shipyard: S. 42, 56, 57, 58, 60 u., 71, 72, 73, 100, 106, 113, 114, 115 li., 119, 120/121
Kos/Evans: S. 212/213
Kos/Strategic: S. 192, 193, 195
Gebhard Krewitt/VISUM, Hamburg: 64, 65, 98
Debra Lex Photography: S. 76 o., 103, 122/123, 124, 125, 126, 127
Gilles Martin-Raget: S. 97
Messe Düsseldorf: S. 177
Chris Moorhouse: S. 30, 131, 132, 133, 217
Bill Muncke: S. 149, 150
Mystic Seaport, Rosenfeld Collection, Mystic/Connecticut: S. 26 o., 27 o.
Franco Pace: S. 12/13, 14/15, 18/19, 38, 39 M., 51 u., 52 u., 53 u., 99, 104, 136, 146/147, 148, 151, 166, 172/173, 174, 175, 184, 189, 197, 222, 223 o.
Perini Navi: S. 158/159, 160, 161, 162, 163, 180 o., 180 u., 181 u., 182
Matteo Piazza: S. 86, 87, 88, 89, 185
Neil Rabinowitz: S. 6, 43, 48 u., 80, 81, 90, 164/165, 179
Roy Owen Roberts: S. 79, 225, 232 re., 236 li.
Stephen Rubicam Photography: S. 55
The Strategic Organisation: S. 194
Rick Tomlinson: S. 16/17, 40, 94, 107, 204/205, 208/209
Onne van der Wal: S. 77 u., 102, 183, 210/211, 216
Malcolm Wood: S. 28, 29
Yacht Photo Service, Hamburg: S. 27 u., 34, 44/45, 59, 60 o., 61, 62, 63, 85, 96, 173 u., 206/207

RONDAL